공해·오염·층간·교통·공사

소음 진동 환경 해결하기

편저 대한실무법률편찬연구회

법문북스

공해·오염·층간·교통·공사

소음진동 환경분쟁 해결하기

편저 대한실무법률편찬연구회

법문 북스

머리말

급격히 도시화·산업화가 진행될수록 환경오염이 확대되고 자연정화가 어려운 인공 물질이 배출되면서 환경훼손이 심각해지고 있습니다. 도시의 밀집되고 한정된 공간에 많은 사람들이 거주하면서 생활하수와 자동차 배기가스 등의 오염물질을 대량 배출하거나 아파트가 고층화되면서 층간소음이 발생하는 등 상호간의 편의가 침해되는 사례가 빈번하게 일어나고 있습니다.

그 결과 외부의 침해에 대해 권리를 주장하는 시민의식이 점차 강해짐에 따라 환경분쟁이 증가되었습니다. 특히, 최근에는 쾌적한 환경에 대한 국민의 욕구가 높아지면서 환경오염에 대한 의식도 변화되었고, 공동주택이 일반화 된 현 실정에서 층간에서 발생하는 소음이나 음향기기를 사용하는 등의 활동에서 발생하는 소음 등으로 이웃 간에 분쟁이 발생하는 사례기 비일비재하고 있습니다.

이러한 피해자는 행정심판이나 행정소송, 그 밖에 민사소송이나 환경분쟁조정제도를 통해 피해를 구제받을 수 있습니다. 환경분쟁조정제도는 소송절차를 거치지 않고 전문성을 가진 행정기관(환경분쟁조정위원회)에서 알선·조정·재정·중재 등의 방법으로 환경분쟁을 해결하는 제도입니다.

이 책에서는 이와 같이 복잡하고 다양한 각종 생활에서 발생하는 환경 소음·진동(층간 소음, 공사장·사업장의 소음·진동, 이동·시위 소음, 자동차 소음 진동, 항공기 소음, 공장의 소음·진동)의 법적 규제에 대한 해설과 분쟁조정 절차를 관련 서식과 함께 상담사례와 피해구제사례 들을 알기 쉽게 풀이하여 체계적으로 정리하여 수록하였습니다.

이러한 자료들은 대법원의 최신 판결례, 법제처의 생활법령과 대한법률구조공단의 상담사례 및 서식 및 환경분쟁조정위원회의 분쟁조정사례 등을 참고하였으며, 이를 종합적으로 정리·분석하여 일목요연하게 편집하였습니다. 여기에 수록된 상담사례들은 개인의 법률문제 해결에 도움을 주고자 게재하였으며, 개개의 문제에서 발생하는 구체적 사안은 동일하지는 않을 수 있으므로 참고자료로 활용하시기 바랍니다.

이 책이 일상에서 발생되는 생활환경 소음·진동에 관한 환경분쟁제도를 잘 몰라서 억울하게 피해을 받으신 분이나 손해를 당한 분, 또 이들에게 조언을 하고자 하는 실무자에게 큰 도움이 되리라 믿으며, 열악한 출판시장임에도 불구하고 흔쾌히 출간에 응해 주신 법문북스 김현호 대표에게 감사를 드립니다.

2020. 3.
편저자 드림

목 차

제1장 소음·진동은 어떤 법령으로 규제하나요?

제2장 생활환경에서 발생하는 소음·진동의 종류

제4장 공장 소음·진동은 어떻게 규제하나요?

제6장 환경분쟁조정은 어떻게 신청하나요?

제7장 환경쟁송에는 어떤 종류가 있나요?

제8장 환경분쟁조정사례

제1절 소음·진동분쟁사례 ····························· 255

제1장

소음·진동은 어떤 법령으로 규제하나요?

제1장
소음·진동은 어떤 법령으로 규제하나요?

1. 「환경정책기본법」

1-1. 「환경정책기본법」의 목적

① 「환경정책기본법」은 환경보전에 관한 국민의 권리·의무와 국가의 책무를 명확히 하고 환경정책의 기본 사항을 정하여 환경오염과 환경훼손을 예방하고 환경을 적정하고 지속가능하게 관리·보전함으로써 모든 국민이 건강하고 쾌적한 삶을 누릴 수 있도록 함을 목적으로 하고 있습니다(제1조).

② "환경오염" 이란 사업활동 및 그 밖의 사람의 활동에 의하여 발생하는 대기오염, 수질오염, 토양오염, 해양오염, 방사능오염, 소음·진동, 악취, 일조 방해, 인공조명에 의한 빛공해 등으로서 사람의 건강이나 환경에 피해를 주는 상태를 말합니다(제3조제4호).

③ 정부는 환경보전을 위하여 대기오염·수질오염·토양오염 또는 해양오염의 원인이 되는 물질의 배출, 소음·진동·악취의 발생, 폐기물의 처리, 일조의 침해 및 자연환경의 훼손에 대하여 필요한 규제를 하여야 합니다(제30조제1항).

1-2. 환경기준의 설정

① 「환경정책기본법」은 국가로 하여금 생태계 또는 인간의 건강에 미치는 영향 등을 고려하여 환경기준을 설정하도록 하고 있습니다(제12조제1항).

② 소음분야는 항공기소음, 철도소음 및 건설작업장 소음을 제외한 소음을 대상으로 하고 있습니다(시행령 별표, 2. 소음, 3.).

③ 소음환경기준은 일반지역과 도로변지역으로 구분하며 이를 다시 소음으로부터 보호를 받아야 할 시설을 기준으로 대상지역별로 낮과 밤으로 구분하여 다음과 같이 정하고 있습니다(시행령 별표, 2. 소음).

(단위: Leq dB(A))

지역 구분	적용 대상지역	기 준	
		낮 (06 : 00 ~ 22 : 00)	밤 (22 : 00 ~ 06 : 00)
일반 지역	"가"지역	50	40
	"나"지역	55	45
	"다"지역	65	55
	"라"지역	70	65
도로변 지역	"가" 및 "나"지역	65	55
	"다"지역	70	60
	"라"지역	75	70

(비고)

1. 지역구분별 적용 대상지역의 구분은 다음과 같다.

가. "가"지역

　1) 「국토의 계획 및 이용에 관한 법률」 제36조제1항제1호라목에 따른 녹지지역

　2) 「국토의 계획 및 이용에 관한 법률」 제36조제1항제2호가목에 따른 보전관리지역

　3) 「국토의 계획 및 이용에 관한 법률」 제36조제1항제3호 및 제4호에 따른 농림지역 및 자연환경보전지역

　4) 「국토의 계획 및 이용에 관한 법률 시행령」 제30조제1호가목에 따른 전용주거지역

5)「의료법」제3조제2항제3호마목에 따른 종합병원의 부지경계로부터 50미터
　　　이내의 지역
　　6)「초·중등교육법」제2조 및「고등교육법」제2조에 따른 학교의 부지경계로
　　　부터 50미터 이내의 지역
　　7)「도서관법」제2조제4호에 따른 공공도서관의 부지경계로부터 50미터 이내
　　　의 지역
　나. "나"지역
　　1)「국토의 계획 및 이용에 관한 법률」제36조제1항제2호나목에 따른 생산관
　　　리지역
　　2)「국토의 계획 및 이용에 관한 법률 시행령」제30조제1호나목 및 다목에 따
　　　른 일반주거지역 및 준주거지역
　다. "다"지역
　　1)「국토의 계획 및 이용에 관한 법률」제36조제1항제1호나목에 따른 상업지역
　　　및 같은 항 제2호다목에 따른 계획관리지역
　　2)「국토의 계획 및 이용에 관한 법률 시행령」제30조제3호다목에 따른 준공
　　　업지역
　라. "라"지역
　「국토의 계획 및 이용에 관한 법률 시행령」제30조제3호가목 및 나목에 따른
　전용공업지역 및 일반공업지역

2. "도로"란 자동차(2륜자동차는 제외한다)가 한 줄로 안전하고 원활하
　게 주행하는 데에 필요한 일정 폭의 차선이 2개 이상 있는 도로를 말
　한다.

3. 이 소음환경기준은 항공기소음, 철도소음 및 건설작업 소음에는 적용
　하지 않는다.

2. 「소음 · 진동관리법」

2-1. 「소음·진동관리법」의 목적

① 「소음·진동관리법」은 공장·건설공사장·도로·철도 등으로부터 발생하는 소음·진동으로 인한 피해를 방지하고 소음·진동을 적정하게 관리하여 모든 국민이 조용하고 평온한 환경에서 생활할 수 있게 함을 목적으로 하고 있습니다(제1조).

2-2. 「소음·진동관리법」상의 소음·진동이란

소음(騷音)이란 기계·기구·시설, 그 밖의 물체의 사용 또는 공동주택 등 다음의 장소에서 사람의 활동으로 인해 발생하는 강한 소리를 말하며, 진동(振動)이란 기계·기구·시설, 그 밖의 물체의 사용으로 인하여 발생하는 강한 흔들림을 말합니다(제2조제1호·제2호 및 동법 시행규칙 제2조).

1) 공동주택
2) 노래연습장업
3) 체육도장업, 체력단련장업, 무도학원업 및 무도장업
4) 음악교습을 위한 학원 및 교습소
5) 단란주점영업 및 유흥주점영업
6) 콜라텍업

3. 「주택법」 및 「주택건설기준 등에 관한 규정」

3-1. 공동주택에서의 소음

「주택법」 및 「주택건설기준 등에 관한 규정」에서는 공동주택 등의 소음기준, 소음방지대책의 수립 및 소음 등으로부터의 보호에 대한 내용을 규정하고 있습니다(주택법 제42조, 주택건설기준 등에 관한 규정 제9조 및 제14조).

3-2. 「집회 및 시위에 관한 법률」

「집회 및 시위에 관한 법률」에서는 집회 또는 시위의 주최자가 확성기 등을 사용하여 확성기 등의 소음기준을 위반하는 소음을 발생시켰을 경우 이를

규제하고, 필요한 조치에 대한 내용을 규정하고 있습니다(제14조).

3-3.「공항소음 방지 및 소음대책지역 지원에 관한 법률」

「공항소음 방지 및 소음대책지역 지원에 관한 법률」에서는 공항소음을 방지
하고 소음대책지역의 주민지원사업을 효율적으로 추진하기 위해 소음대책지
역을 지정·고시하고, 해당 지역에 관한 공항소음대책사업을 수립·시행하도록
하고 있습니다(제1조, 제5조 및 제8조).

3-4.「환경분쟁 조정법」

「환경분쟁 조정법」은 환경분쟁의 알선(斡旋)·조정(調停)·재정(裁定) 및 중재
(仲裁)의 절차 등을 규정함으로써 환경분쟁을 신속·공정하고 효율적으로 해
결하여 환경을 보전하고 국민의 건강과 재산상의 피해를 구제함을 목적으로
하고 있습니다(제1조).

제2장

생활환경에서 발생하는
소음·진동의 종류

제2장
생활환경에서 발생하는 소음·진동의 종류

제1절 공동주택

1. 소음기준 및 소음피해

1-1. 공동주택의 소음 기준

1-1-1. 공동주택의 종류 및 범위

"공동주택"이란 건축물의 벽·복도·계단이나 그 밖의 설비 등의 전부 또는 일부를 공동으로 사용하는 각 세대가 하나의 건축물 안에서 각각 독립된 주거생활을 할 수 있는 구조로 주택을 말하며, 그 종류와 범위는 다음과 같습니다(주택법 제2조제3호 및 동법 시행령 제3조제1항).

공동주택의 종류	범위
아파트	주택으로 쓰는 층수가 5개 층 이상인 주택
연립주택	주택으로 쓰는 1개 동의 바닥면적(2개 이상의 동을 지하주차장으로 연결하는 경우에는 각각의 동으로 봄) 합계가 660제곱미터를 초과하고, 층수가 4개 층 이하인 주택
다세대주택	주택으로 쓰는 1개 동의 바닥면적 합계가 660제곱미터 이하이고, 층수가 4개 층 이하인 주택(2개 이상의 동을 지하주차장으로 연결하는 경우에는 각각의 동으로 봄)

1-1-2. 공동주택의 소음기준과 방음시설 설치

① 사업주체는 공동주택을 건설하는 지점의 소음도가 65데시벨 미만이 되도록 하되, 65데시벨 이상인 경우에는 방음벽·수림대 등의 방음시설을 설치하여 해당 공동주택의 건설지점의 소음도가 65데시벨 미만이 되도록 소음방지대책을 수립하여야 합니다(주택건설기준 등에 관한 규정 제9조 제1항 본문).

② 다만, 공동주택이 도시지역(주택단지 면적이 30만제곱미터 미만인 경우로 한정) 또는 교통소음·진동 관리 지역에 건축되는 경우로서 다음의 기준을 모두 충족하는 경우에는 그 공동주택의 6층 이상인 부분에 대해서는 위 규정을 적용하지 않습니다(주택건설기준 등에 관한 규정 제9조제1항 단서).

  1) 세대 안에 설치된 모든 창호(窓戶)를 닫은 상태에서 거실에서 측정한 소음도가 45데시벨 이하일 것

  2) 공동주택의 세대 안에 「건축법 시행령」 제87조제2항에 따라 정하는 기준에 적합한 환기설비를 갖출 것

③ 여기서 "사업주체"란 규제「주택법」 제15조에 따른 주택건설사업계획 또는 대지조성사업계획의 승인을 받아 그 사업을 시행하는 다음의 자를 말합니다(주택법 제2조제10호).

  1) 국가·지방자치단체

  2) 한국토지주택공사 또는 지방공사

  3) 「주택법」 제4조에 따라 등록한 주택건설사업자 또는 대지조성사업자

  4) 그 밖에 「주택법」에 따라 주택건설사업 또는 대지조성사업을 시행하는 자

1-1-3. 공동주택의 배치

① 공동주택은 다음의 시설로부터 수평거리 50미터 이상 떨어진 곳에 배치해야 합니다.

② 다만, 위험물 저장 및 처리 시설 중 주유소(석유판매취급소 포함) 또는 시내버스 차고지에 설치된 자동차용 천연가스 충전소(가스저장 압력용기 내용적의 총합이 20세제곱미터 이하인 경우만 해당)의 경우에는 해당

주유소 또는 충전소로부터 수평거리 25미터 이상 떨어진 곳에 공동주택을 배치할 수 있습니다(주택건설기준 등에 관한 규정 제9조의2제1항).

③ 다음의 어느 하나에 해당하는 공장[이전이 확정되어 인근에 공동주택을 건설해도 지장이 없다고 사업계획승인권자가 인정하여 고시한 공장은 제외하며, 주거지역 또는 지구단위계획구역(주거형만 해당) 안의 경우에는 사업계획승인권자가 주거환경에 위해하다고 인정하여 고시한 공장만 해당]

  1) 특정대기유해물질을 배출하는 공장

  2) 대기오염물질배출시설이 설치되어 있는 공장으로서 제1종사업장부터 제3종사업장까지의 규모에 해당하는 공장

  3) 「공동주택 등을 띄어 건설하여야 하는 공장업종」(국토교통부고시 제2018-537호, 2018. 8. 31. 발령·시행)에 해당하는 공장

  4) 소음배출시설이 설치되어 있는 공장(다만, 공동주택 등을 배치하려는 지점에서 소음·진동관리 법령으로 정하는 바에 따라 측정한 해당 공장의소음도가 50데시벨 이하로서 공동주택 등에 영향을 미치지 않거나 방음벽·수림대 등의 방음시설을 설치하여 50데시벨 이하가 될 수 있는 경우는 제외)

④ 위험물 저장 및 처리 시설

⑤ 그 밖에 사업계획승인권자가 주거환경에 특히 위해하다고 인정하는 시설(설치계획이 확정된 시설 포함)

⑥ 위 규정에 따라 공동주택을 배치하는 경우 공동주택과 위의 시설사이의 주택단지부분에는 수림대를 설치해야 합니다. 다만, 다른 시설물이 있는 경우는 제외합니다(주택건설기준 등에 관한 규정 제9조의2제2항).

1-1-4. 공동주택의 경계벽 및 바닥구조

① 공동주택 각 세대간의 경계벽 및 공동주택과 주택외의 시설간의 경계벽은 내화구조로서 다음의 어느 하나에 해당하는 구조로 하여야 합니다(주택건설기준 등에 관한 규정 제14조제1항).

구분	내용
1	철근콘크리트조 또는 철골·철근콘크리트조로서 그 두께(시멘트모르터·회반죽·석고프라스터나 그 밖에 이와 유사한 재료를 바른 후의 두께를 포함)가 15센티미터 이상인 것

2	무근콘크리트조·콘크리트블록조·벽돌조 또는 석조로서 그 두께(시멘트모르터·회반죽·석고프라스터나 그 밖에 이와 비슷한 재료를 바른 후의 두께를 포함)가 20센티미터 이상인 것
3	조립식주택부재인 콘크리트판으로서 그 두께가 12센티미터 이상인 것
4	1.에서부터 3.까지의 구조 외에 「벽체의 차음구조 인정 및 관리기준」(국토교통부고시 제2018-776호, 2018. 12. 7. 발령·시행)에 따라 한국건설기술연구원장이 차음성능을 인정하여 지정하는 구조인 것

② 공동주택의 세대 내의 층간바닥(화장실의 바닥은 제외)은 다음의 기준을 모두 충족해야 합니다(주택건설기준 등에 관한 규정 제14조의2).

구분	내용
1	콘크리트 슬래브 두께는 210밀리미터[라멘구조(보와 기둥을 통해서 내력이 전달되는 구조를 말함)의 공동주택은 150밀리미터] 이상으로 할 것(공업화주택의 층간바닥은 예외로 함)
2	각 층간 바닥충격음이 경량충격음(비교적 가볍고 딱딱한 충격에 의한 바닥충격음을 말함)은 58데시벨 이하, 중량충격음(무겁고 부드러운 충격에 의한 바닥충격음을 말함)은 50데시벨 이하의 구조가 되도록 할 것. 다음의 어느 하나에 해당하는 층간바닥은 예외로 함. 가. 라멘구조의 공동주택(공업화주택은 제외)의 층간바닥 나. 가.의 공동주택 외의 공동주택 중 발코니, 현관 등 주택건설기준 등에 관한 규칙 제3조의2에서 정하는 부분의 층간바닥

1-1-5. 공동주택의 인증심사기준

① 공동주택의 건축주 등은 녹색건축 인증을 신청하여 공동주택의 인증심사기준에 따라 녹색건축 인증등급을 받을 수 있습니다.

② 공동주택의 인증심사기준에서 소음과 관련된 심사 평가항목은 다음과 같습니다(녹색건축 인증 기준 제3조제1항 및 별표 1, 7.).

구분	심사 평가항목
1	경량 충격음 차단성능
2	중량 충격음 차단성능
3	세대간 경계벽의 차음성능
4	교통소음(도로, 철도)에 대한 실내·외 소음도
5	화장실 급배수소음

② 사업주체가 1,000세대 이상의 공동주택을 공급할 때에는 경량충격음·중량충격음·화장실소음·경계소음 등 소음 관련 등급을 발급받아 공동주택 성능등급 인증서를 입주자 모집공고에 쉽게 알아볼 수 있는 위치에, 쉽게 읽을 수 있는 글자 크기로 표시해야 합니다(주택법 제39조제1호, 주택건설기준 등에 관한 규정 제58조 및 주택건설기준 등에 관한 규칙 제12조의2).

1-2. 공동주택의 소음 피해

악기·라디오·텔레비전·전축·종·확성기·전동기 등의 소리를 지나치게 크게 내거나 큰소리로 떠들거나 노래를 불러 이웃을 시끄럽게 한 사람(범칙자에 해당하지 않는 경우로 한정함)에게는 10만원의 이하의 범칙금이 부과됩니다(경범죄 처벌법 제3조제1항제21호, 제6조 및 동법 시행령 제2조).

2. 층간소음

2-1. 층간소음의 문제

층간소음이란 공동주택의 입주자 또는 사용자의 활동으로 인해 발생하는 소음이나 음향기기를 사용하는 등의 활동에서 발생하는 소음 등[벽간소음 등 인접한 세대 간의 소음(대각선에 위치한 세대 간의 소음을 포함)]으로서 다른 입주자 또는 사용자에게 피해를 주는 다음의 소음을 말하고, 욕실, 화장실 및 다용도실 등에서 급수·배수로 인해 발생하는 소음은 제외합니다(소음·진동관리법 제21조의2제3항, 공동주택관리법 제20조제1항 및 공동주택 층간소음의 범위와 기준에 관한 규칙 제2조).

구분	내용
직접충격 소음	뛰거나 걷는 동작 등으로 인해 발생하는 소음
공기전달 소음	텔레비전, 음향기기 등의 사용으로 인해 발생하는 소음

2-2. 층간소음의 기준

공동주택에서 발생하는 층간소음은 다음의 기준 이하가 되어야 합니다(소음·진동관리법 제21조의2제3항, 공동주택관리법제20조제5항 및 공동주택 층간소음의 범위와 기준에 관한 규칙 별표).

층간소음의 구분		층간소음의 기준[단위: dB(A)]	
		주간 (06:00 ~ 22:00)	야간 (22:00 ~ 06:00)
직접충격 소음	1분간 등가소음도(Leq)	43	38
	최고소음도(Lmax)	57	52
공기전달 소음	5분간 등가소음도(Leq)	45	40

2-3. 층간소음의 피해 및 해결방법

① 층간소음으로 피해를 입은 입주자 또는 사용자는 관리주체에게 층간소음 발생 사실을 알리고, 관리주체가 층간소음 피해를 끼친 해당 입주자 또는 사용자에게 층간소음 발생의 중단이나 차음조치를 권고하도록 요청할 수 있습니다(공동주택관리법 제20조제2항 전단).

② 여기서 "관리주체"란 공동주택을 관리하는 다음의 자를 말합니다(공동주택관리법 제2조제1항제10호).

1) 자치관리기구의 대표자인 공동주택의 관리사무소장

2) 관리업무를 인계하기 전의 사업주체

3) 주택관리업자

4) 임대사업자

5) 「민간임대주택에 관한 특별법」 제2조제11호에 따른 주택임대관리업자(시설물 유지·보수·개량 및 그 밖의 주택관리 업무를 수행하는 경우에 한정)

③ 층간소음 피해자는 층간소음을 내는 가해자를 경찰에 신고할 수 있으며, 이 경우 가해자는 인근소란죄로 처벌받을 수 있습니다(경범죄 처벌법 제3조제1항제21호).

Q 아파트 층간소음으로 발생한 분쟁은 어떻게 해결할 수 있을까요?

A 공동주택의 입주자등은 다른 입주자등에게 층간소음에 대한 피해를 주지 아니하도록 노력하여야 하며, 층간소음이 발생한 경우 피해를 입은 입주자등은 관리주체에게 층간소음 발생 사실을 알리고 관리주체는 피해를 끼친 입주자등에게 층간소음 발생을 중단하거나 차음조치를 권고하도록 요청할 수 있습니다.

다만, 관리주체의 조치에도 불구하고 층간소음 발생이 계속될 경우에는 층간소음 피해를 입은 입주자등은 중앙공동주택관리지원센터(☎ 1600-7004) 또는 층간소음 이웃사이센터(☎ 1661-2642)를 통해 층간소음 상담 등을 받으실 수 있으며, '중앙 공동주택관리 분쟁조정위원회' 또는 '중앙환경분쟁조정위원회'에 조정을 신청할 수도 있습니다.

■ 위층 때문에 시끄러워 잠을 잘 수가 없어 여러 차례 자제를 부탁해도 얘기를 듣지 않는데, 신고하여 처벌받게 할 수 있을까요?

Q 아파트 위층 사람들 때문에 시끄러워 잠을 잘 수가 없습니다. 여러 차례 자제를 부탁해도 얘기를 듣지 않는데, 파출소에 신고하여 처벌받게 할 수 있을까요?

A 처벌받게 할 수 있습니다.

공동주택의 층간소음은 「소음·진동관리법」 및 「공동주택관리법」 등의 규제대상에 해당되며, 층간소음을 내는 가해자는 「경범죄 처벌법」에 따라 인근 소란 죄로 처벌받을 수 있습니다.

◇ 공동주택의 층간소음

① 층간소음이란 공동주택의 입주자 또는 사용자의 활동으로 인해 발생하는 소음이나 음향기기를 사용하는 등의 활동에서 발생하는 소음 등[벽간소음 등 인접한 세대 간의 소음(대각선에 위치한 세대 간의 소음을 포함)]으로서 다른 입주자 또는 사용자에게 피해를 주는 다음의 소음을 말하고, 욕실, 화장실 및 다용도실 등에서 급수·배수로 인해 발생하는 소음은 제외합니다.

구분	내용
직접충격 소음	뛰거나 걷는 동작 등으로 인해 발생하는 소음
공기전달 소음	텔레비전, 음향기기 등의 사용으로 인해 발생하는 소음

◇ 층간소음의 해결방법 및 처벌

② 층간소음으로 피해를 입은 입주자 또는 사용자는 관리주체에게 층간소음 발생 사실을 알리고, 관리주체가 층간소음 피해를 끼친 해당 입주자 또는 사용자에게 층간소음 발생의 중단이나 차음조치를 권고하도록 요청할 수 있습니다.

③ 층간소음 피해자는 층간소음을 내는 가해자를 경찰에 신고할 수 있으며, 악기·라디오·텔레비전·전축·종·확성기·전동기 등의 소리를 지나치게 크게 내거나 큰소리로 떠들거나 노래를 불러 이웃을 시끄럽게 한 사람은 10만원 이하의 벌금, 구류 또는 과료의 형에 처해질 수 있습니다.

제2절 공사장 및 사업장의 소음·진동 관리

1. 생활 소음 · 진동의 규제

1-1. 생활 소음·진동의 규제 지역 및 대상

① 특별자치시장·특별자치도지사 또는 시장·군수·구청장은 주민의 정온한 생활환경을 유지하기 위해 사업장 및 공사장 등에서 발생하는 소음·진동을 규제하여야 합니다(소음·진동관리법 제21조제1항).

② 다만, 다음의 지역에서 발생하는 소음·진동은 규제 대상에서 제외합니다 (소음·진동관리법 제21조제1항 및 동법 시행규칙 제20조제1항).

구분	제외 지역
1	산업단지(주거지역과 상업지역 제외)
2	전용공업지역
3	자유무역지역
4	생활소음·진동이 발생하는 공장·사업장 또는 공사장의 부지 경계선으로부터 직선거리 300미터 이내에 주택(사람이 살지 않는 폐가는 제외), 운동·휴양시설 등이 없는 지역

③ 생활 소음·진동의 규제대상은 다음과 같습니다(소음·진동관리법 제21조제2항 및 동법 시행규칙 제20조제2항).

구분	규제 대상
1	확성기에 의한 소음(집회·시위, 국가비상훈련 및 공공기관의 대국민 홍보에 사용되는 확성기 소음 제외)
2	배출시설이 설치되지 않은 공장에서 발생하는 소음·진동
3	위의 소음·진동을 규제하지 않는 지역 외의 공사장에서 발생하는 소음·진동
4	공장·공사장을 제외한 사업장에서 발생하는 소음·진동

1-2. 생활 소음·진동 규제기준

생활 소음·진동의 규제대상 및 규제기준은 다음과 같습니다(소음·진동관리법 제21조제2항,동법 시행규칙 제20조제3항 및 별표 8).

1) 생활 소음 규제기준

[단위: dB(A)]

대상 지역	시간대별 소음원		아침, 저녁 (05:00~07:00 18:00~22:00)	주간 (07:00~ 18:00)	야간 (22:00~ 05:00)
① 주거지역 ② 녹지지역 ③ 관리지역 중 취락지구 및 관광·휴양개발 진흥지구 ④ 자연환경보전 지역 ⑤ 그 밖의 지역 에 있는 학교· 종합병원·공공 도서관	확성기	옥외설치	60 이하	65 이하	60 이하
		옥내에서 옥외로 소음이 나오는 경우	50 이하	55 이하	45 이하
	사업장	공장	50 이하	55 이하	45 이하
		동일 건물	45 이하	50 이하	40 이하
		기타	50 이하	55 이하	45 이하
	공사장		60 이하	65 이하	50 이하
그 밖의 지역	확성기	옥외설치	65 이하	70 이하	60 이하
		옥내에서 옥외로 소음이 나오는 경우	60 이하	65 이하	55 이하
	사업장	공장	60 이하	65 이하	55 이하
		동일 건물	50 이하	55 이하	45 이하
		기타	60 이하	65 이하	55 이하
	공사장		65 이하	70 이하	50 이하

2) 생활 진동 규제기준

[단위: dB(A)]

시간대별 대상 지역	주간 (06:00~22:00)	심야 (22:00~06:00)
① 주거지역 ② 녹지지역 ③ 관리지역 중 취락지구 및 　관광·휴양개발진흥지구 ④ 자연환경보전지역 ⑤ 그 밖의 지역에 소재한 학교· 　종합병원·공공도서관	65 이하	60 이하
그 밖의 지역	70 이하	65 이하

2. 특정공사의 신고와 방음시설의 설치

2-1. 특정공사의 신고

생활소음·진동이 발생하는 공사로서 「소음·진동관리법 시행규칙」 제21조에 따른 공사(이하 "특정공사"라 함)를 시행하려는 자는 관할 특별자치시장·특별자치도지사 또는 시장·군수·구청장에게 신고해야 합니다(소음·진동관리법 제22조제1항).

[서식] 특정공사 사전신고서

	특정공사 사전신고서			처리기간
				4일

신고인	①상호(사업장명칭)			
	②성명(대표자)		③생년월일	
	④주소		(전화번호:)	

⑤ 공 사 명 칭	
⑥ 공 사 장 소 재 지	

신고명세	⑦공사의 목적에 따른 시설 또는 공작물의 종류			
	⑧ 공 사 규 모			
	⑨공사에 사용되는 기계·장비의 종류, 형식 및 대수			
	⑩특정장비를 사용하는 공사기간	년 월 일~ 년 월 일(일간)		
		작 업 개 시	작 업 종 료	실제작업일수
		시	시	일간
	⑪발주자의 성명(명칭) 및 주소(법인은 대표자 의 성명 및 주소)			
	⑫현장 책임자의 성명 및 연락처	(전화번호 :)		

「소음·진동관리법」 제22조제1항 및 같은 법 시행규칙 제21조제2항에 따라 특정공사를 실시하기 위하여 신고합니다.

년 월 일

신고인 (서명 또는 인)

특별자치도지사·시장·군수·구청장 귀하

구비서류	수수료
1. 특정공사의 개요(공사목적 및 공사일정표 포함)	없음
2. 공사장 위치도(공사장의 주변 주택 등 피해 대상 표시) 3. 방음·방진시설의 설치명세 및 도면 4. 그 밖의 소음·진동 저감대책	

2-2. 특정공사 시 준수사항

① 특정공사를 시행하려는 자는 다음의 기준에 적합한 방음시설을 설치한 후 공사를 시작해야 합니다.

② 다만, 공사현장의 특성 등으로 방음시설의 설치가 곤란한 경우로서 「소음·진동관리법 시행규칙」 제21조제7항에서 정하는 경우는 제외합니다(소음·진동관리법 제22조제3항제1호, 동법 시행규칙 제21조제6항 및 별표 10).

  1) 방음벽시설 전후의 소음도 차이(삽입손실)는 최소 7dB 이상 되어야 하며, 높이는 3m 이상 되어야 함

  2) 공사장 인접지역에 고층건물 등이 위치하고 있어, 방음벽시설로 인한 음의 반사피해가 우려되는 경우에는 흡음형 방음벽시설을 설치해야 함

  3) 방음벽시설에는 방음판의 파손, 도장부의 손상 등이 없어야 함

  4) 방음벽시설의 기초부와 방음판·지주 사이에 틈새가 없도록하여 음의 누출을 방지해야 함

② 특정공사를 시행하려는 자는 공사로 발생하는 소음·진동을 줄이기 위한 저감대책을 수립·시행해야 합니다(소음·진동관리법 제22조제3항제2호).

2-3. 별도의 방음대책

방음시설의 설치가 곤란한 경우에는 별도의 저감대책을 수립·시행해야 합니다(소음·진동관리법 제22조제4항 및 동법 시행규칙 제21조제8항).

  1) 소음이 적게 발생하는 공법과 건설기계의 사용

  2) 이동식 방음벽시설이나 부분 방음시설의 사용

  3) 소음발생 행위의 분산과 건설기계 사용의 최소화를 통한소음 저감

  4) 휴일 작업중지와 작업시간의 조정

2-4. 공사장 소음측정기기의 설치 권고

특별자치시장·특별자치도지사 또는 시장·군수·구청장은 공사장에서 발생하는 소음을 적정하게 관리하기 위해 필요한 경우에는 공사를 시행하는 자에게 소음측정기기를 설치하도록 권고할 수 있습니다(소음·진동관리법 제22조의2).

2-5. 특정공사의 변경신고

① 특정공사의 사전신고를 한 자가 다음과 같은 중요한 사항을 변경하려면 특별자치도지사 또는 시장·군수·구청장에게 변경신고를 해야 합니다(소음·진동관리법 제22조제2항, 동법 시행규칙 제21조제4항).

1) 특정공사 사전신고 대상 기계·장비의 30퍼센트 이상의 증가
2) 특정공사 기간의 연장
3) 방음·방진시설의 설치명세 변경
4) 소음·진동 저감대책의 변경
5) 공사 규모의 10퍼센트 이상 확대

[서식] 특정공사 변경신고서

특정공사 변경신고서		처리기간
		4일

신 고 인	①상호(사업장명칭)		
	② 성 명(대 표 자)	③생년월일	
	④ 주 소	(전화번호:)	

⑤ 공 사 명 칭	
⑥ 공 사 장 소 재 지	(전화번호:)

⑦ 변 경 사 항	변 경 전	변 경 후

「소음·진동관리법」제22조제2항 및 같은법 시행규칙 제21조제5항 따라
특정공사를 변경하기 위하여 신고합니다.

년   월   일

신고인   (서명 또는 인)

특별자치도지사·시장·군수·구청장 귀하

구비서류	수수료
1. 변경 내용을 증명하는 서류	없음
2. 특정공사 사전신고증명서 3. 그 밖의 변경에 따른 소음·진동 저감대책	

3. 위반 시 제재

3-1. 조치명령

① 생활소음·진동이 규제기준을 초과할 경우 소음·진동을 발생시키는 자는 특별자치시장·특별자치도지사 또는 시장·군수·구청장으로부터 작업시간의 조정, 소음·진동 발생 행위의 분산·중지, 방음·방진시설의 설치, 소음이 적게 발생하는 건설기계의 사용 등 필요한 조치 명령을 받을 수 있습니다(소음·진동관리법 제23조제1항).

② 조치 명령을 받은 자가 이를 이행하지 않거나 이행하였더라도 생활소음·진동 규제기준을 초과한 경우에는 특별자치시장·특별자치도지사 또는 시장·군수·구청장으로부터 해당 규제대상의 사용금지, 해당 공사의 중지 또는 폐쇄 명령을 받을 수 있습니다(소음·진동관리법 제23조제4항).

③ 행정처분의 기준은 「소음·진동관리법」 제49조에서 규정하고 있으며, 구체적 기준은 다음과 같습니다.

1) 일반기준

가. 위반행위가 둘 이상일 때에는 각 위반 행위에 따라 각각 처분한다.

나. 위반행위의 횟수에 따른 행정처분기준은 해당 위반행위가 있었던 날 이전 최근 1년(제2호가목 및 다목의 경우에는 최근 2년)간 같은 위반행위로 행정처분을 받은 경우에 적용하며, 위반횟수의 산정은 위반행위를 한 날을 기준으로 한다.

다. 이 기준에 명시되지 아니한 사항으로서 처분의 대상이 되는 사항이 있을 때에는 이 기준 중 가장 유사한 사항에 따라 처분한다.

라. 처분권자는 위반행위의 동기·내용·횟수 및 위반의 정도 등 다음 사항에 해당하는 사유를 고려하여 그 처분(허가취소, 등록취소, 지정취소 또는 폐쇄명령인 경우는 제외한다)을 감경할 수 있다. 이 경우 그 처분이 조업정지, 업무정지 또는 영업정지인 경우에는 그 처분기준의 2분의 1의 범위에서 감경할 수 있다.

(1) 위반행위가 고의나 중대한 과실이 아닌 사소한 부주의나 오류로 인한 것으로 인정되는 경우

(2) 위반의 내용·정도가 경미하여 주변에 미치는 피해가 적거나 신속하게 사후조치를 하였다고 인정되는 경우

(3) 위반 행위자가 처음 해당 위반행위를 한 경우로서 3년 이상 모범적으로 영업하여 온 사실이 인정되는 경우

(4) 그 밖에 공익을 위하여 행정처분 기간을 줄일 필요가 있는 경우

2) 개별기준

가. 배출시설 및 방지시설 등과 관련된 행정처분기준

위반행위	근거 법령	행정처분기준			
		1차	2차	3차	4차
1) 법 제7조 및 제12조제2항에 따른 배출허용기준을 초과한 경우	법 제15조, 법 제16조	개선명령	개선명령	개선명령	조업정지
2) 법 제7조에 따른 배출허용기준을 초과한 공장에 대하여 개선명령을 하여도 당해 공장의 위치에서는 이를 이행할 수 없는 경우	법 제18조	폐쇄			
3) 법 제8조제1항에 따른 배출시설설치의 신고를 하지 아니하거나 허가를 받지 아니하고 배출시설을 설치한 경우	법 제18조				
가) 해당 지역이 배출시설의 설치가 가능한 지역일 경우		사용중지명령			
나) 해당 지역이 배출시설의 설치가 불가능한 지역일 경우		폐쇄			
4) 법 제8조제2항에 따른 배출시설변경신고를 이행하지 아니한 경우	법 제17조	경고	경고	조업정지 5일	조업정지 10일
5) 법 제8조제2항에 따른 배출시설변경신고를 이행하지 아니하였으나 배출시설의 폐쇄가 확인된 경우	법 제17조	폐쇄, 허가취소			
6) 법 제9조에 따른 방지시설을 설치하지 아니하고 배출시설을 가동한 경우	법 제17조	조업정지	허가취소		
7) 다음의 명령을 이행하지 아니한 경우	법 제17조				

위반행위	근거법령	1차	2차	3차	4차
가) 법 제15조에 따른 개선명령을 받은 자가 이를 이행하지 아니한 경우		조업정지	폐쇄, 허가 취소		
나) 법 제16조 및 법 제17조에 따른 조업정지명령을 받은 자가 조업정지일 이후에 조업을 계속한 경우		조업정지 (조업정지 기간 중 조업한 기간)	폐쇄, 허가 취소		
8) 법 제19조에 따른 환경기술인을 임명하지 아니한 경우	법 제17조	환경기술인 선임명령	경 고	조업정지 5일	조업정지 10일

(참고)

1. 개선명령 및 조업정지명령기간은 해당 처분의 이행에 따른 시설의 규모, 기술능력, 기계·기술의 종류 등을 감안하여 정하되, 제15조 따른 기간을 초과하여서는 아니 된다.

2. 7)의 나)의 경우 1차 경고한 날부터 5일 이내에 사용중지명령 또는 조업정지명령의 이행상태를 확인하고, 그 결과에 따라 다음 단계의 조치를 하여야 한다.

3. 조업정지(사용중지를 포함한다. 이하 이 호에서 같다)기간은 조업정지처분서에 명시된 조업정지일부터 1) 및 7)의 가)는 해당 시설의 개선완료일까지, 6)은 방지시설설치 완료일까지, 3)의 가)는 가동개시일까지로 하되, 해당 위반행위를 확인한 날부터 5일 이내에 조업정지를 개시하도록 하여야 한다.

4. 행정처분기준을 적용함에 있어서 소음규제기준에 대한 위반행위와 진동 규제기준에 대한 위반행위는 합산하지 아니하고, 각각 산정하여 적용한다.

나. 생활소음·진동의 규제와 관련한 행정처분기준

위반행위	소음원	행정처분기준			
		1차	2차	3차	4차
1) 법 제21조제2항에 따른 생활소음·진동의 규제기준을 초과한 경우	공사장, 공장·사업장으로 한정함	작업시간의 조정, 소음·진동 발생행위의 분산, 방음·방진시설의 설치, 저소음건설기계의 사용 등의 명령	작업시간의 조정, 소음·진동 발생행위의 분산, 방음·방진시설의 설치, 저소음건설기계의 사용 등의 명령	작업시간의 조정, 소음·진동 발생행위의 분산, 방음·방진시설의 설치, 저소음건설기계의 사용 등의 명령	소음·진동 발생 행위의 중지명령
	확성기로 한정함	소리의 크기조절, 확성기의 출력·설치위치의 지정 등의 명령	소음·진동발생행위의 중지명령		
2) 법 제23조제1항에 따른 작업시간 조정 등의 명령을 이행하지 아니하거나, 이행하였더라도 규제기준을 초과한 경우		규제 대상 소음원의 사용 금지명령	공사 중지명령		
3) 법 제24조에 따른 이동소음 규제지역에서 이동소음원을 사용한 경우		이동소음원의 사용금지, 소리의 크기조절, 사용시간의 제한 등의 명령			

(참고)

1. 1)의 "저소음건설기계의 사용명령"은 공사장의 경우에만 적용한다.
2. 1)의 행정처분기간 중에는 규제기준 이하로 유지하도록 조치하여야 하고, 1)의 행정처분기준 중 "소음 · 진동발생행위의 중지명령"이란 공사장의 경우에는 특정공사 사전신고 대상 기계 · 장비의 사용을 금지하는 것을 말하며,

공장 · 사업장의 경우에는 규제기준 이하로 유지하도록 조치하는 것을 말하며, 확성기의 경우에는 확성기 사용의 중지를 말한다.

3. 2)의 "규제대상 소음원의 사용금지명령"이란 소음을 발생하는 기계나 장비의 사용을 금지하는 것을 말하며, 공사중지명령의 대상은 제21조에 따른 특정 공사에 한정한다.

4. 행정처분은 특별한 사유가 없는 한 위반행위를 확인한 날부터 5일 이내에 명하여야 한다.

5. 행정처분기준을 적용함에 있어서 소음규제기준에 대한 위반행위와 진동 규제기준에 대한 위반행위는 합산하지 아니하고, 각각 산정하여 적용한다.

3-2. 형사상 제재

① 사용금지, 공사중지 또는 폐쇄명령을 위반한 자는 1년 이하의 징역 또는 1천만원 이하의 벌금에 처해집니다(소음·진동관리법 제57조제4호).

② 작업시간 조정 등의 명령을 위반한 자는 6개월 이하의 징역 또는 500만원 이하의 벌금에 처해집니다(소음·진동관리법 제58조제4호).

3-3. 과태료

① 생활소음·진동 규제기준을 초과하여 소음·진동을 발생한 경우 및 신고 또는 변경신고를 하지 않거나 거짓이나 그 밖의 부정한 방법으로 신고 또는 변경신고를 한 경우에는 200만원 이하의 과태료가 부과됩니다(소음·진동관리법 제60조제3항제2호의2 및 제2호의3).

② 과태료의 구체적 기준은 다음과 같습니다.

1) 일반기준

　　가. 위반행위의 횟수에 따른 부과기준은 최근 1년간 같은 위반행위로 부과처분을 받은 경우에 적용한다. 이 경우 위반행위에 대하여 과태료를 부과처분한 날과 다시 동일한 위반행위를 적발한 날을 각각 기준으로 하여 위반횟수를 계산한다.

　　나. 부과권자는 위반행위의 동기와 그 결과 등을 고려하여 과태료 금액의 2분의 1의 범위에서 감경할 수 있다.

2) 개별기준

위반행위	해당 법조문	과태료 금액		
		1차 위반	2차 위반	3차 이상 위반
가. 법 제8조제2항에 따른 변경신고를 하지 아니하거나 거짓이나 그 밖의 부정한 방법으로 변경신고를 한 경우	법 제60조 제2항제1호	60	80	100
나. 법 제14조를 위반하여 공장에서 배출되는 소음·진동을 배출허용기준 이하로 처리하지 아니한 경우	법 제60조 제2항제2호	100	140	200
다. 법 제19조제1항을 위반하여 환경기술인을 임명하지 아니한 경우	법 제60조 제1항제1호	200	250	300
라. 법 제19조제4항을 위반하여 환경기술인의 업무를 방해하거나 환경기술인의 요청을 정당한 사유없이 거부한 경우	법 제60조 제1항제2호	150	200	250
마. 법 제21조제2항에 따른 생활소음·진동 규제기준을 초과하여 소음·진동을 발생한 경우	법 제60조 제2항제2호의2			
1) 소음원이 공장, 사업장, 확성기, 특정공사 사전신고대상 외의 공사장인 경우		20	60	100
2) 소음원이 특정공사 사전신고대상 공사장인 경우		60	120	200
바. 법 제22조제1항·제2항에 따른 신고 또는 변경신고를 하지 아니하거나 거짓이나 그 밖의 부정한 방법으로 신고 또는 변경신고를 한 경우	법 제60조 제2항제2호의3			
1) 신고 대상 공사장인 경우 2) 변경신고 대상 공사장인 경우		100 60	140 80	200 100
사. 법 제22조제3항제1호에 따른 방음시설을 설치하지 아니하거나 기준에 맞지 아니한 방음시설을 설치한 경우	법 제60조 제2항제2호의4	100	140	200
아. 법 제22조제3항제2호에 따른 저감대책을 수립·시행하지 아니한 경우	법 제60조 제2항제3호	100	140	200
자. 법 제24조제1항에 따른 이동소음원의 사용금지 또는 제한조치를 위반한 경우	법 제60조 제2항제5호	10	10	10

차. 자동차의 소유자가 법 제35조를 위반 한 경우	법 제60조 제2항제6호			
1) 배기소음허용기준을 2dB(A) 미만 초 과한 경우		20	20	20
2) 배기소음허용기준을 2dB(A) 이상 4 dB(A) 미만 초과한 경우		60	60	60
3) 배기소음허용기준을 4dB(A) 이상 초 과하거나 경적소음허용기준을 초과한 경우		100	100	100
4) 배기소음허용기준을 초과한 경우로 서 소음기(배기관을 포함한다) 또는 소음덮개를 훼손하거나 떼어버린 경우		100	100	100
5) 소음기 또는 소음덮개를 떼어버리거 나 경음기를 추가로 부착한 경우		60	60	60
카. 법 제38조제3항에 따라 보고를 하지 아니한 경우	법 제60조 제2항제7호	10	10	10
타. 법 제44조의2제2항에 따른 기준에 적합하지 않은 가전제품에 저소음표지 를 부착한 경우	법 제60조 제1항제3호	75	150	300
파. 법 제45조의3제2항에 따른 기준에 적합하지 않은 휴대용음향기기를 제 조·수입하여 판매한 경우	법 제60조 제1항제4호	75	150	300
하. 법 제46조를 위반하여 환경기술인 등 의 교육을 받게 하지 아니한 경우	법 제60조 제2항제8호	60	80	100
거. 법 제47조제1항에 따라 보고를 하지 아니하거나 허위로 보고한 경우 또는 자료를 제출하지 아니하거나 허위로 제출한 경우	법 제60조 제2항제9호	60	80	100
너. 법 제47조에 따른 관계 공무원의 출 입·검사를 거부·방해 또는 기피한 경우	법 제60조 제2항제10호	60	80	100

Q 학교 옆에 대형 전자제품 대리점이 있는데, 홍보도우미를 동원해 음악을 틀고 확성기로 홍보를 합니다. 소음을 규제할 방법이 없나요?

A 확성기에 의한 소음은 「소음·진동관리법」의 규제를 받는 생활 소음에 해당합니다.
따라서 확성기 소음이 생활소음의 규제기준을 넘는 경우에는 행정청에 신고하여 소음발생행위 중지 등 행정처분이나 과태료 부과처분을 받도록 할 수 있습니다.

◇ 학교 근처에서의 확성기 소음 규제대상 및 규제기준

시간대별 소음원	아침, 저녁 (05:00~07:00, 18:00~22:00)	주간 (07:00~18:00)	야간 (22:00~05:00)
옥외설치	60dB(A) 이하	65dB(A) 이하	60dB(A) 이하
옥내에서 옥외로 소음이 나오는 경우	50dB(A) 이하	55dB(A) 이하	45dB(A) 이하

◇ 위반에 대한 제재
① 생활소음·진동이 규제기준을 초과할 경우 소음·진동을 발생시키는 자는 특별자치시장·특별자치도지사 또는 시장·군수·구청장(자치구의 구청장을 말한다. 이하 "시장·군수·구청장"이라 한다)으로부터 소음·진동 발생 행위의 분산·중지, 방음·방진시설의 설치 등 필요한 조치 명령을 받을 수 있습니다.
② 조치 명령을 받은 자가 이를 이행하지 않거나 이행하였더라도 생활소음·진동 규제기준을 초과한 경우에는 시장·군수·구청장으로부터 해당 규제대상의 사용금지 명령을 받을 수 있습니다.
③ 생활소음·진동 규제기준을 초과하여 소음·진동을 발생한 경우에는 200만원 이하의 과태료가 부과됩니다.

■ **소음으로 인한 손해배상청구에 있어 각 피해자가 각각의 피해에 대해 구체적으로 입증을 하여야 하는지요?**

Q 소음으로 인한 손해배상청구에 있어 각 피해자가 각각의 피해에 대해 구체적으로 입증을 하여야 하는지요?

A 법원은 이에 대하여 "생활방해의 경우에도 위법행위와 손해의 발생은 이를 주장하는 자가 입증하여야 하는 것이나, 정신적 고통 없는 평온, 안전한 일상생활을 영위할 권리는 피해자들 개개인의 생활 조건의 차이에 관계없이 기본적인 부분에 있어서는 동일하기 때문에, 그 침해로 인한 정신적 고통의 성질 및 정도, 신체적 피해의 위험성 및 생활방해도 구체적 내용에 있어서 약간의 차이가 있을지는 몰라도 그 주요 부분에 있어서는 동일하다고 볼 수 있고, 일정한 정도 이상의 소음에 노출된 피해자들이 그로 인하여 정신적·신체적 피해를 입을 위험이 있음은 여러 연구 결과에 비추어 또는 경험칙상 인정할 수 있다(피해자측의 개별적 사정은 주거지역 및 해당지역에 있어서 거주기간을 참작하는 것으로 족하다).(서울지방법원 2002. 5. 14. 선고 2000가합6945 판결)"라고 판시하였습니다. 따라서 각 피해자가 각각의 피해에 대해 구체적으로 입증할 것을 요구하는 것은 아니라고 할 수 있겠습니다.

제3절 이동소음 및 시위소음 관리

1. 이동소음

1-1. 이동소음의 규제

① 특별자치시장·특별자치도지사 또는 시장·군수·구청장은 이동소음의 원인
을 일으키는 기계·기구[이하 '이동소음원(移動騷音源)'이라 함]로 인한
소음을 규제할 필요가 있는 지역을 이동소음 규제지역으로 지정해 이동
소음원의 사용을 금지하거나 사용 시간 등을 제한할 수 있습니다(소음·
진동관리법 제24조제1항).

② 이동소음원의 종류는 다음과 같습니다(소음·진동관리법 제24조제2항 및
동법 시행규칙 제23조제1항).

구분	이동소음원의 종류
1	이동하며 영업이나 홍보를 하기 위해 사용하는 확성기
2	행락객이 사용하는 음향기계 및 기구
3	소음방지장치가 비정상이거나 음향장치를 부착하여 운행하는 이륜자동차
4	그 밖에 환경부장관이 고요하고 편안한 생활환경을 조성하기 위하여 필요하다고 인정하여 지정·고시하는 기계 및 기구

③ 이동소음원의 사용금지 또는 제한조치를 위반하면 200만원 이하의 과태
료가 부과됩니다(소음·진동관리법 제60조제2항제5호)

1-2. 집회 또는 시위 시 소음

※ 확성기 등의 제한

① 집회 또는 시위의 주최자는 확성기, 북, 징, 꽹과리 등의 기계·기구(이하
"확성기 등"이라 함)를 사용하여 타인에게 심각한 피해를 주는 소음으
로서 다음과 같은 기준을 위반하는 소음을 발생시켜서는 안 됩니다(집
회 및 시위에 관한 법률 제14조제1항,동법 시행령 제14조 및 별표 2).

[단위: LeqdB(A)]

구분	주간(해 뜬 후~ 해 지기 전)	야간(해 진 후~ 해 뜨기 전)
주거지역, 학교, 종합병원, 공공도서관	65 이하	60 이하
그 밖의 지역	75 이하	65 이하

② 관할경찰관서장은 집회 또는 시위의 주최자가 위의 기준을 초과하는 소음을 발생시켜 다른 사람에게 피해를 주는 경우에는 그 기준 이하의 소음 유지 또는 확성기 등의 사용 중지를 명하거나 확성기 등의 일시보관 등의 필요한 조치를 할 수 있습니다(집회 및 시위에 관한 법률 제14조 제2항).

③ 이에 따른 명령을 위반하거나 필요한 조치를 거부·방해한 사람은 6개월 이하의 징역 또는 50만원 이하의 벌금·구류 또는 과료에 처해집니다(집회 및 시위에 관한 법률 제24조제4호).

제3장

교통소음·진동은 어떻게 규제되나요?

제3장
교통소음·진동은 어떻게 규제되나요?

1. 도로 및 철도 소음·진동 관리

1-1. 교통 소음·진동의 관리기준

※ 도로 및 철도의 소음·진동 규제기준

① 도로 및 철도소음·진동의 한도는 다음과 같습니다(소음·진동관리법 제26조, 동법 시행규칙 제25조 및 별표 12).

대상지역	구분		한도	
			주간 (06:00~22:00)	야간 (22:00~06:00)
① 주거지역 ② 녹지지역 ③ 관리지역 중 취락지구 및 관광·휴양개발진흥지구 ④ 자연환경보전지역 ⑤ 학교·병원·공공도서관 및 입소규모 100명 이상의 노인의료복지시설·영유아보육시설의 부지 경계선으로부터 50미터 이내 지역	소음	도로	68LeqdB(A)	58LeqdB(A)
		철도	70LeqdB(A)	60LeqdB(A)
	진동	도로	65dB(V)	60dB(V)
		철도	65dB(V)	60dB(V)

① 상업지역 ② 공업지역 ③ 농림지역 ④ 생산관리지역 및 관리지역 중 산업·유통개발진흥지구 ⑤ 미고시지역	소음	도로	73LeqdB(A)	63LeqdB(A)
		철도	75LeqdB(A)	65LeqdB(A)
	진동	도로	70dB(V)	65dB(V)
		철도	70dB(V)	65dB(V)

② 대상지역의 구분인 주거지역·상업지역·공업지역 및 녹지지역은 다음 각 호
 와 같이 세분하여 지정되어 있습니다.

1) 주거지역

 가. 전용주거지역 : 양호한 주거환경을 보호하기 위하여 필요한 지역

 (1) 제1종전용주거지역 : 단독주택 중심의 양호한 주거환경을 보호하기 위하여
  필요한 지역

 (2) 제2종전용주거지역 : 공동주택 중심의 양호한 주거환경을 보호하기 위하여
  필요한 지역

 나. 일반주거지역 : 편리한 주거환경을 조성하기 위하여 필요한 지역

 (1) 제1종일반주거지역 : 저층주택을 중심으로 편리한 주거환경을 조성하기 위하
  여 필요한 지역

 (2) 제2종일반주거지역 : 중층주택을 중심으로 편리한 주거환경을 조성하기 위하
  여 필요한 지역

 (3) 제3종일반주거지역 : 중고층주택을 중심으로 편리한 주거환경을 조성하기 위
  하여 필요한 지역

 다. 준주거지역 : 주거기능을 위주로 이를 지원하는 일부 상업기능 및 업무기능을
  보완하기 위하여 필요한 지역

2) 상업지역

 가. 중심상업지역 : 도심·부도심의 상업기능 및 업무기능의 확충을 위하여 필요한
  지역

 나. 일반상업지역 : 일반적인 상업기능 및 업무기능을 담당하게 하기 위하여 필요
  한 지역

다. 근린상업지역 : 근린지역에서의 일용품 및 서비스의 공급을 위하여 필요한 지역

라. 유통상업지역 : 도시내 및 지역간 유통기능의 증진을 위하여 필요한 지역

3) 공업지역

가. 전용공업지역 : 주로 중화학공업, 공해성 공업 등을 수용하기 위하여 필요한 지역

나. 일반공업지역 : 환경을 저해하지 아니하는 공업의 배치를 위하여 필요한 지역

다. 준공업지역 : 경공업 그 밖의 공업을 수용하되, 주거기능·상업기능 및 업무기능의 보완이 필요한 지역

4) 녹지지역

가. 보전녹지지역 : 도시의 자연환경·경관·산림 및 녹지공간을 보전할 필요가 있는 지역

나. 생산녹지지역 : 주로 농업적 생산을 위하여 개발을 유보할 필요가 있는 지역

다. 자연녹지지역 : 도시의 녹지공간의 확보, 도시확산의 방지, 장래 도시용지의 공급 등을 위하여 보전할 필요가 있는 지역으로서 불가피한 경우에 한하여 제한적인 개발이 허용되는 지역

1-2. 교통 소음·진동 관리지역

1-2-1. 교통 소음·진동 관리지역의 지정 및 해제

① 특별시장·광역시장·특별자치시장·특별자치도지사 또는 시장·군수(광역시의 군수는 제외함)는 교통기관에서 발생하는 소음·진동이 교통 소음·진동 관리기준을 초과하거나 초과할 우려가 있는 경우에는 해당 지역을 교통 소음·진동 관리지역(이하 "교통소음·진동 관리지역"이라 함)으로 지정할 수 있습니다(소음·진동관리법 제27조제1항).

② 다만, 교통기관에서 발생하는 소음·진동이 교통 소음·진동 관리기준을 초과하지 아니하거나 초과할 우려가 없다고 인정되면 교통 소음·진동 관리지역의 지정을 해제할 수 있습니다(소음·진동관리법 제27조제5항).

1-2-2. 교통 소음·진동 관리지역의 범위

교통 소음·진동 관리지역의 범위는 다음과 같습니다(소음·진동관리법 및 동

법 시행규칙 제26조제1항 및 별표 11).

구분	교통 소음·진동 관리지역의 범위
1	주거지역·상업지역 및 녹지지역
2	준공업지역
3	취락지구 및 관광·휴양개발진흥지구(관리지역으로 한정)
4	종합병원 주변지역, 공공도서관 주변지역 및 학교의 주변지역, 노인의료복지시설 중 입소규모 100명 이상인 노인의료복지시설 및 보육시설 중 입소규모 100명 이상인 보육시설의 주변지역
5	그 밖에 환경부장관이 고요하고 편안한 생활환경 조성을 위해 필요하다고 인정하여 지정·고시하는 지역

1-3. 교통 소음·진동 피해예방

1-3-1. 자동차 운행의 규제

특별자치시장·특별자치도지사 또는 시장·군수·구청장은 교통소음·진동 관리지역을 통행하는 자동차를 운행하는 자에게 속도의 제한·우회 등 필요한 조치를 해 줄 것을 지방경찰청장에게 요청할 수 있고, 지방경찰청장은 특별한 사유가 없으면 지체 없이 그 요청에 따라야 합니다(소음·진동관리법 제28조).

1-3-2. 방음·방진시설의 설치 등

특별시장·광역시장·특별자치시장·특별자치도지사 또는 시장·군수(광역시의 군수는 제외)는 다음의 지역에서 자동차 전용도로, 고속도로 및 철도로부터 발생하는 소음·진동이 교통소음·진동 관리기준을 초과하여 주민의 조용하고 평온한 생활환경이 침해된다고 인정되는 경우에는 스스로 방음·방진시설을 설치하거나 해당 시설관리기관의 장에게 방음·방진시설의 설치 등 필요한 조치를 할 것을 요청할 수 있고, 해당 시설관리기관의 장은 특별한 사유가 없으면 그 요청에 따라야 합니다(소음·진동관리법 제29조 및 동법 시행규칙 제28조).

Q 도로소음을 규제하는 행정법규의 소음환경 기준치를 초과하는 경우에는 무조건 손해배상책임이 인정되는 것인지요?

A 대법원은 "도로소음을 규제하는 행정법규는 인근 주민을 소음으로부터 보호하는 데 주요한 목적이 있기 때문에 도로소음이 이 기준을 넘는지는 일반적으로 사회통념에 비추어 참아내야 할 정도(이하 '참을 한도'라고 한다)를 정하는 데 중요하게 고려해야 한다. 그러나 도로변 지역의 소음에 관한 환경정책기본법의 소음환경기준을 넘는 도로소음이 있다고 하여 바로 참을 한도를 넘는 위법한 침해행위가 있어 민사책임이 성립한다고 단정할 수 없다. 도로소음으로 인한 생활방해를 원인으로 제기된 사건에서 공동주택에 거주하는 사람들이 참을 한도를 넘는 생활방해를 받고 있는지는 특별한 사정이 없는 한 소음피해지점에서 소음원 방향으로 창문·출입문 또는 건물벽 밖의 0.5~1m 떨어진 지점에서 측정된 실외소음도가 아니라, 일상생활이 주로 이루어지는 장소인 거실에서 도로 등 해당 소음원에 면한 방향의 모든 창호를 개방한 상태로 측정한 소음도가 환경정책기본법상 소음환경기준 등을 넘는지 여부에 따라 판단하는 것이 타당하다.(대법원 2016. 11. 25. 선고 2014다57846 판결)"라고 판시한 바 있습니다. 따라서 도로의 소음에 관한 행정법규의 소음환경기준을 넘는 도로소음이 있다고 하여 바로 참을 한도를 넘는 위법한 침해행위가 있어 무조건 민사책임이 성립한다고 단정할 수는 없다고 보여집니다.

■ 철도로부터의 소음이 참을 수 없는 경우 이에 대하여 손해배상이 가능한지요?

Q 철도주변에 살고 있습니다. 철도로부터의 소음이 참을 수 없는 지경에 이르르고 있습니다. 이에 대하여 손해배상이 가능한지요?

A 대법원 2017. 2. 15. 선고 2015다23321 판결에서는 "철도를 설치하고 보존·관리하는 자는 설치 또는 보존·관리의 하자로 인하여 피해가 발생한 경우 민법 제758조 제1항에 따라 이를 배상할 의무가 있다. 공작물의 설치 또는 보존의 하자는 해당 공작물이 용도에 따라 갖추어야 할 안전성을 갖추지 못한 상태에 있다는 것을 의미한다. 여기에서 안전성을 갖추지 못한 상태, 즉 타인에게 위해를 끼칠 위험성이 있는 상태라 함은 해당 공작물을 구성하는 물적 시설 자체에 물리적·외형적 결함이 있거나 필요한 물적 시설이 갖추어져 있지 않아 이용자에게 위해를 끼칠 위험성이 있는 경우뿐만 아니라, 공작물을 본래의 목적 등으로 이용하는 과정에서 일정한 한도를 초과하여 제3자에게 사회통념상 일반적으로 참아내야 할 정도(이하 '참을 한도'라고 한다)를 넘는 피해를 입히는 경우까지 포함된다. 이 경우 참을 한도를 넘는 피해가 발생하였는지는 구체적으로 피해의 성질과 정도, 피해이익의 공공성, 가해행위의 종류와 태양, 가해행위의 공공성, 가해자의 방지조치 또는 손해 회피의 가능성, 공법상 규제기준의 위반 여부, 토지가 있는 지역의 특성과 용도, 토지이용의 선후 관계 등 모든 사정을 종합적으로 고려하여 판단하여야 한다"라고 하였습니다. 따라서 배상청구 가능할 것으로 생각됩니다.

■ 고속도로의 소음·진동 증가로 양돈업자가 폐업한 경우 도로공사에 손해배상을 청구할 수 있는지요?

Q 甲은 고속국도변에서 양돈업을 하고 있었는데, 수년 전 고속국도가 기존의 2차로에서 4차로로 확장하는 공사가 완료됨에 따라 당초 65미터 정도이던 위 양돈장과 고속국도 사이의 거리가 약 25미터로 가까워졌고, 위 양돈장과 고속국도 사이의 자연방음벽 역할을 하던 야산이 위 도로확장을 위한 부지조성공사로 깎였을 뿐 아니라 교통량과 진행차량의 속도의 증가 및 확장된 고속도로면을 아스팔트 대신 아스콘을 사용하는 등의 사정으로 인하여 위 고속도로에서 발생하는 소음·진동이 종전의 약 45 내지 55데시벨에서 평균 75데시벨로 증가됨으로써 위 양돈장에서의 정상적인 양돈업이 불가능하게 되어 양돈업을 폐업하게 되었습니다. 이 경우 甲은 위 고속국도의 관리자를 상대로 손해배상을 청구할 수 있는지요?

A 적법시설이나 공용시설로부터 발생하는 유해배출물로 인하여 손해가 발생한 경우, 그 위법성의 판단기준에 관하여 판례는 "불법행위 성립요건으로서의 위법성은 관련 행위 전체를 일체로만 판단하여 결정하여야 하는 것은 아니고, 문제가 되는 행위마다 개별적·상대적으로 판단하여야 할 것이므로 어느 시설을 적법하게 가동하거나 공용에 제공하는 경우에도 그로부터 발생하는 유해배출물로 인하여 제3자가 손해를 입은 경우에는 그 위법성을 별도로 판단하여야 하며, 이러한 경우의 판단 기준은 그 유해의 정도가 사회생활상 통상의 수인한도를 넘는 것인지 여부인데, 그 수인한도의 기준을 결정함에 있어서는 일반적으로 침해되는 권리나 이익의 성질과 침해의 정도뿐만 아니라 침해행위가 갖는 공공성의 내용과 정도, 그 지역 환경의

특수성, 공법적인 규제에 의하여 확보하려는 환경기준, 침해를 방지 또는 경감시키거나 손해를 회피할 방안의 유무 및 그 난이 정도 등 여러 사정을 종합적으로 고려하여 구체적 사건에 따라 개별적으로 결정하여야 한다."라고 하였습니다(대법원 2001. 2. 9. 선고 99다 55434 판결, 2010. 7. 15. 선고 2006다84126 판결).

다음으로 사업장 등에서 발생하는 환경오염으로 인하여 피해가 발생한 경우, 당해 사업자는 귀책사유가 없는 때에도 피해를 배상하여야 하는지에 관하여 「환경정책기본법」 제31조는 "① 환경오염 또는 환경훼손으로 피해가 발생한 경우에는 해당 환경오염 또는 환경훼손의 원인자가 그 피해를 배상하여야 한다. ② 환경오염 또는 환경훼손의 원인자가 둘 이상인 경우에 어느 원인자에 의하여 제1항에 따른 피해가 발생한 것인지를 알 수 없을 때에는 각 원인자가 연대하여 배상하여야 한다." 라고 규정하고 있으며, 판례도 "환경정책기본법 제31조 제1항 및 제3조 제1호, 제3호, 제4호에 의하면, 사업장 등에서 발생되는 환경오염으로 인하여 피해가 발생한 경우에는 당해 사업자는 귀책사유가 없더라도 그 피해를 배상하여야 하고, 위 환경오염에는 소음·진동으로 사람의 건강이나 환경에 피해를 주는 것도 포함되므로, 피해자들의 손해에 대하여 사업자는 그 귀책사유가 없더라도 특별한 사정이 없는 한 이를 배상할 의무가 있다."라고 하였습니다(대법원 2001. 2. 9. 선고 99다55434 판결).

그리고 위 판례는 고속도로의 확장으로 인하여 소음·진동이 증가하여 인근 양돈업자가 양돈업을 폐업하게 된 사안에서, 양돈업에 대한 침해의 정도가 사회통념상 일반적으로 수인할 정도를 넘어선 것으로 보아 한국도로공사의 손해배상책임을 인정하였습니다.

따라서 위 사안에서 甲은 위 고속도로의 확장으로 인하여 양돈업을 폐업하게 된 손해배상을 청구해볼 여지도 있다고 할 것입니다.

2. 자동차 소음·진동 관리

2-1. 운행차의 소음허용기준

① 자동차의 소유자는 그 자동차에서 배출되는 소음이 운행차 소음허용기준
에 적합하게 운행하거나 운행하게 해야 하며, 소음기나 소음덮개를 떼어
버리거나 경음기를 추가로 붙여서는 안 됩니다(소음·진동관리법 제35조).
② 운행차의 제작된 년도에 따른 소음허용기준은 다음과 같습니다.

1) 1999년 12월 31일까지 제작되는 자동차

자동차 종류 \ 소음 항목		가속주행소음 (dB(A))	배기소음 (dB(A))	경적소음 (dB(C))
경 자 동 차	가	75 이하	100 이하	115 이하
	나	76 이하	100 이하	
승 용 자 동 차		75 이하	100 이하	
소 형 화 물 자 동 차		77 이하	100 이하	
중 량 자 동 차	원동기출력 200마력 초과	82 이하	105 이하	
	원동기출력 200마력 이하	81 이하	103 이하	
이 륜 자 동 차	총배기량 500cc 초과	77 이하	105 이하	
	총배기량 500cc 이하 125cc 초과	74 이하		
	총배기량 125cc 이하	71 이하	102 이하	

(참고)

1. 경자동차 중 "가"는 주로 사람을 운송하기에 적합하게 제작된 자동차에 적
용한다.
2. 경자동차 중 "나"는 참고 1. 외의 자동차에 적용한다.
3. 1995년 12월 31일 이전에 법 제33조제1항 또는 제2항에 따른 인증을 받은
승용자동차에 대하여는 국제표준화기구의 자동차 가속주행소음 측정방법

에 관한 국제표준이 개정되어 이에 따라 환경부장관이 제작 자동차의 소음
측정방법을 개정하기 전까지는 가속주행소음 허용기준을 적용할 때에 그
허용기준을 77㏈(A) 이하로 한다.

2) 2000년 1월 1일부터 2001년 12월 31일까지 제작되는 자동차

자동차 종류	소음 항목		가속주행소음 (dB(A))	배기소음 (dB(A))	경적소음 (dB(C))	
경자동차	가		74 이하	100 이하	110 이하	
	나		76 이하			
승 용 자 동 차	승 용 1		74 이하	100 이하	110 이하	
	승 용 2		76 이하			
	승 용 3		77 이하	100 이하	112 이하	
	승용4	원동기출력 195마력 이하	80 이하	103 이하		
		원동기출력 195마력 초과	80 이하	105 이하		
화 물 자 동 차	화물1		76 이하	100 이하	110 이하	
	화물2		77 이하			
	화물3	원동기출력 97.5마력 이하	79 이하	103 이하	112 이하	
		원동기출력 97.5마력 초과 195마력 이하	79 이하	103 이하		
		원동기출력 195마력 초과	80 이하	105 이하		
이 륜 자 동 차	총배기량 500cc 초과		77 이하	105 이하	110 이하	
	총배기량 500cc 이하·125cc 초과		74 이하			
	총배기량 125cc 이하		71 이하	102 이하		

(참고)

1. 경자동차 중 "가"는 주로 사람을 운송하기에 적합하게 제작된 자동차에 적용한다.
2. 경자동차 중 "나"는 참고 1. 외의 자동차에 적용한다.
3. 승용1에 해당되는 자동차 중 9인승의 자동차는 승용2의 가속주행소음기준을 적용한다.
4. 승용1에 해당되는 자동차 중 직접분사식 디젤원동기를 장착한 자동차의 가속주행소음기준은 1㏈(A)를 가산하여 적용한다.
5. 승용자동차 중 환경부장관이 고시하는 오프로드(off-road)형 자동차의 가속주행소음기준은 2㏈(A)를 가산하여 적용한다.
6. 화물2에 해당되는 자동차 중 차량 총중량 3톤 이상 3.5톤 이하의 자동차의 가속주행소음기준은 1㏈(A)를 가산하고, 직접분사식 원동기를 장착한 자동차의 가속주행소음기준은 2㏈(A)를 가산하여 적용한다.
7. 1995년 12월 31일 이전에 법 제33조제1항 또는 제2항에 따른 인증을 받은 승용1 및 승용2의 자동차에 대하여는 국제표준화기구의 자동차 가속주행소음측정방법에 관한 국제표준이 개정되어 이에 따라 환경부장관이 제작자동차의 소음측정방법을 개정하기 전까지는 가속주행소음 허용기준을 적용할 때에 그 허용기준을 77㏈(A) 이하로 한다.
8. 가속주행소음기준은 국제표준화기구의 자동차 가속주행소음 시험도로에 관한 국제표준에 맞는 시험도로에서의 측정 결과에 의한 기준을 말하며, 국제표준화기구의 자동차 가속주행소음 측정방법에 따라 측정하는 경우에는 2㏈(A)를 가산하여 적용하되, 이 경우 이륜자동차의 가속주행소음기준은 다목의 기준을 적용한다.
9. 1999년 12월 31일 이전에 법 제33조제1항 또는 제2항에 따른 인증을 받은 자동차에 대하여는 2000년 9월 30일까지 가목의 기준을 적용한다.

3) 2002년 1월 1일 이후에 제작되는 자동차

자동차 종류	소음 항목		가속주행소음(dB(A)) 가	가속주행소음(dB(A)) 나	배기소음 (dB(A))	경적소음 (dB(C))
경자동차	가		74 이하	75 이하	100 이하	110 이하
경자동차	나		76 이하	77 이하	100 이하	110 이하
승 용 자 동 차	승 용 1		74 이하	75 이하	100 이하	110 이하
승 용 자 동 차	승 용 2		76 이하	77 이하	100 이하	110 이하
승 용 자 동 차	승 용 3		77 이하	78 이하	100 이하	112 이하
승 용 자 동 차	승용 4	원동기출력 195마력이하	78 이하	78 이하	103 이하	112 이하
승 용 자 동 차	승용 4	원동기출력 195마력초과	80 이하	80 이하	105 이하	112 이하
화 물 자 동 차	화물1		76 이하	77 이하	100 이하	110 이하
화 물 자 동 차	화물2		77 이하	78 이하	100 이하	110 이하
화 물 자 동 차	화물 3	원동기출력 97.5마력이하	77 이하	77 이하	103 이하	112 이하
화 물 자 동 차	화물 3	원동기출력 97.5마력초과 195마력 이하	78 이하	78 이하	103 이하	112 이하
화 물 자 동 차	화물 3	원동기출력 195마력 초과	80 이하	80 이하	105 이하	112 이하
이 륜 자 동 차	총배기량 175cc 초과		80 이하	80 이하	105 이하	110 이하
이 륜 자 동 차	총배기량 175cc 이하·80cc 초과		77 이하	77 이하	105 이하	110 이하
이 륜 자 동 차	총배기량 80cc 이하		75 이하	75 이하	102 이하	110 이하

(참고)

1. 경자동차 중 "가"는 주로 사람을 운송하기에 적합하게 제작된 자동차에 적용한다.
2. 경자동차 중 "나"는 참고 1. 외의 자동차에 적용한다.
3. 가속주행소음 중 "나"는 직접분사식(DI) 디젤원동기를 장착한 자동차에 적용한다.
4. 가속주행소음 중 "가"는 참고 3. 외의 자동차에 적용한다.
5. 승용자동차 중 차량 총중량 2톤 이상의 환경부장관이 고시하는 오프로드(off-road)형 자동차로서 원동기출력 195마력 미만인 자동차의 가속주행소음기준은 1㏈(A)를 가산하여 적용하며, 원동기출력 195마력 이상인 자동차의 가속주행소음 기준은 2㏈(A)를 가산하여 적용한다.
6. 가속주행소음기준은 국제표준화기구의 자동차 가속주행소음 측정방법에 따른 기준을 말한다.
7. 이륜자동차에 대하여는 국제표준화기구의 이륜자동차 가속주행소음 측정방법에 관한 국제표준이 개정되는 것에 따라 환경부장관이 이륜자동차의 소음측정방법을 개정하기 전까지 나목의 기준을 적용한다.

4) 2006년 1월 1일 이후에 제작되는 자동차

자동차 종류	소음 항목	가속주행소음(dB(A)) 가	가속주행소음(dB(A)) 나	배기소음 (dB(A))	경적소음 (dB(C))
경자동차	가	74 이하	75 이하	100 이하	110 이하
경자동차	나	76 이하	77 이하		
승용 자동차	소형	74 이하	75 이하	100 이하	110 이하
승용 자동차	중형	76 이하	77 이하		
승용 자동차	중대형	77 이하	78 이하	100 이하	112 이하
승용 자동차	대형 원동기출력 195마력이하	78 이하	78 이하	103 이하	
승용 자동차	대형 원동기출력 195마력 초과	80 이하	80 이하	105 이하	

		가	나		
	소형	76 이하	77 이하	100 이하	110 이하
	중형	77 이하	78 이하		
화물 자동차	대형 원동기출력 97.5마력 이하	77 이하	77 이하	103 이하	112 이하
	대형 원동기출력 97.5마력 초과 195마력 이하	78 이하	78 이하	103 이하	
	대형 원동기출력 195마력 초과	80 이하	80 이하	105 이하	
이륜 자동차	총배기량 175cc 초과	80 이하	80 이하	105 이하	110 이하
	총배기량 175cc 이하·80cc 초과	77 이하	77 이하		
	총배기량 80cc 이하	75 이하	75 이하	102 이하	

(참고)

1. 위 표 중 경자동차의 "가"의 규정은 주로 사람을 운송하기에 적합하게 제작된 자동차에 대하여 적용하고, 위 표 중 경자동차의 "나"의 규정은 그 밖의 자동차에 대하여 적용한다.

2. 위 표 중 가속주행소음의 "나"의 규정은 직접분사식(DI) 디젤원동기를 장착한 자동차에 대하여 적용하고, 위 표 중 가속주행소음의 "가"의 규정은 그 밖의 자동차에 대하여 적용한다.

3. 차량 총중량 2톤 이상의 환경부장관이 고시하는 오프로드(off-road)형 승용자동차 및 화물자동차 중, 원동기 출력 195마력 미만인 자동차에 대하여는 위 표의 가속주행소음기준에 1㏈(A)를 가산하여 적용하며, 원동기출력 195마력 이상인 자동차에 대하여는 위 표의 가속주행소음기준에 2㏈(A)를 가산하여 적용한다.

4. 가속주행소음 기준은 국제표준화기구의 자동차 가속주행소음 측정방법에 따른 기준을 말한다.

③ 운행차가 운행중인 자동차의 제작된 년도에 따른 소음허용기준은 다음
과 같습니다.

1) 1999년 12월 31일 이전에 제작되는 자동차

소음 항목 자동차 종류	배 기 소 음 (dB(A))		경적소음(dB(C))
대상 자동차	1995년 12월 31일이전에 제작된 자동차	1996년 1월 1일 이후에 제작되는 자동차	모든 자동차
경 자 동 차	103 이하	100 이하	
승 용 자 동 차	103 이하	100 이하	
소 형 화 물 자 동 차	103 이하	100 이하	115 이하
중 량 자 동 차	107 이하	105 이하	
이 륜 자 동 차	110 이하	105 이하	

2. 2000년 1월 1일 이후에 제작되는 자동차

소음 항목 자동차 종류		배기소음(dB(A))	경적소음(dB(C))
경 자 동 차		100 이하	110 이하
승 용 자 동 차	승 용 1	100 이하	110 이하
	승 용 2	100 이하	110 이하
	승 용 3	100 이하	112 이하
	승 용 4	105 이하	112 이하
화 물 자 동 차	화 물 1	100 이하	110 이하
	화 물 2	100 이하	110 이하
	화 물 3	105 이하	112 이하
이 륜 자 동 차		105 이하	110 이하

3. 2006년 1월 1일 이후에 제작되는 자동차

소음 항목 자동차 종류		배기소음(dB(A))	경적소음(dB(C))
경 자 동 차		100 이하	110 이하
승 용 자동차	소형	100 이하	110 이하
	중형	100 이하	110 이하
	중대형	100 이하	112 이하
	대형	105 이하	112 이하
화 물 자동차	소형	100 이하	110 이하
	중형	100 이하	110 이하
	대형	105 이하	112 이하
이 륜 자 동 차		105 이하	110 이하

2-2. 운행차의 수시점검

① 특별시장·광역시장·특별자치시장·특별자치도지사 또는 시장·군수·구청장은 다음의 사항을 확인하기 위해 도로 또는 주차장 등에서 운행차를 점검할 수 있습니다. 다만, 「도로교통법」 제2조제22호에 따른 긴급자동차 등 「소음·진동관리법 시행규칙」 제42조에서 규정하는 자동차는 수시점검 대상에서 제외됩니다(소음·진동관리법 제36조제1항).

  1) 운행차의 소음이 운행차 소음허용기준에 적합한지 여부

  2) 소음기나 소음덮개를 떼어 버렸는지 여부

  3) 경음기를 추가로 붙였는지 여부

② 운전자가 운행차의 수시점검에 따르지 않앉고 지장을 주는 행위를 한 경우에는 6개월 이하의 징역 또는 500만원 이하의 벌금에 처해집니다(소음·진동관리법 제36조제2항 및 제58조제5호).

2-3. 운행차의 정기검사

① 자동차의 소유자는 「자동차관리법」 제43조제1항제2호와 「건설기계관리법」 제13조제1항제2호에 따른 정기검사 및 「대기환경보전법」 제62조제2

항에 따른 이륜자동차정기검사를 받을 때에 다음 각 호의 사항 모두에
대하여 검사를 받아야 합니다(소음·진동관리법 제37조제1항).

1) 해당 자동차에서 나오는 소음이 운행차 소음허용기준에 적합한지 여부

2) 소음기나 소음덮개를 떼어 버렸는지 여부

3) 경음기를 추가로 붙였는지 여부

② 자동차 배출가스 및 소음인증 시스템에서는 자동차 환경인증 업무에 대
한 자세한 정보를 안내하고 있습니다.

■ 자동차 운행 중 소음이 크게 느껴지는데, 자동차 소음에 대한 규제기준이 있나요?

Q 자동차 운행 중 소음이 크게 느껴지는데, 자동차 소음에 대한 규제기준이 있나요?

A 자동차를 운행할 경우에는 운행차 소음기준에 적합한지 여부와 소음기나 소음덮개를 떼어버리거나 경음기를 추가로 붙였는지 여부를 점검받아야 합니다.
만약 이를 위반한 자동차 소유자는 사용정지 등의 행정처분을 받을 수 있습니다.

◇ 운행차 소음허용기준
자동차의 소유자는 그 자동차에서 배출되는 소음이 다음과 같은 운행차 소음허용기준에 적합하게 운행하거나 운행하게 해야 하며, 소음기나 소음덮개를 떼어 버리거나 경음기를 추가로 붙여서는 안 됩니다.

◇ 운행차의 수시점검
① 특별시장·광역시장·특별자치시장·특별자치도지사 또는 시장·군수·구청장은 다음의 사항을 확인하기 위해 도로 또는 주차장 등에서 운행차를 점검할 수 있습니다. 다만, 「도로교통법」 제2조제22호에 따른 긴급자동차 등 「소음·진동관리법 시행규칙」 제42조에서 규정하는 자동차는 수시점검 대상에서 제외됩니다.
1. 운행차의 소음이 운행차 소음허용기준에 적합한지 여부
2. 소음기나 소음덮개를 떼어 버렸는지 여부
3. 경음기를 추가로 붙였는지 여부
② 운전자가 운행차의 수시점검에 따르지 않고 지장을 주는 행위를 한 경우에는 6개월 이하의 징역 또는 500만원 이하의 벌금에 처해집니다.

3. 항공기 소음관리

3-1. 소음대책지역의 지정·고시

3-1-1. 소음대책지역

"소음대책지역"이란 공항에 이륙·착륙하는 항공기로부터 발생하는 소음으로 인해 피해가 있는 지역으로서 공항소음대책사업과 주민지원사업 등을 추진 하기 위하여 국토교통부장관이 지정·고시한 지역을 말합니다(공항소음 방지 및 소음대책지역 지원에 관한 법률 제2조제1호·제2호 및 제5조제1항).

3-1-2. 소음대책지역의 지정·고시

① 국토교통부장관은 다음의 구역별 예상 소음영향도를 기준으로 공항 주 변의 소음대책지역을 지정·고시해야 합니다(공항소음 방지 및 소음대책 지역 지원에 관한 법률 제5조제1항, 제2항, 동법 시행령 제2조제1항 및 동법 시행규칙 제3조).

소음대책지역		예상 소음영향도 (단위: WECNL)
제1종 구역		95 이상
제2종 구역		90 이상 95 미만
제3종 구역	'가' 지구	85 이상 90 미만
	'나' 지구	80 이상 85 미만
	'다' 지구	75 이상 80 미만

② 2010. 9. 23. 당시 지정·고시된 공항소음피해지역 또는 공항소음피해 예 상지역은 위의 표에 따라 제1종 구역, 제2종 구역 또는 제3종 구역으로 지정·고시된 것으로 봅니다.

3-2. 항공기 소음 피해예방 및 피해지원

3-2-1. 항공기 소음 방지시설의 설치 등 요청

항공기 소음이 다음의 소음한도를 초과하여 공항 주변의 생활환경이 매우 손상된다고 인정되는 경우에는 환경부장관은 관계 기관의 장에게 방음시설의 설치나 그 밖에 항공기 소음의 방지에 필요한 조치를 요청할 수 있습니다(소음·진동관리법 제39조제1항, 동법 시행령 제9조제1항 및 제3항).

1) 공항 인근지역: 항공기소음영향도(WECPNL) 90
2) 그 밖의 지역: 항공기소음영향도(WECPNL) 75

3-2-2. 항공기 저소음운항

소음대책지역의 공항에서 이륙하거나 착륙하는 항공기는 항공기 소음을 줄이기 위하여 국토교통부장관이 정하여 고시하는 운항절차(이하 "저소음운항절차"라 함)에 따라 운항해야 합니다(공항소음 방지 및 소음대책지역 지원에 관한 법률 제9조제1항).

3-2-3. 소음대책지역에서의 시설물의 설치 제한

① 특별시장·광역시장·도지사(이하 "시·도지사"라 함) 또는 특별자치도지사·시장·군수·구청장(자치구의 구청장을 말함. 이하 "시장·군수·구청장"이라 함)은 공항소음피해 확산을 방지하기 위하여 소음대책지역에서의 시설물의 설치 및 용도를 제한하여야 합니다.

② 다만, 방음시설 설치 등 일정한 조건을 붙여 시설물의 설치를 허용할 수 있습니다(공항소음 방지 및 소음대책지역 지원에 관한 법률 제6조).

③ 시·도지사 또는 시장·군수·구청장은 위의 조건을 이행하지 아니한 자에게 다음의 사항을 명할 수 있습니다(공항소음 방지 및 소음대책지역 지원에 관한 법률 제6조제2항).

1) 시설물의 용도변경
2) 소음피해 방지시설의 보완

④ 야기에서 '공항시설관리자'란 「공항시설법」 제2조제7호에 따른 공항시설을 관리하는 자를 말합니다(공항소음 방지 및 소음대책지역 지원에 관한 법률 제2조제5호). '공항개발사업시행자'란 「공항시설법」 제2조제9호에 따른 공항개발사업을 시행하는 자를 말합니다(공항소음 방지 및 소음대책지역 지원에 관한 법률 제2조제6호).

3-2-4. 손실보상

소음대책지역의 지정·고시 당시 소음대책지역에 있던 건축물이나 토지의 소유자가 해당 건축물이나 토지의 정착물을 철거하는 경우에는 철거에 따른 손실보상을 공항시설관리자(이하 "시설관리자"라 함) 또는 공항개발사업시행자(이하 "사업시행자"라 함)에게 청구할 수 있습니다(공항소음 방지 및 소음대책지역 지원에 관한 법률 제11조).

3-2-5. 토지매수의 청구

소음대책지역에 있는 토지의 소유자는 시설관리자 또는 사업시행자에게 해당 토지의 매수를 청구할 수 있으며, 시설관리자 또는 사업시설자는 매수청구를 받은 토지를 매수하여야 합니다(공항소음 방지 및 소음대책지역 지원에 관한 법률 제12조).

3-2-6. 주민지원사업

시설관리자 또는 사업시행자는 중기계획의 범위에서 연차별 주민지원사업계획을 수립하여야 하며, 그 종류는 다음과 같습니다(공항소음 방지 및 소음대책지역 지원에 관한 법률 제18조제1항 및 제19조).

주민지원사업	내　　용
주민복지사업	공동이용시설(도서관, 체육공원 등) 설치, 교육문화사업 등 지역주민의 복지향상을 위한 사업으로 「공항소음 방지 및 소음대책지역 지원에 관한 법률 시행령」 별표 1에서 정하는 사업
소득증대사업	공동작업장 및 공동영농시설의 설치 등 소득증대에 기여할 수 있는 사업으로 「공항소음 방지 및 소음대책지역 지원에 관한 법률 시행령」 별표 1에서 정하는 사업
그 밖의 사업	지역주민의 복지향상 및 소득증대에 기여할 수 있는 사업으로서 「공항소음 방지 및 소음대책지역 지원에 관한 법률 시행령」제12조제2항의 기준에 따라 해당 지방자치단체의 조례로 정하는 사업

3-2-7. 세제 지원

① 지방자치단체의 장은 소음대책지역의 주민에 대하여 「지방세법」이나 그 밖의 관계 법률에서 정하는 바에 따라 재산세·취득세 및 등록세를 감면할 수 있습니다(공항소음 방지 및 소음대책지역 지원에 관한 법률 제26조).

② 공항소음대책지역 주민지원센터에서는 공항소음에 대한 정보제공 및 피해지원에 대한 자세한 정보를 안내하고 있습니다.

■ 공항에 민간항공기가 취항한 후 공항 주변에 입주한 사람들은 소음피해를 용인하였다고 볼 수 있는지요?

Q A공항에 민간항공기가 취항한 후 그 공항 주변에 입주한 사람들은 항공기 소음피해를 인식하거나 과실로 이를 인식하지 못하고 입주한 것으로 보입니다. 그러한 사정만으로 위 입주자들이 소음피해를 용인하였다고 볼 수 있어 국가배상책임이 면제될까요?

A 국가배상법 제5조 제1항에 정한 '영조물의 설치 또는 관리의 하자'는 공공의 목적에 공여된 영조물이 그 용도에 따라 갖추어야 할 안전성을 갖추지 못한 상태에 있음을 말하고, 여기서 안전성을 갖추지 못한 상태, 즉 타인에게 위해를 끼칠 위험성이 있는 상태는 당해 영조물을 구성하는 물적 시설 그 자체에 있는 물리적·외형적 흠결이나 불비로 인하여 그 이용자에게 위해를 끼칠 위험성이 있는 경우뿐만 아니라, 그 영조물이 공공의 목적에 이용됨에 있어 그 이용 상태 및 정도가 일정한 한도를 초과하여 제3자에게 사회통념상 수인할 것이 기대되는 한도를 넘는 피해를 입히는 경우까지 포함됩니다.

따라서 A공항이 공공의 목적에 이용됨에 있어 그로 인해 발생한 소음 등의 침해가 인근 주민인 원고 등의 수인한도를 초과하는지 여부에 따라, 위 비행장의 설치·관리상 하자가 있는지 여부가 결정된다고 할 수 있습니다.

위 질의와 관련하여 "입주민 등이 소음으로 인한 위해상태를 이용하기 위하여 이주하였다는 등의 특별히 비난할 사유가 없는 한, 자신들의 주거지가 소음피해지역 내에 있음을 인식하였거나 과실로 이를 인식하지 못하였다는 사정만으로는 소음으로 인한 피해를 용인하였다고 볼 수 없으므로, 위와 같은 사정만으로 국가배상책임이 면제되지 않는다."고 설시한 판례를 참조하시기 바랍니다.(서울중앙지방법원 2008. 1. 22. 선고 2004가합106508 판결 참조)

■ **주거지 인근에 공항이 위치하고 있어서, 항공기 소음이 심합니다. 공항 주변지역의 소음 규제를 위한 대책은 없나요?**

Q 주거지 인근에 공항이 위치하고 있어서, 항공기 소음이 심합니다. 공항 주변지역의 소음 규제를 위한 대책은 없나요?

A 국토교통부장관은 공항에 이륙 · 착륙하는 항공기로부터 발생하는 소음으로 인해 피해가 있는 지역을 소음대책지역으로 지정 · 고시하며, 시설관리자 또는 사업시행자는 소음대책지역으로 지정 · 고시된 지역에 대하여 소음대책사업을 실시하고 있습니다.

◇ 소음대책지역의 지정 · 고시

① "소음대책지역"이란 공항에 이륙 · 착륙하는 항공기로부터 발생하는 소음으로 인해 피해가 있는 지역으로서 공항소음대책사업과 주민지원사업 등을 추진하기 위하여 국토교통부장관이 지정 · 고시한 지역을 말합니다.

② 국토교통부장관은 구역별 예상 소음영향도를 기준으로 공항 주변의 소음대책지역을 지정 · 고시해야 합니다.

◇ 공항소음대책사업

공항소음대책지역 주민지원센터(http://airportnoise.center)에서는 공항소음에 대한 정보제공 및 피해지원에 대한 자세한 정보를 안내하고 있습니다.

■ 비행장이 있는지 모르는 상태에서 이사를 한 경우 그 지역으로
이주한 사람도 손해배상을 받을 수 있는지요?

Q 甲은 A 지역에 비행장이 있는지 모르는 상태에서 A 지역
으로 이사를 하였습니다. 비행장이 건설되기 전부터 A 지
역에 거주하고 있던 다른 주민들은 국가로부터 손해배상
을 받을 수 있다고 하는데 甲도 다른 주민들과 마찬가지로
손해배상을 받을 수 있는지요?

A 대법원은 이에 대하여 "소음 등의 공해로 인한 법적 쟁송이 제기되
거나 그 피해에 대한 보상이 실시되는 등 피해지역임이 구체적으로
드러나고 또한 이러한 사실이 그 지역에 널리 알려진 이후에 이주
하여 오는 경우에는 위와 같은 위험에의 접근에 따른 가해자의 면
책 여부를 보다 적극적으로 인정할 여지가 있다. 다만 일반인이 공
해 등의 위험지역으로 이주하여 거주하는 경우라고 하더라도 위험
에 접근할 당시에 그러한 위험이 존재하는 사실을 정확하게 알 수
없는 경우가 많고, 그 밖에 위험에 접근하게 된 경위와 동기 등의
여러 가지 사정을 종합하여 그와 같은 위험의 존재를 인식하면서
도 위험으로 인한 피해를 용인하면서 접근하였다고 볼 수 없는 경
우에는 손해배상액의 산정에 있어 형평의 원칙상 과실상계에 준하
여 감액사유로 고려하여야 한다(대법원 2010. 11. 25. 선고 2007
다74560 판결)"라고 판시한 바 있습니다. 또한 공군사격장 주변지
역에서 발생하는 소음 등으로 피해를 입은 주민들이 국가를 상대
로 손해배상을 청구한 사안에서, 사격장의 소음피해를 인식하거나
과실로 인식하지 못하고 이주한 일부 주민들의 경우, 비록 소음으
로 인한 피해를 용인하고 이용하기 위하여 이주하였다는 등의 사
정이 인정되지 않아 국가의 손해배상책임을 완전히 면제 할 수는
없다고 하더라도, 손해배상액을 산정함에 있어 그와 같은 사정을
전혀 참작하지 아니하여 감경조차 아니 한 것은 형평의 원칙에 비

추어 현저히 불합리하다고 판시한 경우(대법원 2010. 11. 11. 선고 2008다57975 판결)도 있습니다. 따라서 비행장의 소음을 과실로 인식하지 못하고 이주한 경우 국가배상책임액 전액을 인정받을 수는 없으나 제반사정을 고려한 감경된 금액만큼만 배상받으실 수 있을 것입니다.

제4장
공장 소음·진동은 어떻게 규제하나요?

제4장
공장 소음·진동은 어떻게 규제하나요?

1. 공장 소음·진동의 관리

1-1. 공장 소음·진동 배출허용기준

① 소음·진동 배출시설을 설치한 공장에서 나오는 소음·진동의 배출허용기준은 다음과 같습니다(소음·진동관리법 제7조, 동법 시행규칙 제8조 및 별표 5).

1) 공장 소음 배출허용기준

대상 지역	시간대별[단위: dB(A)]		
	낮 (6:00 ~18:00)	저녁 (18:00 ~24:00)	밤 (24:00 ~6:00)
가. ① 도시지역 중 전용주거지역 및 녹지지역(취락지구·주거개발진흥지구 및 관광·휴양개발진흥지구만 해당함) ② 관리지역 중 취락지구·주거개발진흥지구 및 관광·휴양개발진흥지구 ③ 자연환경보전지역 중 수산자원보호구역외의 지역	50 이하	45 이하	40 이하

대상 지역			
나. ① 도시지역 중 일반주거지역 및 준주거지역 ② 도시지역 중 녹지지역(취락지구·주거개발진흥지구 및 관광·휴양개발진흥지구는 제외함)	55 이하	50 이하	45 이하
다. ① 농림지역 ② 자연환경보전지역 중 수산자원보호구역 ③ 관리지역 중 가목과라목을 제외한 그 밖의 지역	60 이하	55 이하	50 이하
라. ① 도시지역 중 상업지역·준공업지역 ② 관리지역 중 산업개발진흥지구	65 이하	60 이하	55 이하
마. 도시지역 중 일반공업지역 및 전용공업지역	70 이하	65 이하	60 이하

2) 공장 진동 배출허용기준

대상 지역	시간대별[단위 : dB(V)]	
	낮 (06:00 ~22:00)	밤 (22:00 ~06:00)
가. ① 도시지역 중 전용주거지역·녹지지역 ② 관리지역 중 취락지구·주거개발진흥지구 및 관광·휴양개발진흥지구 ③ 자연환경보전지역 중 수산자원보호구역 외의 지역	60 이하	55 이하
나. ① 도시지역 중 일반주거지역 및 준주거지역 ② 농림지역 ③ 자연환경보전지역 중 수산자원보호구역 ④ 관리지역 중 가목과 라목을 제외한 그 밖의 지역	65 이하	60 이하
다. ① 도시지역 중 상업지역·준공업지역 ② 관리지역 중 산업개발진흥지구	70 이하	65 이하
라. 도시지역 중 일반공업지역 및 전용공업지역	75 이하	70 이하

② 공장 소음·진동 배출허용기준은 다음과 같습니다.

1) 공장소음 배출허용기준

[단위 : dB(A)]

대 상 지 역	시간대별		
	낮 (06:00 ~18:00)	저녁 (18:00 ~24:00)	밤 (24:00 ~06:00)
가. 도시지역 중 전용주거지역 및 녹지지역(취락지구·주거개발진흥지구 및 관광·휴양개발진흥지구만 해당한다), 관리지역 중 취락지구·주거개발진흥지구 및 관광·휴양개발진흥지구, 자연환경보전지역 중 수산자원보호구역 외의 지역	50 이하	45 이하	40 이하
나. 도시지역 중 일반주거지역 및 준주거지역, 도시지역 중 녹지지역(취락지구·주거개발진흥지구 및 관광·휴양개발진흥지구는 제외한다)	55 이하	50 이하	45 이하
다. 농림지역, 자연환경보전지역 중 수산자원보호구역, 관리지역 중 가목과 라목을 제외한 그 밖의 지역	60 이하	55 이하	50 이하
라. 도시지역 중 상업지역·준공업지역, 관리지역 중 산업개발진흥지구	65 이하	60 이하	55 이하
마. 도시지역 중 일반공업지역 및 전용공업지역	70 이하	65 이하	60 이하

(비고)

1. 소음의 측정 및 평가기준은 「환경분야 시험·검사 등에 관한 법률」제6조제1항제2호에 해당하는 분야에 대한 환경오염공정시험기준에서 정하는 바에 따른다.

2. 대상 지역의 구분은 「국토의 계획 및 이용에 관한 법률」에 따른다.

3. 허용 기준치는 해당 공장이 입지한 대상 지역을 기준으로 하여 적용한다. 다만, 도시지역 중 녹지지역(취락지구·주거개발진흥지구 및 관광·휴양개발진흥지구는 제외한다)에 위치한 공장으로서 해당 공장 200m 이내에 위 표 가목의 대상지역이 위치한 경우에는 가목의 허용 기준치를 적용한다.

4. 충격음 성분이 있는 경우 허용 기준치에 -5dB을 보정한다.

5. 관련시간대(낮은 8시간, 저녁은 4시간, 밤은 2시간)에 대한 측정소음발생 시간의 백분율이 12.5% 미만인 경우 +15dB, 12.5% 이상 25% 미만인 경우 +10dB, 25% 이상 50% 미만인 경우 +5dB, 50% 이상 75% 미만인 경우 +3dB을 허용 기준치에 보정한다.

6. 위 표의 지역별 기준에도 불구하고 다음 사항에 해당하는 경우에는 배출허용기준을 다음과 같이 적용한다.

　가. 「산업입지 및 개발에 관한 법률」에 따른 산업단지에 대하여는 마목의 허용 기준치를 적용한다.

　나. 「의료법」에 따른 종합병원, 「초·중등교육법」 및 「고등교육법」에 따른 학교, 「도서관법」에 따른 공공도서관, 「노인복지법」에 따른 노인전문병원 중 입소규모 100명 이상인 노인전문병원 및 「영유아보육법」에 따른 보육시설 중 입소규모 100명 이상인 보육시설(이하 "정온시설"이라 한다)의 부지경계선으로부터 50미터 이내의 지역에 대하여는 해당 정온시설의의 부지경계선에서 측정한 소음도를 기준으로 가목의 허용 기준치를 적용한다.

　다. 가목에 따른 산업단지와 나목에 따른 정온시설의 부지경계선으로부터 50미터 이내의 지역이 중복되는 경우에는 특별자치도지사 또는 시장·군수·구청장이 해당 지역에 한정하여 적용되는 배출허용기준을 공장소음 배출허용기준 범위에서 정할 수 있다.

2) 공장진동 배출허용기준

[단위 : dB(V)]

대상 지역	시간대별	
	낮 (06:00~22:00)	밤 (22:00~06:00)
가. 도시지역 중 전용주거지역·녹지지역, 관리지역 중 취락지구·주거개발진흥지구 및 관광·휴양개발진흥지구, 자연환경보전지역 중 수산자원보호구역 외의 지역	60 이하	55 이하
나. 도시지역 중 일반주거지역·준주거지역, 농림지역, 자연환경보전지역 중 수산자원보호구역, 관리지역 중 가목과 다목을 제외한 그 밖의 지역	65 이하	60 이하

다. 도시지역 중 상업지역·준공업지역, 관리지역 중 산업개발진흥지구	70 이하	65 이하
라. 도시지역 중 일반공업지역 및 전용공업지역	75 이하	70 이하

(비고)

1. 진동의 측정 및 평가기준은 「환경분야 시험·검사 등에 관한 법률」 제6조제1항제2호에 해당하는 분야에 대한 환경오염공정시험기준에서 정하는 바에 따른다.

2. 대상 지역의 구분은 「국토의 계획 및 이용에 관한 법률」에 따른다.

3. 허용 기준치는 해당 공장이 입지한 대상 지역을 기준으로 하여 적용한다.

4. 관련시간대(낮은 8시간, 밤은 3시간)에 대한 측정진동발생시간의 백분율이 25% 미만인 경우 +10dB, 25% 이상 50% 미만인 경우 +5dB을 허용기준치에 보정한다.

5. 위 표의 지역별 기준에도 불구하고 다음 사항에 해당하는 경우에는 배출허용기준을 다음과 같이 적용한다.

  가. 「산업입지 및 개발에 관한 법률」에 따른 산업단지에 대하여는 라목의 허용 기준치를 적용한다.

  나. 정온시설의 부지경계선으로부터 50미터 이내의 지역에 대하여는 해당 정온시설의 부지경계선에서 측정한 진동레벨을 기준으로 가목의 허용 기준치를 적용한다.

  다. 가목에 따른 산업단지와 나목에 따른 정온시설의부지경계선으로부터 50미터 이내의 지역이 중복되는 경우에는 특별자치도지사 또는 시장·군수·구청장이 해당 지역에 한정하여 적용되는 배출허용기준을 공장진동 배출허용기준 범위에서 정할 수 있다.

1-2. 소음·진동 배출시설의 설치신고 및 허가

① 소음·진동 배출시설이란 소음·진동을 발생시키는 공장의 기계·기구·시설, 그 밖의 물체로서 다음과 같은 소음·진동 배출시설을 말합니다(소음·진동관리법 제2조제3호 및 동법 시행규칙 제2조의2).

1) 소음배출시설

　가. 동력기준시설 및 기계·기구

　　(1) 7.5kW 이상의 압축기(나사식 압축기는 37.5kW 이상으로 한다)

　　(2) 7.5kW 이상의 송풍기

　　(3) 7.5kW 이상의 단조기(기압식은 제외한다)

　　(4) 7.5kW 이상의 금속절단기

　　(5) 7.5kW 이상의 유압식 외의 프레스 및 22.5kW 이상의 유압식 프레스(유압식 절곡기는 제외한다)

　　(6) 7.5kW 이상의 탈사기

　　(7) 7.5kW 이상의 분쇄기(파쇄기와 마쇄기를 포함한다)

　　(8) 22.5kW 이상의 변속기

　　(9) 7.5kW 이상의 기계체

　　(10) 15kW 이상의 원심분리기

　　(11) 37.5kW 이상의 혼합기(콘크리트프랜트 및 아스팔트랜트의 혼합기는 15kW 이상으로 한다)

　　(12) 37.5kW 이상의 공작기계

　　(13) 22.5kW 이상의 제분기

　　(14) 15kW 이상의 제재기

　　(15) 15kW 이상의 목재가공기계

　　(16) 37.5kW 이상의 인쇄기계(활판인쇄기계는 15kW 이상, 옵셋인쇄기계는 75kW 이상으로 한다)

　　(17) 37.5kW 이상의 압연기

　　(18) 22.5kW 이상의 도정시설(「국토의 계획 및 이용에 관한 법률」에 따른 주거지역·상업지역 및 녹지지역에 있는 시설로 한정한다)

　　(19) 37.5kW 이상의 성형기(압출·사출을 포함한다)

　　(20) 22.5kW 이상의 주조기계(다이케스팅기를 포함한다)

　　(21) 15kW 이상의 콘크리트관 및 파일의 제조기계

(22) 15kW 이상의 펌프(「국토의 계획 및 이용에 관한 법률」에 따른 주거지역·상업지역 및 녹지지역에 있는 시설로 한정하며, 「소방법」 제42조에 따른 소화전은 제외한다)

(23) 22.5kW 이상의 금속가공용 인발기(습식신선기 및 합사·연사기를 포함한다)

(24) 22.5kW 이상의 초지기

(25) 7.5kW 이상의 연탄제조용 윤전기

(26) 위의 1)부터 25)까지의 규정에 해당되는 배출시설을 설치하지 아니한 사업장으로서 위 각 항목의 동력 규모 미만인 것들의 동력 합계가 37.5kW 이상(옵셋인쇄기계를 포함할 경우 75kW 이상)인 경우(「국토의 계획 및 이용에 관한 법률」에 따른 주거지역·상업지역 및 녹지지역의 사업장으로 한정한다)

(참고) 위 26)에서 동력합계 37.5kW 이상(옵셋인쇄기계를 포함할 경우 75kW 이상)인 경우란 소음배출시설의 최소동력기준이 7.5kW인 시설 및 기계·기구는 실제동력에 1, 15kW인 시설 및 기계·기구는 실제동력에 0.9, 22.5kW인 시설 및 기계·기구는 실제동력에 0.8, 37.5kW 또는 75kW인 시설 및 기계·기구는 실제동력에 0.7을 각각 곱하여 산정한 동력의 합계가 37.5kW 이상(옵셋인쇄기계를 포함할 경우 75kW 이상)인 경우를 말한다.

나. 대수기준시설 및 기계·기구

(1) 100대 이상의 공업용 재봉기

(2) 4대 이상의 시멘트벽돌 및 블록의 제조기계

(3) 자동제병기

(4) 제관기계

(5) 2대 이상의 자동포장기

(6) 40대 이상의 직기(편기는 제외한다)

(7) 방적기계(합연사공정만 있는 사업장의 경우에는 5대 이상으로 한다)

다. 그 밖의 시설 및 기계·기구

(1) 낙하해머의 무게가 0.5톤 이상의 단조기

(2) 120kW 이상의 발전기(수력발전기는 제외한다)

(3) 3.75kW 이상의 연삭기 2대 이상

(4) 석재 절단기(동력을 사용하는 것은 7.5kW 이상으로 한정한다)

(비고)

1. 위 가목부터 다목까지의 규정에도 불구하고 기계·기구 및 시설 등이 다음
   각 목의 어느 하나에 해당하는 경우로서 사업자가 특별자치시장·특별자치
   도지사 또는 시장·군수·구청장에게 제2호의 시험성적서를 제출하는 경우에
   는 소음배출시설로 보지 아니한다.
   가. 실내에 설치된 경우로서 음향파워레벨이 87dB(A) 이하인 경우
   나. 실외에 설치된 경우로서 음향파워레벨이 77dB(A) 이하인 경우
2. 위 제1호 각 목에 따른 음향파워레벨은 해당 기계·기구 및 시설 등의 제
   조·판매자 또는 수입자가 「국가표준기본법」 제23조제2항에 따라 인정을
   받은 시험·검사기관(국제기구로부터 인정받은 경우를 포함한다)으로부터
   「산업표준화법」에 따른 한국산업표준 방법으로 측정하여 발급받은 시험성
   적서에 따른다.

2) 진동배출시설(동력을 사용하는 시설 및 기계·기구로 한정한다)
   가. 15kW 이상의 프레스(유압식은 제외한다)
   나. 22.5kW 이상의 분쇄기(파쇄기와 마쇄기를 포함한다)
   다. 22.5kW 이상의 단조기
   라. 22.5kW 이상의 도정시설(국토의 계획 및 이용에 관한 법률에 따른 주거지역·
       상업지역 및 녹지지역에 있는 시설로 한정한다)
   마. 22.5kW 이상의 목재가공기계
   바. 37.5kW 이상의 성형기(압출·사출을 포함한다)
   사. 37.5kW 이상의 연탄제조용 윤전기
   아. 4대 이상 시멘트벽돌 및 블록의 제조기계
   (참고) 소음배출시설 및 진동배출시설의 시설 및 기계·기구의 동력은 1개 또는
   1대를 기준으로 하여 산정한다.

② 배출시설을 설치하려는 자는 특별자치시장·특별자치도지사 또는 시장·군
   수·구청장에게 신고해야 합니다(소음·진동관리법 제8조제1항 본문).
③ 다음 중 어느 하나의 지역에 소음·진동 배출시설을 설치하려는 자는 특
   별자치시장·특별자치도지사 또는 시장·군수·구청장의 허가를 받아야 합니
   다(소음·진동관리법 제8조제1항 단서 및 동법 시행령 제2조제2항).

(1) 종합병원, 공공도서관, 학교, 공동주택의 부지 경계선으로부터 직선거리 50
    미터 이내의 지역
(2) 주거지역 또는 「국토의 계획 및 이용에 관한 법률」 제51조제3항에 따른 제2
    종지구단위계획구역(주거형만 해당)
(3) 요양병원 중 100개 이상의 병상을 갖춘 노인을 대상으로 하는 요양병원의
    부지 경계선으로부터 직선거리 50미터 이내의 지역
(4) 어린이집 중 입소규모 100명 이상인 어린이집의 부지경계선으로부터 직선거
    리 50미터 이내의 지역

[서식] 소음·진동 배출시설의 설치 허가신청서(신고서)

소음·진동배출시설 설치	☐ 허가신청서 ☐ 신 고 서	처리기간
		5 일

신청인 (신고인)	①상호(사업장명칭)			
	②성 명 (대표자)		③생년월일	
	④주 소		(전화번호:)	
⑤사 업 장 소재지			(전화번호:)	

신청내용 (신고내용)	⑥업 종					
	⑦주생산품					
	⑧가동개시 예정일		년 월 일			
	⑨소음·진동배출시설 및 방지시설					
	배출시설명	용량(마력)	수 량(대)	방지시설명	규격	수 량
	⑩배출시설의 일일조업(예정)시간					

「소음·진동관리법 시행령」 제2조제1항과 같은 법 시행규칙 제9조에 따라

배출시설의   ☐설치허가를 신청   합니다.
                    ☐설치를 신고

년   월   일

신청인(신고인)   (서명 또는 인)

특별자치도지사·시장·군수·구청장 귀하

구비서류 1. 방지시설 설치명세서(방지시설의 설치가 면제되는 경우는 제외함) 및 배치도(허가를 신청하는 경우에만 제출합니다) 1부	수수료
	조례에 따름

2. 방지시설의 설치명세서와 그 도면(허가를 신청하는 경우에만 제출합니다) 1부
3. 방지시설의 의무를 면제받으려는 경우에는 제2호의 서류를 갈음하여 면제를 인정할 수 있는 서류

1-3. 소음·진동 배출사업자의 준수의무

1-3-1. 소음·진동 배출허용기준의 준수의무

① 배출시설의 설치 또는 변경에 대한 신고를 하거나 허가를 받는 자(이하 "사업자"라 함)는 공장에서 배출되는 소음·진동이 배출허용기준 이하로 처리될 수 있도록 해야 합니다(소음·진동관리법 제14조).

② 사업자는 배출시설 또는 방지시설의 설치 또는 변경을 끝내고 배출시설을 가동(稼動)한 경우에는 가동개시일로부터 30일 이내에 공장에서 배출되는 소음·진동이 배출허용기준 이하로 처리될 수 있도록 해야 합니다(소음·진동관리법 제14조, 동법 시행규칙 제14조 본문).

③ 다만, 연간 조업일수가 90일 이내인 사업장으로서 가동개시일로부터 30일 이내에 조업이 끝나 오염도검사가 불가능하다고 인정되는 사업장의 경우에는 특별자치시장·특별자치도지사 또는 시장·군수·구청장은 기간을 단축할 수 있습니다(소음·진동관리법 시행규칙 제14조 단서).

1-3-2. 소음·진동 방지시설의 설치

① 소음·진동 방지시설이란 소음·진동배출시설로부터 배출되는 소음·진동을 없애거나 줄이는 시설로서 다음에 해당하는 것을 말합니다(소음·진동관리법 제2조제4호 및 동법 시행규칙 제3조).

1) 소음·진동방지시설

　가. 소음방지시설

　　(1) 소음기

　　(2) 방음덮개시설

　　(3) 방음창 및 방음실시설

　　(4) 방음외피시설

　　(5) 방음벽시설

　　(6) 방음터널시설

　　(7) 방음림 및 방음언덕

　　(8) 흡음장치 및 시설

　　(9) 1)부터 8)까지의 규정과 동등하거나 그 이상의 방지효율을 가진 시설

나. 진동방지시설

   (1) 탄성지지시설 및 제진시설

   (2) 방진구시설

   (3) 배관진동 절연장치 및 시설

   (4) 1)부터 3)까지의 규정과 동등하거나 그 이상의 방지효율을 가진 시설

2) 방음시설

  가. 소음기

  나. 방음덮개시설

  다. 방음창 및 방음실시설

  라. 방음외피시설

  마. 방음벽시설

  바. 방음터널시설

  사. 방음림 및 방음언덕

  아. 흡음장치 및 시설

  자. 가.부터 아.까지의 규정과 동등하거나 그 이상의 방지효율을 가진 시설

3) 방진시설

  가. 탄성지지시설 및 제진시설

  나. 방진구시설

  다. 배관진동 절연장치 및 시설

  라. 가.부터 다.까지의 규정과 동등하거나 그 이상의 방지효율을 가진 시설

② 사업자는 그 공장으로부터 나오는 소음·진동이 배출허용기준 이하로 배출되게 하기 위해 소음·진동 방지시설을 설치해야 합니다(소음·진동관리법 제9조 본문).

③ 다만, 배출시설 사업자는 다음의 경우에는 소음·진동 방지시설을 설치하지 않아도 됩니다(소음·진동관리법 제9조 단서, 동법 시행규칙 제11조).

  1) 특별자치시장·특별자치도지사 또는 시장·군수·구청장이 그 배출시설의 기능·공정 또는 공장의 부지 여건상 소음·진동이 항상 배출허용기준 이하로 배출된다고 인정하는 경우

  2) 소음·진동이 배출허용기준을 초과해 배출되더라도 다음과 같이 생활환경에 피해를 줄 우려가 없다고 인정되는 경우

  3) 해당 공장의 부지 경계선으로부터 직선거리 200미터 이내에 다음의 시설 등이

없는 경우

가. 주택(사람이 살지 않는 폐가는 제외)·상가·학교·병원·종교시설

나. 공장 또는 사업장

다. 관광지 및 관광단지

라. 그 밖에 특별자치시장·특별자치도지사 또는 시장·군수·구청장이 정하여 고시하
는 시설 또는 지역

④ 위의 시설 등이 없다 하더라도 다음과 같은 경우에는 사업자는 방지시
설을 설치하여 소음·진동이 배출 허용 기준 이내로 배출되도록 해야 합
니다.

가. 1.~ 4.에 해당하는 시설이 새로 설치되는 경우

나. 해당 공장에서 발생하는 소음·진동으로 인한 피해 분쟁이 발생할 경우

다. 그 밖에 특별자치시장·특별자치도지사 또는 시장·군수·구청장이 생활환경의 피
해를 방지하기 위해 필요하다고 인정할 경우

1-3-3. 공동 방지시설의 설치

① 지식산업센터의 사업자나 공장이 밀집된 지역의 사업자는 공장에서 배출
되는 소음·진동을 공동으로 방지하기 위해 공동 방지시설을 설치할 수
있습니다. 이 경우 각 사업자는 공장별로 그 공장의 소음·진동에 대한
방지시설을 설치한 것으로 봅니다(소음·진동관리법 제12조제1항).

② 공동 방지시설의 배출허용기준은 다음과 같습니다(소음·진동관리법 제12
조제2항 및 동법 시행규칙 제12조).

1) 공장소음 배출허용기준

[단위 : dB(A)]

대 상 지 역	시간대별		
	낮 (06:00 ~ 18:00)	저녁 (18:00 ~ 24:00)	밤 (24:00 ~ 06:00)
가. 도시지역 중 전용주거지역 및 녹지지역 (취락지구·주거개발진흥지구 및 관광·휴 양개발진흥지구만 해당한다), 관리지역 중 취락지구·주거개발진흥지구 및 관 광·휴양개발진흥지구, 자연환경보전지 역 중 수산자원보호구역 외의 지역	50 이하	45 이하	40 이하
나. 도시지역 중 일반주거지역 및 준주거 지역, 도시지역 중 녹지지역(취락지구· 주거개발진흥지구 및 관광·휴양개발진 흥지구는 제외한다)	55 이하	50 이하	45 이하
다. 농림지역, 자연환경보전지역 중 수산 자원보호구역, 관리지역 중 가목과 라 목을 제외한 그 밖의 지역	60 이하	55 이하	50 이하
라. 도시지역 중 상업지역·준공업지역, 관 리지역 중 산업개발진흥지구	65 이하	60 이하	55 이하
마. 도시지역 중 일반공업지역 및 전용공 업지역	70 이하	65 이하	60 이하

(비고)

1. 소음의 측정 및 평가기준은 「환경분야 시험·검사 등에 관한 법률」 제6조
   제1항제2호에 해당하는 분야에 대한 환경오염공정시험기준에서 정하는 바
   에 따른다.

2. 대상 지역의 구분은 「국토의 계획 및 이용에 관한 법률」에 따른다.

3. 허용 기준치는 해당 공장이 입지한 대상 지역을 기준으로 하여 적용한다.
   다만, 도시지역 중 녹지지역(취락지구·주거개발진흥지구 및 관광·휴양개
   발진흥지구는 제외한다)에 위치한 공장으로서 해당 공장 200m 이내에 위
   표 가목의 대상지역이 위치한 경우에는 가목의 허용 기준치를 적용한다.

4. 충격음 성분이 있는 경우 허용 기준치에 -5dB을 보정한다.

5. 관련시간대(낮은 8시간, 저녁은 4시간, 밤은 2시간)에 대한 측정소음발생시
   간의 백분율이 12.5% 미만인 경우 +15dB, 12.5% 이상 25% 미만인 경우
   +10dB, 25% 이상 50% 미만인 경우 +5dB, 50% 이상 75% 미만인 경우
   +3dB을 허용 기준치에 보정한다.

6. 위 표의 지역별 기준에도 불구하고 다음 사항에 해당하는 경우에는 배출
   허용기준을 다음과 같이 적용한다.

   가. 「산업입지 및 개발에 관한 법률」에 따른 산업단지에 대하여는 마목의
   허용 기준치를 적용한다.

   나. 「의료법」에 따른 종합병원, 「초·중등교육법」 및 「고등교육법」에 따른
   학교, 「도서관법」에 따른 공공도서관, 「노인복지법」에 따른 노인전문병
   원 중 입소규모 100명 이상인 노인전문병원 및 「영유아보육법」에 따른
   보육시설 중 입소규모 100명 이상인 보육시설(이하 "정온시설"이라 한
   다)의 부지경계선으로부터 50미터 이내의 지역에 대하여는 해당 정온시
   설의의 부지경계선에서 측정한 소음도를 기준으로 가목의 허용 기준치
   를 적용한다.

   다. 가목에 따른 산업단지와 나목에 따른 정온시설의 부지경계선으로부터
   50미터 이내의 지역이 중복되는 경우에는 특별자치도지사 또는 시장·
   군수·구청장이 해당 지역에 한정하여 적용되는 배출허용기준을 공장소
   음 배출허용기준 범위에서 정할 수 있다.

2) 공장진동 배출허용기준

[단위 : dB(V)]

대상 지역	시간대별	
	낮 (06:00~22:00)	밤 (22:00~06:00)
가. 도시지역 중 전용주거지역·녹지지역, 관리지역 중 취락지구·주거개발진흥 지구 및 관광·휴양개발진흥지구, 자 연환경보전지역 중 수산자원보호구역 외의 지역	60 이하	55 이하
나. 도시지역 중 일반주거지역·준주거지 역, 농림지역, 자연환경보전지역 중	65 이하	60 이하

수산자원보호구역, 관리지역 중 가목과 다목을 제외한 그 밖의 지역		
다. 도시지역 중 상업지역·준공업지역, 관리지역 중 산업개발진흥지구	70 이하	65 이하
라. 도시지역 중 일반공업지역 및 전용공업지역	75 이하	70 이하

(비고)

1. 진동의 측정 및 평가기준은 「환경분야 시험·검사 등에 관한 법률」 제6조 제1항제2호에 해당하는 분야에 대한 환경오염공정시험기준에서 정하는 바에 따른다.

2. 대상 지역의 구분은 「국토의 계획 및 이용에 관한 법률」에 따른다.

3. 허용 기준치는 해당 공장이 입지한 대상 지역을 기준으로 하여 적용한다.

4. 관련시간대(낮은 8시간, 밤은 3시간)에 대한 측정진동발생시간의 백분율이 25% 미만인 경우 +10dB, 25% 이상 50% 미만인 경우 +5dB을 허용 기준치에 보정한다.

5. 위 표의 지역별 기준에도 불구하고 다음 사항에 해당하는 경우에는 배출허용기준을 다음과 같이 적용한다.

   가. 「산업입지 및 개발에 관한 법률」에 따른 산업단지에 대하여는 라목의 허용 기준치를 적용한다.

   나. 정온시설의 부지경계선으로부터 50미터 이내의 지역에 대하여는 해당 정온시설의 부지경계선에서 측정한 진동레벨을 기준으로 가목의 허용 기준치를 적용한다.

   다. 가목에 따른 산업단지와 나목에 따른 정온시설의부지경계선으로부터 50미터 이내의 지역이 중복되는 경우에는 특별자치도지사 또는 시장·군수·구청장이 해당 지역에 한정하여 적용되는 배출허용기준을 공장진동 배출허용기준 범위에서 정할 수 있다.

1-3-4. 환경기술인의 임명

① 사업자는 배출시설과 방지시설을 정상적으로 운영·관리하기 위해 환경기술인을 임명해야 합니다. 다만, 다른 법률에 따라 환경기술인의 업무를 담당하는 자가 지정된 경우에는 환경기술인을 임명하지 않아도 됩니다

(소음·진동관리법 제19조제1항).

② 사업자는 환경기술인이 그 관리 사항을 철저히 이행하도록 하는 등 다음과 같은 환경기술인의 관리사항을 감독해야 합니다(소음·진동관리법 제19조제3항 및 동법 시행규칙 제18조제2항).

　가. 배출시설과 방지시설의 관리에 관한 사항

　나. 배출시설과 방지시설의 개선에 관한 사항

　다. 그 밖에 소음·진동을 방지하기 위하여 특별자치시장·특별자치도지사 또는 시장·군수·구청장이 지시하는 사항

③ 사업자는 배출시설과 방지시설의 정상적인 운영·관리를 위한 환경기술인의 업무를 방해해서는 안 되며, 그로부터 업무수행 상 필요한 요청을 받으면 정당한 사유가 없는 한 그 요청을 따라야 합니다(소음·진동관리법 제19조제4항).

2. 위반 시 제재

2-1. 개선명령과 조업정지명령

① 조업 중인 공장에서 배출되는 소음·진동의 정도가 배출허용기준을 초과하면 사업자는 특별자치시장·특별자치도지사 또는 시장·군수·구청장으로부터 그 소음·진동의 정도가 배출허용기준 이하로 내려가는 데 필요한 조치(이하 "개선명령"이라 함)를 받을 수 있습니다(소음·진동관리법 제15조).

② 위의 개선명령을 받은 자가 이를 이행하지 않거나 기간 내에 이행은 했지만 배출허용기준을 계속 초과하는 경우에는 특별자치시장·특별자치도지사 또는 시장·군수·구청장으로부터 그 배출시설의 전부 또는 일부에 조업정지 명령을 받을 수 있습니다(소음·진동관리법 제16조 전단).

2-2. 허가의 취소 등

① 사업자가 거짓이나 부정한 방법으로 배출시설의 설치허가를 받았거나 설치신고 또는 설치 변경신고를 한 경우에는 특별자치시장·특별자치도지사 또는 시장·군수·구청장으로부터 설치허가 취소나 배출시설 폐쇄 명령을 받을 수 있습니다(소음·진동관리법 제17조제1호).

② 사업자가 다음 중 어느 하나에 해당하는 행위를 한 경우에는 특별자치시장·특별자치도지사 또는 시장·군수·구청장으로부터 배출시설의 설치허가 취소(신고 대상 시설의 경우에는 배출시설의 폐쇄명령을 말함)처분 또는 6개월 이내의 기간 동안 조업정지 명령을 받을 수 있습니다(소음·진동관리법 제17조).

구분	내용
1	배출시설의 변경신고를 하지 않은 경우소음·진동관리법 제8조제2항)
2	소음·진동 방지시설을 설치하지 않고 배출시설을 가동한 경우(소음·진동관리법 제9조)
3	공장에서 배출되는 소음·진동을 배출허용기준 이하로 처리하지 않은 경우(소음·진동관리법 제14조)
4	조업정지명령을 위반한 경우(소음·진동관리법 제16조)
5	환경기술인을 임명하지 않은 경우(소음·진동관리법 제19조)

2-3. 위법시설에 대한 폐쇄조치

① 신고를 하지 않거나 허가를 받지 않고 소음·진동 배출시설을 설치하거나 운영한 자는 특별자치시장·특별자치도지사 또는 시장·군수·구청장으로부터 해당 배출시설의 사용중지 명령을 받을 수 있습니다(소음·진동관리법 제18조 본문).

② 다만, 해당 배출시설을 개선하거나 방지시설을 설치·개선하더라도 그 공장에서 나오는 소음·진동의 정도가 배출허용기준 이하로 내려갈 가능성이 없거나 다른 법률에 따라 그 배출시설의 설치가 금지되는 장소이면 그 배출시설의 폐쇄명령을 받게 됩니다(소음·진동관리법 제18조 단서).

2-4. 형사상 제재

① 허가를 받지 않고 배출시설을 설치하거나 그 배출시설을 이용해 조업한 자와 거짓이나 부정한 방법으로 허가를 받은 자는 1년 이하의 징역 또는 1천만원 이하의 벌금에 처해집니다(소음·진동관리법 제57조제1호 및 제2호).

② 조업정지명령 등을 위반한 자는 1년 이하의 징역 또는 1천만원 이하의 벌금에 처해집니다(소음·진동관리법 제57조제3호).

③ 신고를 하지 않거나 거짓이나 부정한 방법으로 신고를 하고 배출시설을 설치하거나 그 배출시설을 이용해 조업한 자는 6개월 이하의 징역 또는 500만원 이하의 벌금에 처해집니다(소음·진동관리법 제58조제1호).

2-5. 과태료

다음 중 어느 하나에 해당하는 자는 그 위반 횟수에 따른 과태료를 부과 받을 수 있습니다 (소음·진동관리법 제60조제1항제1호, 제2호, 제60조제2항 제1호, 제2호, 동법 시행령 제15조 및 별표 2).

위반사항	과태료 금액		
	1차 위반	2차 위반	3차 위반
변경신고를 하지 않거나 거짓이나 그 밖의 부정한 방법으로 변경신고를 한 경우	60만원	80만원	100만원
공장에서 배출되는 소음·진동을 배출허용기준 이하로 처리하지 않은 경우	100만원	140만원	200만원
환경기술인을 임명하지 않은 경우	200만원	250만원	300만원
환경기술인의 업무를 방해하거나 환경기술인의 요청을 정당한 사유 없이 거부한 경우	150만원	200만원	250만원

제5장

환경분쟁은 어떻게 해결해야 하나요?

제5장
환경분쟁은 어떻게 해결해야 하나요?

1. 개념

1-1. 환경이란?

① 환경이란 자연환경과 생활환경을 말합니다(환경정책기본법 제3조제1호).

② 자연환경이란 지하·지표(해양을 포함) 및 지상의 모든 생물과 이들을 둘러싸고 있는 비생물적인 것을 포함한 자연의 상태(생태계 및 자연경관을 포함)를 말합니다(환경정책기본법 제3조제2호).

③ 생활환경이란 대기, 물, 폐기물, 소음·진동, 악취, 일조, 인공조명, 화학물질 등 사람의 일상생활과 관계되는 환경을 말합니다(환경정책기본법 제3조제3호).

1-2. 환경오염과 환경훼손

① 환경오염이란 사업활동, 그 밖에 사람의 활동에 따라 발생되는 대기오염, 수질오염, 토양오염, 해양오염, 방사능오염, 소음·진동, 악취, 일조방해, 인공조명에 의한 빛공해 등으로서 사람의 건강이나 환경에 피해를 주는 상태를 말합니다(환경정책기본법 제3조제4호).

② 환경훼손이란 야생동·식물의 남획 및 그 서식지의 파괴, 생태계질서의 교

란, 자연경관의 훼손, 표토(表土)의 유실 등으로 인하여 자연환경의 본
래적 기능에 중대한 손상을 주는 상태를 말합니다(환경정책기본법 제3
조제5호).

2. 환경분쟁

2-1. 환경분쟁

환경분쟁이란 일반적으로 환경피해에 대한 다툼과 환경시설의 설치 또는 관
리와 관련된 다툼을 말합니다(환경분쟁 조정법 제2조제2호).

2-2. 환경분쟁 해결방법의 종류

① 환경분쟁 해결방법에는 소송 외 구제 방법과 소송을 통한 구제 방법이
있습니다.
② 소송 외 구제 방법에는 환경분쟁조정제도가 있으며, 소송을 통한 구제
방법에는 민사소송과 행정쟁송(행정심판, 행정소송), 국가배상청구 등이
있습니다.

3. 환경분쟁조정(調整)제도

3-1. 환경분쟁조정제도란?

① 환경분쟁조정제도는 국민들이 생활 속에서 부딪히는 크고 작은 환경분
쟁을 복잡한 소송절차를 통하지 않고 전문성을 가진 행정기관에서 신속
히 해결하도록 하기 위해 마련한 제도입니다.
② 환경분쟁을 민사소송으로 제기하는 경우, 피해자는 가해행위와 피해발생
간의 인과관계를 입증해야 하고, 이 과정에서 법률지식이 없는 일반인은
상당한 비용을 들여 변호사의 도움을 받아야 하는데 반해, 환경분쟁조
정제도를 이용하는 경우에는 환경분쟁조정위원회에서 적은 비용으로 피
해사실 입증을 대신해 주고, 소송보다 절차도 간단하다는 장점이 있습
니다.

3-2. 환경분쟁조정의 종류

환경분쟁조정(調整)의 종류는 다음과 같습니다.

구분	정의	처리기간
알선(斡旋)	당사자의 자리를 주선하여 분쟁당사자 간의 합의를 유도하는 절차	3개월
조정(調停)	사실조사 후 조정위원회가 조정안을 작성하여 당사자 간의 합의를 수락 권고하는 절차	9개월
재정(裁定)	사실조사 및 당사자 심문 후 재정위원회가 피해배상액을 결정하는 준사법적 절차	9개월
중재(仲裁)	당사자가 중재위원회의 중재안을 수용하기로 합의할 경우 시작되며, 사실조사 후 중재위원회가 인과관계의 유무 및 피해액을 판단하여 결정하는 절차	9개월

3-3. 환경분쟁조정(調整:알선·조정·재정·중재)의 효력

① 알선(斡旋)의 효력 : 알선위원의 중재로 당사자 간에 합의가 이루어지면 합의서를 작성하며, 합의서 작성에 따라 분쟁이 해결됩니다.

② 조정(調停)의 효력 : 조정위원회의 조정안을 당사자가 수락한 때에는 조정조서를 작성하며, 이 경우 조정조서는 재판상 화해와 동일한 효력이 있습니다(환경분쟁 조정법 제33조).

③ 재정(裁定)의 효력 : 환경분쟁조정위원회가 재정결정을 행한 경우 재정문서의 정본이 당사자에게 송달된 날부터 60일 이내에 당사자 쌍방 또는 일방이 해당 재정의 대상인 환경피해를 원인으로 하는 소송을 제기하지 않거나 소송을 제기했다가 철회한 경우 또는 「환경분쟁 조정법」 제42조 제1항에 따른 신청을 하지 않은 경우, 해당 재정문서는 재판상 화해와 동일한 효력이 있습니다(환경분쟁 조정법 제42조).

④ 중재(仲裁)의 효력 : 중재위원회에서 중재가 이루어지면, 양쪽 당사자 간에 법원의 확정판결과 동일한 효력이 있습니다(환경분쟁 조정법 제45조의4).

4. 환경쟁송

4-1. 환경쟁송

환경쟁송이란 환경오염, 환경훼손과 같은 환경피해와 관련하여 다투는 소송과 심판 등을 뜻합니다.

4-2. 환경침해에 대한 구제방법

환경침해를 받은 자는 손해배상청구 또는 유지청구 등의 민사소송을 제기할 수 있으며, 그 밖에 행정심판이나 행정소송, 국가배상청구를 통해서 피해를 구제받을 수 있습니다.

4-3. 민사소송

① 민사소송에는 환경피해에 대한 배상을 청구하는 손해배상청구와 환경침해의 방지를 청구하는 유지청구가 있습니다.

② 손해배상청구소송은 불법행위를 청구원인으로 하며, 고의 또는 과실로 타인에게 손해를 가한 자는 그 손해를 배상하도록 하고 있습니다(민법 제750조).

③ 유지청구(留止請求)란 사전적 피해구제의 방법으로서 피해자가 가해자를 상대로 피해자에게 손해를 주는 행위를 중지할 것을 법원에 청구하는 것을 말합니다.

④ 「민법」 제214조 및 제217조를 근거로 하여 환경 피해를 사전에 예방하거나 제거하기 위해 환경침해발생시설의 가동 중지, 소음발생 행위의 금지 등을 구할 수 있습니다.

⑤ 민사소송은 환경분쟁조정(알선·조정·재정·중재)을 거치지 않아도 제기할 수 있습니다.

4-4. 행정쟁송

4-4-1. 행정심판

① 행정청의 위법 또는 부당한 처분(개선명령이나 인·허가 및 규제조치거부

등)이나 부작위로 인해 환경피해를 입은 자는 행정기관(행정심판위원회)에 행정심판을 제기하여 권리를 구제받을 수 있습니다(행정심판법 제1조 및 제3조).

② 행정심판의 종류(행정심판법 제5조).

1) 취소심판: 행정청의 위법 또는 부당한 처분을 취소하거나 변경하는 행정심판

2) 무효등확인심판: 행정청의 처분의 효력 유무 또는 존재 여부를 확인하는 행정심판

3) 의무이행심판: 당사자의 신청에 대한 행정청의 위법 또는 부당한 거부처분이나 부작위에 대하여 일정한 처분을 하도록하는 행정심판

③ 환경분쟁조정위원회의 결정은 행정쟁송의 대상이 아니므로 분쟁조정결정에 대해서는 행정심판 및 행정소송을 제기할 수 없습니다.

4-4-2. 행정소송

① 행정청의 위법한 처분이나 행정심판 재결, 부작위로 인해 환경피해를 입은 자는 법원에 행정소송(항고소송)을 제기하여 권리를 구제받을 수 있습니다(행정소송법 제1조 및 제3조제1호)

② 예를 들어 행정청이 공장건설허가 등을 통해 오염원을 배출하는 공장을 건설할 수 있도록 함으로써 환경피해의 원인을 제공한 경우에는 행정처분(공장건설허가 등)의 하자에 근거해 해당 처분의 취소를 구하거나 무효 확인을 구함으로써 환경침해의 원인을 제거할 수 있습니다.

③ 행정소송(항고소송)의 종류(행정소송법 제4조)

1) 취소소송: 행정청의 위법한 처분등을 취소 또는 변경하는 소송

2) 무효등확인소송: 행정청의 처분등의 효력 유무 또는 존재여부를 확인하는 소송

3) 부작위위법확인소송: 행정청의 부작위가 위법하다는 것을 확인하는 소송

4-4-3. 국가배상청구

① 국가배상제도란 공무원의 직무상 불법행위나 도로·하천과 같은 영조물의 설치·관리의 잘못으로 손해를 입은 국민에게 국가 또는 지방자치단체가 손해배상을 하여주는 제도입니다(국가배상법 제2조 및 제5조).

② 국가나 지방자치단체가 설치·운영하는 배출시설이나 폐기물처리시설, 도로 등에 의해 환경오염피해를 입은 자는 국가 또는 지방자치단체를 상대로 손해배상을 청구할 수 있을 것입니다(국가배상법 제5조).

③ 국가배상을 청구하려면 관할 배상심의회에 청구하거나 곧바로 소송을 제기할 수 있습니다(국가배상법 제9조).

④ 「환경분쟁 조정법」에 따른 분쟁조정절차(알선·조정·재정·중재)를 거친 경우(「환경분쟁 조정법」 제34조 및 제35조 포함)에는 「국가배상법」에 따른 배상심의회의 심의·의결을 거친 것으로 보기 때문에 국가배상을 청구하려면 곧바로 법원에 소송을 제기해야 합니다(환경분쟁 조정법 제62조).

5. 관련 법령

5-1. 「대한민국헌법」

① 모든 국민은 건강하고 쾌적한 환경에서 생활할 권리를 가지며, 국가와 국민은 환경보전을 위해 노력해야 합니다.

② 환경권의 내용과 행사에 관하여는 법률로 정합니다.

③ 판례는 사법상의 권리로서의 환경권을 인정하는 명문의 규정이 없는 경우 환경권에 기하여 직접 방해배제청구권을 인정할 수 없다고 판시하고 있습니다(대법원 1999. 7. 27. 선고 98다47528 판결).

5-2. 「환경정책기본법」

5-2-1. 「환경정책기본법」의 목적

「환경정책기본법」은 환경보전에 관한 국민의 권리·의무와 국가의 책무를 명확히 하고 환경정책의 기본이 되는 사항을 정하여 환경오염과 환경훼손을 예방하고 환경을 적정하고 지속가능하게 관리·보전함으로써 모든 국민이 건강하고 쾌적한 삶을 누릴 수 있도록 함을 목적으로 하고 있습니다.

5-2-2. 환경이란

① 환경이란 자연환경과 생활환경을 말합니다.

② 자연환경이란 지하·지표(해양을 포함) 및 지상의 모든 생물과 이들을 둘러싸고 있는 비생물적인 것을 포함한 자연의 상태(생태계 및 자연경관을 포함)를 말합니다.

③ 생활환경이란 대기, 물, 폐기물, 소음·진동, 악취, 일조, 인공조명, 화학물질 등 사람의 일상생활과 관계되는 환경을 말합니다.

5-2-3. 환경오염과 환경훼손

① 환경오염이란 사업활동, 그 밖에 사람의 활동에 따라 발생되는 대기오염, 수질오염, 토양오염, 해양오염, 방사능오염, 소음·진동, 악취, 일조방해, 인공조명에 의한 빛공해 등으로서 사람의 건강이나 환경에 피해를 주는 상태를 말합니다(환경정책기본법 제3조제4호).

② 환경훼손이란 야생동·식물의 남획 및 그 서식지의 파괴, 생태계질서의 교란, 자연경관의 훼손, 표토(表土)의 유실 등으로 인하여 자연환경의 본래적 기능에 중대한 손상을 주는 상태를 말합니다(환경정책기본법 제3조제5호).

5-2-4. 오염원인자 책임원칙

자기의 행위 또는 사업활동으로 인하여 환경오염 또는 환경훼손의 원인을 야기한 자는 그 오염·훼손의 방지와 오염·훼손된 환경을 회복·복원할 책임을 지며, 환경오염 또는 환경훼손으로 인한 피해의 구제에 소요되는 비용을 부담함을 원칙으로 합니다(환경정책기본법 제7조).

5-2-5. 환경보전을 위한 규제

정부는 환경보전을 위하여 대기오염·수질오염·토양오염 또는 해양오염의 원인이 되는 물질의 배출, 소음, 진동, 악취의 발생, 폐기물의 처리, 일조의 침해 및 자연환경의 훼손에 대하여 필요한 규제를 해야 합니다(환경정책기본법 제30조제1항).

5-2-6. 사업자의 무과실책임

① 사업장 등에서 발생되는 환경오염 또는 환경훼손으로 인해 피해가 발생한 경우에는 해당 환경오염 또는 환경훼손의 원인자가 그 피해를 배상해야 합니다(환경정책기본법 제44조제1항).

② 환경오염 또는 환경훼손의 원인자가 둘 이상인 경우에 어느 원인자에 의해 위의 피해가 발생한 것인지를 알 수 없을 때에는 각 원인자가 연대하여 배상해야 합니다(환경정책기본법 제44조제2항).

5-3.「환경분쟁 조정법」

5-3-1.「환경분쟁조정법」의 목적

「환경분쟁 조정법」은 환경분쟁의 알선·조정·재정 및 중재의 절차 등을 규정함으로써 환경분쟁을 신속·공정하고 효율적으로 해결하여 환경을 보전하고 국민의 건강 및 재산상의 피해를 구제함을 목적으로 합니다.

5-3-2. 환경분쟁의 개념

① 환경분쟁이란 환경피해에 대한 다툼과 「환경기술 및 환경산업 지원법」 제2조제2호에 따른 환경시설의 설치 또는 관리와 관련된 다툼을 말합니다.

② 환경피해란 사업 활동, 그 밖에 사람의 활동에 의해 발생하였거나 발생이 예상되는 대기오염, 수질오염, 토양오염, 해양오염, 소음·진동, 악취, 자연생태계파괴, 일조방해, 통풍방해, 조망저해, 인공조명에 의한 빛공해, 지하수 수위 또는 이동경로의 변화, 진동이 그 원인 중의 하나가 되는 지반침하(광물채굴로 인한 지반침하는 제외함)를 원인으로 한 건강·재산·정신에 관한 피해를 말합니다.

5-3-3. 분쟁조정의 신청

① 분쟁조정이란 환경분쟁에 대한 알선·조정·재정 및 중재를 말합니다.

② 조정을 신청하고자 하는 자는 관할 환경분쟁조정위원회에 알선·조정·재정 또는 중재 신청서를 제출해야 합니다.

5-4. 「민법」

5-4-1. 불법행위에 대한 손해배상청구

고의 또는 과실로 인한 위법행위로 타인에게 손해를 가한 자는 그 손해를
배상할 책임이 있습니다.

5-4-2. 소유물방해제거, 방해예방청구권

소유자는 소유권을 방해하는 자에 대하여 방해의 제거를 청구할 수 있고
소유권을 방해할 염려있는 행위를 하는 자에 대하여 그 예방이나 손해배상
의 담보를 청구할 수 있습니다(「민법」 제214조).

5-4-3. 매연 등에 의한 인지에 대한 방해금지

① 토지소유자는 매연, 열기체, 액체, 음향, 진동, 그 밖에 이에 유사한 것
   으로 이웃토지의 사용을 방해하거나 이웃거주자의 생활에 고통을 주지
   않도록 적당한 조처를 할 의무가 있습니다.
② 이웃거주자는 위의 사태가 이웃 토지의 통상의 용도에 적당한 것인 때
   에는 이를 인용할 의무가 있습니다.

5-5. 「행정심판법」

5-5-1. 「행정심판법」의 목적

「행정심판법」은 행정심판 절차를 통하여 행정청의 위법 또는 부당한 처분(處
分)이나 부작위(不作爲)로 침해된 국민의 권리 또는 이익을 구제하고, 아울
러 행정의 적정한 운영을 꾀함을 목적으로 합니다.

5-5-2. 행정심판

① 행정청의 처분 또는 부작위에 대해서는 다른 법률에 특별한 규정이 있는
   경우 외에는 「행정심판법」에 따라 행정심판을 청구할 수 있습니다.
② 행정청이란 행정에 관한 의사를 결정하여 표시하는 국가 또는 지방자치
   단체의 기관, 그 밖에 법령 또는 자치법규에 따라 행정권한을 가지고

있거나 위탁을 받은 공공단체나 그 기관 또는 사인(私人)을 말합니다.

5-5-3. 행정심판의 대상

① 처분이란 행정청이 행하는 구체적 사실에 관한 법집행으로서의 공권력의 행사 또는 그 거부, 그 밖에 이에 준하는 행정작용을 말합니다.

② 부작위란 행정청이 당사자의 신청에 대하여 상당한 기간 내에 일정한 처분을 하여야 할 법률상 의무가 있는데도 처분을 하지 않는 것을 말합니다.

5-5-4. 행정심판의 종류

행정심판의 종류는 다음과 같습니다.

1) 취소심판: 행정청의 위법 또는 부당한 처분을 취소하거나 변경하는 행정심판
2) 무효등확인심판: 행정청의 처분의 효력 유무 또는 존재 여부를 확인하는 행정심판
3) 의무이행심판: 당사자의 신청에 대한 행정청의 위법 또는 부당한 거부처분이나 부작위에 대하여 일정한 처분을 하도록하는 행정심판

5-6. 「행정소송법」

5-6-1. 「행정소송법」의 목적

「행정소송법」은 행정소송절차를 통하여 행정청의 위법한 처분, 그 밖에 공권력의 행사·불행사 등으로 인한 국민의 권리 또는 이익의 침해를 구제하고, 공법상의 권리관계 또는 법적용에 관한 다툼을 적정하게 해결함을 목적으로 합니다.

5-6-2. 항고소송

항고소송이란 행정청의 처분 등이나 부작위에 대하여 제기하는 소송입니다.

5-6-3. 항고소송의 대상

① 처분 등이란 행정청이 행하는 구체적 사실에 관한 법집행으로서의 공권력의 행사 또는 그 거부와 그 밖에 이에 준하는 행정작용 및 행정심판에 대한 재결을 말합니다.

② 부작위란 행정청이 당사자의 신청에 대하여 상당한 기간 내에 일정한 처분을 하여야 할 법률상 의무가 있음에도 불구하고 이를 하지 않는 것을 말합니다.

5-6-4. 항고소송의 종류

항고소송은 다음과 같이 구분합니다.

1) 취소소송은 행정청의 위법한 처분 등을 취소 또는 변경하는 소송입니다.

2) 무효등확인소송은 행정청의 처분 등의 효력 유무 또는 존재 여부를 확인하는 소송입니다.

3) 부작위위법확인소송은 행정청의 부작위가 위법하다는 것을 확인하는 소송입니다.

5-6-5. 다른 법률과의 관계

행정소송은 다른 법률에 특별한 규정이 있는 경우를 제외하고는 「행정소송법」이 정하는 바에 따르며, 행정소송에 대해 「행정소송법」에 특별한 규정이 없는 사항에 대해서는 「법원조직법」과 「민사소송법」 및 「민사집행법」을 준용합니다.

5-7. 「국가배상법」

5-7-1. 「국가배상법」의 목적

「국가배상법」은 국가나 지방자치단체의 손해배상(損害賠償)의 책임과 배상절차를 규정함을 목적으로 합니다.

5-7-2. 배상책임

국가나 지방자치단체는 공무원 또는 공무를 위탁받은 사인이 직무를 집행하면서 고의 또는 과실로 법령을 위반하여 타인에게 손해를 입히거나, 「자동차손해배상 보장법」에 따라 손해배상의 책임이 있을 때에는 그 손해를 배상해야 합니다.

5-7-3. 공공시설 등의 하자로 인한 책임

도로·하천, 그 밖의 공공의 영조물(營造物)의 설치나 관리에 하자(瑕疵)가 있기 때문에 타인에게 손해를 발생하게 하였을 때에는 국가나 지방자치단체는 그 손해를 배상해야 합니다.

5-7-4. 다른 법률과의 관계

국가나 지방자치단체의 손해배상 책임에 관하여는 「국가배상법」에 규정된 사항 외에는 「민법」에 따릅니다. 다만, 「민법」 외의 법률에 다른 규정이 있을 때에는 그 규정에 따릅니다.

5-7-5. 소송과 배상신청의 관계

「국가배상법」에 따른 손해배상의 소송은 배상심의회에 배상신청을 하지 않고도 제기할 수 있습니다.

제6장

환경분쟁조정은 어떻게 신청하나요?

제6장
환경분쟁조정은 어떻게 신청하나요?

제1절 환경분쟁조정의 신청대상 및 종류

1. 신청 대상

1-1. 환경분쟁조정제도

① 환경분쟁조정제도는 국민들이 생활 속에서 부딪히는 크고 작은 환경분쟁을 복잡한 소송절차를 통하지 않고 전문성을 가진 행정기관에서 신속히 해결하도록 하기 위해 마련한 제도입니다.

② 제도장점
환경분쟁을 민사소송으로 제기하는 경우, 피해자는 가해행위와 피해발생 간의 인과관계를 입증해야 하고 이 과정에서 법률지식이 없는 일반인은 상당한 비용을 들여 변호사의 도움을 받아야 하는데 반해, 환경분쟁조정제도를 이용하는 경우에는 환경분쟁조정위원회에서 적은 비용으로 피해사실 입증을 대신 해주고, 소송보다 절차도 간단하다는 장점이 있습니다.

1-2. 환경분쟁조정의 신청 대상

① 환경분쟁조정을 신청할 수 있는 경우는 다음과 같습니다(환경분쟁 조정

법 제2조제2호).

1) 환경피해에 대한 다툼

환경피해란 사업활동이나 그 밖에 사람의 활동에 의해 발생하였거나 발생이 예상되는 ① 대기오염, ② 수질오염, ③ 토양오염, ④ 해양오염, ⑤ 소음·진동, ⑥ 악취, ⑦ 자연생태계파괴, ⑧ 일조방해, ⑨ 통풍방해, ⑩ 조망저해, ⑪ 인공조명에 의한 빛공해, ⑫ 지하수 수위 또는 이동경로의 변화, ⑬진동이 그 원인 중의 하나가 되는 지반침하(광물채굴로 인한 지반침하 제외)로 인한 건강·재산·정신에 관한 피해를 말합니다(환경분쟁 조정법 제2조제1호 본문 및 동법 시행령 제2조).

- 다만, 다음의 어느 하나에 해당하는 분쟁의 조정은 다음에서 정하는 경우에만 환경분쟁조정을 신청할 수 있습니다(환경분쟁 조정법 제5조제1호 단서).

가. 건축법 제2조제1항제8호의 건축으로 인한 일조 방해 및 조망 저해와 관련된 분쟁: 그 건축으로 인한 다른 분쟁과 복합되어 있는 경우

나. 지하수 수위 또는 이동경로의 변화와 관련된 분쟁: 공사 또는 작업(「지하수법」에 따른 지하수의 개발·이용을 위한 공사 또는 작업은 제외한다)으로 인한 경우

- 방사능오염으로 인한 피해는 환경분쟁조정의 대상이 되는 환경피해에서 제외합니다(환경분쟁 조정법 제2조제1호 단서).

- 예상되는 피해로 인한 분쟁의 알선·조정 재정 또는 중재의 신청은 사업의 시행자, 규모, 위치, 기간 등을 포함한 사업계획이 관계법령에 의한 절차에 따라 결정된 후에 할 수 있습니다(환경분쟁 조정법 시행령 제9조).

2) 환경시설의 설치 또는 관리와 관련된 다툼

환경시설이란 환경오염물질(「환경기술 및 환경산업 지원법」 제2조제1호 가목) 등으로 인한 자연환경 및 생활환경에 대한 위해를 사전에 예방 또는 감소하거나 환경오염물질의 적정한 처리 또는 폐기물 등의 재활용을 위한 시설·기계·기구, 그 밖의 물체로서 다음의 것을 말합니다(환경기술 및 환경산업 지원법 제2조제2호 및 동법 시행규칙 제2조).

가. 「환경기술 및 환경산업 지원법」 제15조제1항에 따른 환경전문공사업의 등록을 한 자가 설계·시공하는 환경오염방지시설

나. 「하수도법」 제2조제3호에 따른 하수도

다. 「물환경보전법」 제48조에 따른 공공폐수처리시설

라. 「가축분뇨의 관리 및 이용에 관한 법률」 제2조제8호 및 제9호에 따른 처리
　　시설 및 공공처리시설

마. 「자원의 절약과 재활용촉진에 관한 법률」 제2조제10호에 따른 재활용시설

바. 「폐기물관리법」 제2조제8호에 따른 폐기물처리시설

사. 「수도법」 제3조제17호에 따른 수도시설

아. 그 밖에 환경오염물질의 발생을 예방·저감(低減)하거나 오염된 환경을 복원
　　하는 시설·기계·기구 및 설비로서 환경부장관이 정하여 고시하는 것

2. 종류

2-1. 환경분쟁조정(調整)의 종류

① 환경분쟁조정(調整)에는 알선(斡旋), 조정(調停), 재정(裁定) 및 중재가 있
　습니다(환경분쟁 조정법 제2조제3호). 구체적인 내용은 다음과 같습니다.

② 알선(斡旋)

　알선이란 비교적 간단한 환경피해로 인한 분쟁사건에 대해 알선위원이 분
　쟁당사자의 화해를 유도하여 합의가 이루어지게 하는 절차를 말합니다.

③ 조정(調停)

　조정이란 알선으로 해결이 곤란한 피해분쟁사건의 경우에 조정위원회가 사
　실조사 후 조정안을 작성하고 양측에 수락을 권고하는 절차를 말합니다.

④ 재정(裁定)

　재정이란 알선·조정으로도 해결이 곤란한 사건에 대해 재정위원회가 인
　과관계의 유무 및 피해액을 판단하여 결정하는 절차를 말합니다. 당사
　자가 승복하면 그것으로 분쟁이 해결되는 것이지만 이에 불복할 경우에
　는 소송을 제기할 수 있습니다.

⑤ 중재(仲裁)

　중재란 양 당사자가 중재를 통하여 분쟁을 해결하기로 합의를 한 후
　어느 당사자 일방이 환경분쟁조정위원회에 신청함으로써 시작되며, 중재
　위원회가 환경분쟁 피해에 대해 위법성과 인과관계의 유무, 피해규모 등
　에 대하여 사실조사 및 심문등의 절차를 거쳐 법률적 판단을 내려 분쟁
　을 해결하는 제도입니다.

2-2. 분쟁조정의 유형 및 효력

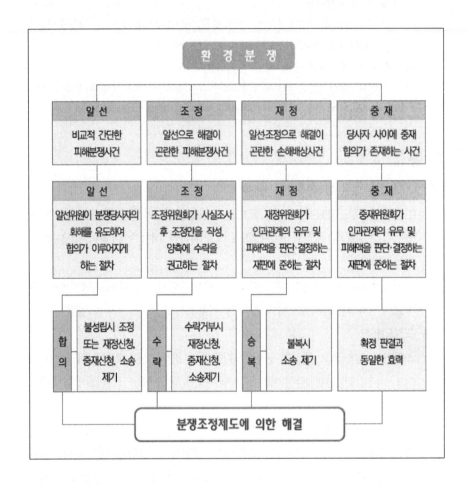

환 경 분 쟁

알 선	조 정	재 정	중 재
비교적 간단한 피해분쟁사건	알선으로 해결이 곤란한 피해분쟁사건	알선조정으로 해결이 곤란한 손해배상사건	당사자 사이에 중재 합의가 존재하는 사건

알 선	조 정	재 정	중 재
알선위원이 분쟁당사자의 화해를 유도하여 합의가 이루어지게 하는 절차	조정위원회가 사실조사 후 조정안을 작성, 양측에 수락을 권고하는 절차	재정위원회가 인과관계의 유무 및 피해액을 판단·결정하는 재판에 준하는 절차	중재위원회가 인과관계의 유무 및 피해액을 판단·결정하는 재판에 준하는 절차

합의	불성립시 조정 또는 재정신청, 중재신청, 소송 제기	수락	수락거부시 재정신청, 중재신청, 소송제기	승복	불복시 소송 제기	확정 판결과 동일한 효력

분쟁조정제도에 의한 해결

제2절 환경분쟁조정의 신청

1. 신청 및 참가

1-1. 환경분쟁조정의 신청자

1-1-1. 분쟁당사자에 의한 신청

환경오염 발생원인자 또는 환경오염 피해자는 직접 분쟁조정을 신청할 수 있습니다.

1-1-2. 선정대표자에 의한 신청

① 다수인이 공동으로 분쟁조정(알선·조정·재정)의 당사자가 되는 경우에는 그 중에서 3인 이하의 대표자를 선정할 수 있으며, 환경분쟁조정위원회(이하 '위원회'라 함)는 대표자를 선정하지 않은 경우에 필요하다고 인정할 때에는 당사자들에게 대표자를 선정할 것을 권고할 수 있습니다(환경분쟁 조정법 제19조제1항 및 제2항).

② 선정대표자는 다른 신청인 또는 피신청인을 위하여 그 사건의 분쟁조정에 관한 모든 행위를 할 수 있습니다. 다만, 신청의 철회 및 조정안의 수락은 다른 당사자들의 서면에 의한 동의를 얻어야 합니다(환경분쟁 조정법 제19조제3항).

③ 대표자가 선정된 경우에는 다른 당사자들은 그 선정대표자를 통해서만 그 사건에 관한 행위를 할 수 있습니다(환경분쟁 조정법 제19조제4항).

④ 대표자를 선정한 당사자들은 필요하다고 인정하는 경우에는 선정대표자를 해임하거나 변경할 수 있습니다. 이 경우 당사자들은 그 사실을 지체 없이 위원회에 통지해야 합니다(환경분쟁 조정법 제19조제5항).

1-1-3. 다수인관련분쟁조정의 신청(대표당사자)

① 다수인에게 같은 원인으로 인한 환경피해가 발생하거나 발생할 우려가 있는 경우에는 그 중 1명 또는 수인(數人)이 위원회의 허가를 받아 대표당사자로서 분쟁조정(알선·조정·재정·중재)을 신청할 수 있습니다(환경분쟁

조정법 제46조제1항 및 제2항).

② 다수인관련분쟁이란 같은 원인으로 인한 환경피해를 주장하는 자가 다수(多數)인 환경분쟁을 말합니다(환경분쟁 조정법 제2조제4호).

③ 다수인관련분쟁조정 신청의 허가요건은 다음과 같습니다(환경분쟁 조정법 제47조).

  1) 같은 원인으로 발생했거나 발생할 우려가 있는 환경피해를 청구원인으로 할 것

  2) 공동의 이해관계를 가진 자가 100명 이상이며, 선정대표자에 의한 분쟁조정이 현저하게 곤란할 것

  3) 피해배상을 신청하는 경우에는 1명당 피해배상 요구액이 500만원 이하일 것

  4) 신청인이 대표하려는 다수인 중 30명 이상이 동의할 것

  5) 신청인이 구성원의 이익을 공정하고 적절하게 대표할 수 있을 것

[서식] 분쟁조정신청서

<table>
<tr><td colspan="4" align="center">중재신청서</td></tr>
<tr><td colspan="4">※ 색상이 어두운 난은 신청인이 적지 않습니다. (앞쪽)</td></tr>
<tr><td>접수번호</td><td>접수일</td><td colspan="2">처리기간　9개월 이내</td></tr>
<tr><td rowspan="5">신청인</td><td colspan="3">상호(명칭)</td></tr>
<tr><td colspan="2">성명(대표자)</td><td>생년월일</td></tr>
<tr><td rowspan="2">주
소</td><td>법 인</td><td colspan="2">(전화번호:　　　　　　）</td></tr>
<tr><td>개 인</td><td colspan="2">(전화번호:　　　　　　）</td></tr>
<tr><td colspan="3">상호(명칭)</td></tr>
<tr><td rowspan="3">선정대표자,
대리인
또는
대표당사자</td><td colspan="3">상호(명칭)</td></tr>
<tr><td colspan="3">성명</td></tr>
<tr><td colspan="3">주소</td></tr>
<tr><td rowspan="4">피신청인</td><td colspan="3">상호(명칭)</td></tr>
<tr><td colspan="3">성명(대표자)</td></tr>
<tr><td rowspan="2">주
소</td><td>법 인</td><td colspan="2"></td></tr>
<tr><td>개 인</td><td colspan="2"></td></tr>
<tr><td colspan="2">환경피해 발생의 일시·장소</td><td colspan="2"></td></tr>
<tr><td colspan="2">중재를 구하는 취지 및 이유</td><td colspan="2"></td></tr>
<tr><td colspan="2">피해금액 또는 예상
피해금액</td><td colspan="2"></td></tr>
<tr><td colspan="2">분쟁의 경과</td><td colspan="2"></td></tr>
<tr><td colspan="2">중재를 통하여 분쟁을
해결하기로 한
당사자 간 합의 사실</td><td colspan="2"></td></tr>
<tr><td colspan="2">당사자 간 합의한
중재위원의 명단</td><td colspan="2">* 당사자가 합의하여 위원을 선정하는 경우만 기재합니다.</td></tr>
<tr><td colspan="2">참고자료</td><td colspan="2"></td></tr>
</table>

「환경분쟁 조정법」제16조 및 같은 법 시행령 제8조제3호에 따라 위와
같이 신청합니다.

년　　　월　　　일

신청인　　　　　　　　　　　　(서명 또는 인)

○○환경분쟁조정위원회　귀중

<table>
<tr><td rowspan="3">첨부서류</td><td>1. 중재의 합의 사실을 증명할 수 있는 서류 1부
2. 중재위원의 합의 사실을 증명할 수 있는 서
류 1부(당사자가 합의하여 위원을 선정하는 경
우에만 첨부합니다)</td><td>수수료(수입인지
또는 수입증지)
시행령 별표 또는
시·도 조례 참조</td></tr>
</table>

1-1-4. 환경단체에 의한 신청

① 다음의 요건을 모두 갖춘 환경단체는 중대한 자연생태계 파괴로 인한 피해가 발생하였거나 발생할 위험이 현저한 경우에는 환경분쟁조정위원회의 허가를 받아 분쟁당사자를 대리하여 위원회에 분쟁조정(알선·조정·재정·중재)을 신청할 수 있습니다(환경분쟁 조정법 제26조제1항 및 동법 시행령 제20조).

   1) 「민법」 제32조에 따라 환경부장관의 허가를 받아 설립된 비영리법인일 것
   2) 정관에 따라 환경보호 등 공익의 보호와 증진을 목적으로하는 단체일 것
   3) 구성원이 100명 이상일 것
   4) 신청일 현재 법인으로서의 자연환경분야 활동실적이 2년이상일 것

② 이 경우 환경단체의 권한은 서면으로 소명해야 합니다(환경분쟁 조정법 제26조제2항 및 제22조제3항).

③ 환경단체는 다음의 행위에 대해서는 특별히 위임을 받아야 합니다(환경분쟁 조정법 제26조제2항 및 제22조제4항).

   1) 신청의 철회
   2) 조정안의 수락
   3) 복대리인의 선임

1-1-5. 중앙환경분쟁조정위원회의 직권 조정(調停)에 의한 분쟁조정절차 개시

중앙환경분쟁조정위원회는 환경오염으로 인한 사람의 생명·신체에 대한 중대한 피해, 「환경기술 및 환경산업 지원법」 제2조제2호에 따른 환경시설의 설치 또는 관리와 관련된 다툼 등 사회적으로 파급효과가 클 것으로 우려되는 환경분쟁에 대해서는 당사자의 신청이 없는 경우에도 직권으로 조정(調停) 절차를 개시할 수 있습니다(환경분쟁 조정법 제2조제2호 및 제30조제1항).

1-2. 대리인

① 대리인

당사자는 다음 어느 하나에 해당하는 사람을 대리인으로 선임할 수 있습니다(환경분쟁 조정법 제22조제1항).

1) 당사자의 배우자, 직계존비속 또는 형제자매
2) 당사자인 법인의 임직원
3) 변호사
4) 환경부장관 또는 지방자치단체의 장이 지명하는 소속공무원

② 위에서 1. 또는 2.를 대리인으로 선임하려는 경우 당사자는 위원회의 위원장의 허가를 받아야 합니다(환경분쟁 조정법 제22조제2항).

③ 대리인의 권한은 서면으로 소명해야 합니다(환경분쟁 조정법 제22조제3항).

④ 대리인은 신청의 철회, 조정안의 수락, 복대리인의 선임에 대해서는 특별한 위임을 받아야 합니다(환경분쟁 조정법 제22조제4항).

1-3. 분쟁조정의 참가

① 분쟁이 조정절차에 계류(繫留)되어 있는 경우에 같은 원인에 의한 환경피해를 주장하는 자는 위원회의 승인을 받아 당사자로서 해당 절차에 참가할 수 있습니다(환경분쟁 조정법 제20조제1항).

② 이 경우 위원회가 승인을 하고자 하는 경우에는 당사자의 의견을 들어야 합니다(환경분쟁 조정법 제20조제2항).

③ 분쟁조정절차에 참가하고자 하는 자는 서면으로 위원회에 신청해야 합니다(환경분쟁 조정법 제20조제1항 및 동법 시행령 제15조제1항).

④ 참가신청, 신청의 변경 및 통지에 관한 내용은 알선·조정·재정의 신청절차에 따르며, 참가신청서의 부본을 송부받은 상대방은 10일 이내에 이에 대한 의견을 위원회에 서면으로 제출할 수 있습니다(환경분쟁 조정법 시행령 제15조제2항 및 제3항).

2. 다수인 관련 분쟁에서 대표당사자가 신청하는 경우

2-1. 다수인관련분쟁조정 신청

2-1-1. 다수인관련분쟁조정 신청

① 다수인에게 같은 원인으로 인한 환경피해가 발생하거나 발생할 우려가 있는 경우에는 그 중 1명 또는 수인(數人)이 대표당사자로서 분쟁조정(알선·조정·재정·중재)을 신청할 수 있습니다(환경분쟁 조정법 제46조제1항).

② 다수인관련분쟁이란 같은 원인으로 인한 환경피해를 주장하는 자가 다수(多數)인 환경분쟁을 말합니다(환경분쟁 조정법 제2조제4호).

③ 위에 따른 분쟁조정을 신청하기 위해서는 환경분쟁조정위원회(이하 '위원회'라 함)의 허가를 받아야 하며, 허가의 신청은 서면으로 해야 합니다(환경분쟁 조정법 제46조제2항 및 제3항).

④ 허가 신청서(「환경분쟁 조정법 시행규칙」 별지 제26호서식)에 기재해야 할 사항은 다음과 같습니다(환경분쟁 조정법 제46조제4항).

  1) 신청인의 주소 및 성명
  2) 대리인이 신청하는 경우에는 대리인의 주소 및 성명
  3) 피신청인이 될 자의 주소 및 성명
  4) 신청인이 대표하고자 하는 다수인의 범위
  5) 손해배상을 청구하는 경우에는 1인당 배상청구액의 상한
  6) 분쟁조정신청의 취지 및 원인

2-1-2. 허가의 요건

위의 허가요건은 다음과 같습니다(환경분쟁 조정법 제47조).

  1) 같은 원인으로 발생했거나 발생할 우려가 있는 환경피해를 청구원인으로 할 것
  2) 공동의 이해관계를 가진 자가 100명 이상이며, 선정대표자에 의한 분쟁조정이 현저하게 곤란할 것
  3) 피해배상을 신청하는 경우에는 1명당 피해배상요구액이 500만원 이하일 것
  4) 신청인이 대표하려는 다수인 중 30명 이상이 동의할 것
  5) 신청인이 구성원의 이익을 공정하고 적절하게 대표할 수 있을 것

2-1-3. 신청의 경합

① 위원회는 다수인관련분쟁조정의 허가신청이 경합하는 경우에는 사건을 분리 또는 병합하는 등의 방법을 각 신청인에게 권고할 수 있습니다(환경분쟁 조정법 제48조제1항).

② 위원회는 위의 권고가 수락되지 않은 경우에는 해당 신청에 대해 불허가 결정을 할 수 있습니다(환경분쟁 조정법 제48조제2항).

2-1-4. 허가 결정

① 위원회는 다수인관련분쟁조정의 허가결정을 한 경우에는 즉시 신청인과 피신청인에게 이를 통지해야 합니다(환경분쟁 조정법 제49조제2항).

② 위원회가 다수인관련분쟁조정의 허가결정을 한 경우에는 「환경분쟁 조정법」 제46조에 따른 다수인관련분쟁조정 허가신청을 한 때에 조정이 신청된 것으로 봅니다(환경분쟁 조정법 제49조제3항).

2-1-5. 대표당사자의 감독 등

① 위원회는 필요하다고 인정하는 경우에는 대표당사자에게 필요한 보고를 할 것을 요구할 수 있습니다(환경분쟁 조정법 제50조제1항).

② 위원회는 대표당사자가 구성원을 공정하고 적절하게 대표하지 않는다고 인정하는 경우에는 구성원의 신청 또는 직권에 따라 그 대표당사자를 변경하거나 허가를 취소할 수 있습니다(환경분쟁 조정법 제50조제2항).

2-2. 공고 및 참가 신청

2-2-1. 공고

① 위원회는 다수인관련분쟁조정이 신청된 경우에는 다음의 사항을 신청 후 15일 이내에 공고하고, 해당 공고안을 그 분쟁이 발생한 지방자치단체의 사무소에서 공람할 수 있도록 해야 합니다(환경분쟁 조정법 제51조제1항).

　1) 신청인과 피신청인의 주소 및 성명

2) 대리인의 주소 및 성명

3) 구성원의 범위 및 구성원 1명당 배상청구액의 상한

4) 신청의 취지 및 원인의 요지

5) 사건번호 및 사건명

6) 참가신청의 방법 및 기간과 참가신청을 하지 않은 사람에 대해서는 분쟁조정의 효력이 미치지 않는다는 사항

7) 그 밖에 위원회가 필요하다고 인정하는 사항

② 위에 따른 공고는 관보 또는 일간신문에 게재하거나 그 밖에 위원회가 적절하다고 인정하는 방법에 따라 할 수 있습니다(환경분쟁 조정법 제51조제2항).

③ 위원회는 위에 따른 공고에 소요되는 비용을 대표당사자로 하여금 부담하게 할 수 있습니다(환경분쟁 조정법 제51조제3항).

2-2-2. 참가의 신청

① 대표당사자가 아닌 자로서 해당 분쟁의 조정결과와 이해관계가 있는 자는 위의 공고가 있은 날부터 60일 이내에 분쟁조정절차에의 참가를 신청할 수 있습니다(환경분쟁 조정법 제52조제1항).

② 「환경분쟁 조정법」 제47조제4호에 따라 동의를 한 자는 참가를 한 것으로 봅니다(환경분쟁 조정법 제52조제2항).

2-2-3. 동일분쟁에 대한 조정신청의 금지

① 위에 따라 참가의 신청을 하지 않은 자는 그 신청원인 및 신청취지상 동일한 분쟁으로 인정되는 사건에 대해서는 다시 분쟁조정을 신청할 수 없습니다(환경분쟁 조정법 제54조).

■ **공사장에서 나는 소음으로 인해 아파트 입주민 전체가 고통을 받고 있어 분쟁조정을 신청하려면 어떻게 해야 하나요?**

Q 아파트 옆 공사장에서 나는 소음으로 인해 아파트 입주민 전체가 고통을 받고 있어요. 분쟁조정을 신청하여 다함께 해결하고 싶은데, 어떻게 해야 하나요?

A 피해를 입은 주민들 중 1인 또는 수인이 대표당사자가 되어 환경분쟁조정을 신청하면 됩니다.

◇ 다수인관련분쟁조정 신청

① 다수인에게 동일한 원인으로 인한 환경피해가 발생하거나 발생할 우려가 있는 경우에는 그 중의 1인 또는 수인이 대표당사자로서 분쟁조정(알선·조정·재정)을 신청할 수 있습니다.

② 다수인관련분쟁이란 동일한 원인으로 인한 환경피해를 주장하는 자가 다수인 환경분쟁을 말합니다.

③ 위에 따른 분쟁조정을 신청하기 위해서는 환경분쟁조정위원회의 허가를 받아야 하며, 허가의 신청은 서면으로 해야 합니다

◇ 허가

① 다수인관련분쟁조정 신청에 대한 허가요건은 다음과 같습니다.

- 동일한 원인에 따라 발생했거나 발생할 우려가 있는 환경피해를 청구원인으로 할 것

- 공동의 이해관계를 가진 자가 100명 이상이며, 「환경분쟁조정법」 제19조에 따른 선정대표자에 의한 분쟁조정이 현저하게 곤란할 것

- 피해배상을 신청하는 경우에는 1인당 피해배상요구액이 500만원 이하일 것

- 신청인이 대표하고자 하는 다수인 중 30명 이상의 동의가 있을 것

- 신청인이 구성원의 이익을 공정하고 적절하게 대표할 수 있을 것

3. 환경분쟁조정의 관할

3-1. 환경분쟁조정위원회의 설치

① 중앙환경분쟁조정위원회 및 지방환경분쟁조정위원회는 환경분쟁의 조정을 담당합니다(환경분쟁 조정법 제5조제1호).

② 환경부에 중앙환경분쟁조정위원회를, 특별시·광역시·도 또는 특별자치도에 지방환경분쟁조정위원회를 각각 설치합니다(환경분쟁 조정법 제4조).

3-2. 중앙환경분쟁조정위원회

3-2-1. 관할 사무

중앙환경분쟁조정위원회는 분쟁조정사무 중 다음의 사항을 관할합니다(환경분쟁 조정법 제6조제1항 및 동법 시행령 제3조제1항).

1) 조정목적의 가액(이하 '조정가액'이라 함)이 1억원을 초과하는 분쟁의 재정 및 중재

　가. 일조·통풍·조망과 관련된 재정(알선·조정은 제외) 사건은 금액에 관계없이 중앙환경분쟁조정위원회에 접수합니다.

　나. 다만, 다음의 어느 하나에 해당하는 분쟁의 조정은 다음에서 정하는 경우만 해당합니다(환경분쟁 조정법 제5조제1호 단서).

　- 「건축법」 제2조제1항제8호의 건축으로 인한 일조 방해 및 조망 저해와 관련된 분쟁: 그 건축으로 인한 다른 분쟁과 복합되어 있는 경우

　- 지하수 수위 또는 이동경로의 변화와 관련된 분쟁: 공사 또는 작업(「지하수법」에 따른 지하수의 개발·이용을 위한 공사 또는 작업은 제외)으로 인한 경우

2) 국가 또는 지방자치단체를 당사자로 하는 분쟁의 조정(알선·조정·재정)

3) 둘 이상의 시·도의 관할구역에 걸치는 분쟁의 조정(알선·조정·재정)

4) 「환경분쟁조정법」 제30조에 따른 직권조정

5) 지방환경분쟁조정위원회가 스스로 조정하기 곤란하다고 결정하여 이송한 분쟁

3-2-2. 직권조정대상

① 직권조정(職權調停)의 대상은 다음과 같습니다(환경분쟁 조정법 제30조

및 동법 시행령 제23조제1항).

1) 환경피해로 인하여 사람이 사망하거나 신체에 중대한 장애가 발생한 분쟁
2) 「환경기술 및 환경산업 지원법」 제2조제2호에 따른 환경시설의 설치 또는 관리와 관련한 분쟁
3) 분쟁조정 예정가액이 10억원 이상인 분쟁

3-3. 지방환경분쟁조정위원회

3-3-1. 관할 사무

① 지방환경분쟁조정위원회는 분쟁조정사무 중 다음의 사항을 관할합니다 (환경분쟁 조정법 제6조제2항 및 동법 시행령 제3조제2항).

1) 해당 시·도의 관할구역 안에서 발생한 분쟁조정(알선·조정·재정) 사무 중 위의 2.부터 5.까지의 사무 외의 사무. 해당시·도의 관할구역 안에서 발생한 분쟁의 조정사무 중 국가 또는 지방자치단체를 당사자로 하지 않는 분쟁의 조정·알선은 지방환경분쟁조정위원회에서 관할합니다.
2) 일조방해, 통풍방해, 조망저해로 인한 분쟁은 제외한 것으로서 해당 시·도의 관할구역 안에서 발생한 조정 가액이 1억원 이하인 분쟁의 재정 및 중재사무. 다만, 중앙환경분쟁조정위원회에서 진행 중이거나 재정 또는 중재된 사건과 같은 원인으로 발생한 분쟁의 재정 또는 중재사무는 제외합니다.

3-3-2. 중앙환경분쟁조정위원회와 각 지방환경분쟁조정위원회 연락처 및 주소

기관명	담당부서	전화번호	주소
중앙환경분쟁조정위원회		044-201-7999	세종특별자치시 도움6로 11 정부세종청사 6동 472호
서울특별시	환경정책과	02-2133-3546	서울특별시 중구 세종대로 110
부산광역시	환경정책과	051-888-3614	부산광역시 연제구 중앙대로 1001
대구광역시	환경정책과	053-803-3682	대구광역시 중구 공평로 88

인천광역시	환경정책과	032-440-3543	인천광역시 남동구 정각로 29
광주광역시	환경정책과	062-613-4161	광주광역시 서구 내방로 111
대전광역시	환경정책과	042-270-5432	대전광역시 서구 둔산로 100
울산광역시	환경보전과	052-229-3152	울산광역시 남구 중앙로 201
세종 특별자치시	환경정책과	044-300-4212	세종특별자치시 한누리대로 2130
경기도	(남부) 환경정책과	031-8008-3536	경기도 수원시 팔달구 효원로 1
	(북부) 환경관리과	031-8030-2483	경기 의정부시 청사로 1
강원도	환경과	033-249-2580	강원도 춘천시 중앙로1
충청북도	기후대기과	043-220-4033	충청북도 청주시 상당구 상당로 82
충청남도	기후 환경정책과	041-635-4414	충청남도 홍성군 홍북면 충남대로 21
전라북도	환경보전과	063-280-3552	전라북도 전주시 완산구 효자로 225
전라남도	기후생태과	061-286-7021	전라남도 무안군 삼향읍 오룡길 1
경상북도	환경정책과	054-880-3515	경북 안동시 풍천면 도청대로 455
경상남도	환경정책과	055-211-6624	경남 진주시 월아산로 2026
제주 특별자치도	생활환경과	064-710-4112	제주특별자치도 제주시 문연로 6

Q 국가를 상대로 환경분쟁조정을 신청하려고 합니다. 지방환경
분쟁조정위원회와 중앙환경분쟁조정위원회 중 어디에 신청해
야 하나요?

A 중앙분쟁조정위원회에 분쟁조정을 신청해야 합니다.
중앙분쟁조정위원회는 국가 또는 지방자치단체를 당사자로 하는
분쟁의 조정을 관할하기 때문입니다.

◇ 중앙환경분쟁조정위원회의 관할
① 중앙환경분쟁조정위원회는 환경부에 설치됩니다.
② 중앙환경분쟁조정위원회는 분쟁조정사무 중 다음의 사항을 관할합
니다.
1. 조정목적의 가액이 1억원을 초과하는 분쟁의 재정 및 중재
2. 국가 또는 지방자치단체를 당사자로 하는 분쟁의 조정
3. 둘 이상의 시·도의 관할구역에 걸치는 분쟁의 조정
4. 「환경분쟁 조정법」 제30조에 따른 직권조정
5. 지방환경분쟁조정위원회가 스스로 조정하기 곤란하다고 결정하여 이
송한 분쟁

◇ 지방환경분쟁조정위원회의 관할
① 지방환경분쟁조정위원회는 특별시·광역시 또는 도에 각각 설치됩니다.
② 지방환경분쟁조정위원회는 분쟁조정사무 중 다음의 사항을 관할합니다.
1. 해당 시·도의 관할구역 안에서 발생한 분쟁조정 사무 중 위의 2.부
터 5.까지의 사무 외의 사무
2. 일조방해, 통풍방해, 조망저해로 인한 분쟁은 제외한 것으로서 해당
시·도의 관할구역 안에서 발생한 조정 가액이 1억원 이하인 분쟁의
재정 및 중재 사무

4. 사전 준비 및 신청서 작성

4-1. 사전준비

4-1-1. 양 당사자 사전준비 사항

환경분쟁이 발생한 경우에는 개인은 물론 국가적으로도 손실을 가져오게 되므로, 이를 예방하기 위해 환경오염 유발 행위자 또는 피해를 입은 자는 다음 사항을 준수해야 합니다.

4-1-2. 환경오염 유발자

① 사전에 환경기준 또는 규제기준을 준수해야 하며, 환경기준 등을 지키는 경우에도 주변에 피해대상의 존재 유무와 피해발생 가능 여부를 면밀히 검토하여 저소음·진동 공법사용 등 피해방지 대책을 미리 강구해야 합니다.

② 피해방지대책을 충분히 했음에도 불구하고 환경피해분쟁이 발생될 가능성이 있으면 사전에 환경오염현황, 피해대상물의 상태, 저소음·진동 장비사용, 환경오염방지시설(이동식 추가 방지시설 포함) 운영상태 등을 확인할 수 있는 사진, 서류 등 증거를 확보해야 합니다.

4-1-3. 환경오염 피해자

① 사전에 그 원인행위자에게 피해방지 대책의 강구를 요구하고, 이에 불응할 경우에는 환경오염현황, 피해대상물의 상태 등을 확인할 수 있는 증거를 확보해야 합니다.

② 타인의 사업활동 등으로 환경피해를 받게 될 것이 예상되는 자는 사전에 스스로 할 수 있는 피해방지 대책을 강구하여 피해를 최소화해야 합니다.

③ 피해를 받은 자는 오염행위자와 공동으로 오염현황, 피해상황 등을 조사·확인 후 증거를 확보하고 조속히 대책을 강구하여 피해를 최소화해야 합니다.

4-2. 신청서 작성

4-2-1. 신청서 작성

① 분쟁조정을 신청하고자 하는 자는 관할 환경분쟁조정위원회에 알선·조정·재정 또는 중재 신청서를 제출해야 합니다(환경분쟁 조정법 제16조제1항).

② 신청서는 각 관할 환경분쟁조정위원회에 직접 제출합니다. 중앙환경분쟁조정위원회에 분쟁조정(알선·조정·재정)을 신청하는 경우에는 중앙환경분쟁조정위원회 사이트에서 온라인으로 분쟁조정 신청이 가능합니다.

4-2-2. 구비서류

① 공통서류

  1) 신청서 정본 1부

  2) 선정대표자 선정 및 동의서 각 1부 (3인 이상의 신청에 한함)

  3) 증거 및 참고자료

② 정신적 피해의 경우

  주민등록등본(최근 3년 이내로서 세대주의 전입일보다 가족의 전입일이 빠른 경우에는 주민등록초본을 첨부해야 합니다. 정신적 피해보상 요구는 세입자도 신청이 가능합니다.)

③ 건강피해의 경우

  공사기간 중 소음 등으로 인한 질병임을 증명하는 의사의 소견서

④ 재산피해의 경우

피해유형	참고자료
건물 피해	피해사진 건축물관리대장 또는 등기사항증명서 공사원가 계산서 지적도
축산물 피해	축산업(가축사육업) 등록증 사본피해입증 현황 자료 및 산출내역서 사육개체 현황(젖소, 한우, 돼지) 축산물 구입 및 판매거래명세표(최근 3년간) 공인·전문기관의 진단서피해사진

과수 및 농작물 피해	토지대장 및 등기부등본 지적도 연도별 판매거래명세표(최근 3년간) 피해사진 및 주변 환경 사진 피해과수 및 농작물 현황자료 등
수산물 피해	어업허가권 사본 종패, 치어 등의 구입 및 관리 비용의 자료(최근 3년간) 피해 현황자료 판매대장(최근 3년간)
일조·조망·통풍 피해	건축물관리대장 및 등기부등본 지적도(필요한 경우) 피해 사진
층간소음 피해 (건축·분양자를 상대로 신청하는 경우)	바닥충격음 측정치(전문기관)
영업피해	사업자 등록증 사본 영업판매실적(최근 3년간) 부가가치세과세표준증명(최근 3년간)

4-3. 피신청인 경정

① 환경분쟁조정위원회(이하 '위원회'라 함)의 위원장은 신청인이 피신청인을 잘못 지정한 것이 명백한 경우에는 신청인의 신청에 의해 피신청인의 경정을 허가할 수 있습니다(환경분쟁 조정법 제21조제1항).

② 위원회의 위원장은 피신청인의 경정을 허가한 경우에는 이를 당사자와 새로운 피신청인에게 통보해야 합니다(환경분쟁 조정법 제21조제2항).

③ 피신청인의 경정 허가가 있는 때에는 종전의 피신청인에 대한 조정신청은 철회되고 새로운 피신청인에 대한 조정신청이 경정신청이 있은 때에 있는 것으로 봅니다(환경분쟁 조정법 제21조제3항).

4-4. 분쟁조정 비용 및 신청 수수료

4-4-1. 분쟁조정 비용

위원회가 행하는 분쟁조정절차에 필요한 비용은 다음의 사항을 제외하고는 각 당사자가 비용을 부담합니다(환경분쟁 조정법 제63조제1항 및 동법 시행령 제34조).

1) 위원회의 위원·심사관·직원 및 관계전문가의 출장에 드는 비용
2) 위촉한 관계전문가의 조사 비용
3) 협조를 요청받은 자의 출장에 드는 비용
4) 참고인 또는 감정인의 출석에 드는 비용
5) 분쟁조정절차의 진행과 관련한 우편료 및 전신료

4-4-2. 신청 수수료 납부

알선·조정·재정·중재 또는 증거보전을 신청하는 자는 소정의 수수료를 수입인지로 내야 하고, 알선·조정·재정 또는 중재를 구하는 가액이 취지의 변경 등으로 증가한 경우에는 증가 전 수수료와 증가 후의 수수료 차액에 해당하는 금액을 수입인지로 내야 합니다(환경분쟁 조정법 제63조제2항 및 동법 시행령 제35조).

4-4-3. 분쟁조정 유형별 수수료

① 알선: 10,000원

② 조정

1. 조정가액 500만원 이하	10,000원
2. 조정가액 500만원 초과 5천만원 이하	1. 의 수수료에 500만원을 초과하는 1만원마다 15원을 가산한 금액
3. 조정가액 5천만원 초과	2. 의 수수료에 5천만원을 초과한 1만원마다 10원을 가산한 금액

③ 재정 및 중재

1. 조정가액 500만원 이하	20,000원

2. 조정가액 500만원 초과 5천만원이하	1.의 수수료에 500만원을 초과한 1만원마다 30원을 가산한 금액
3. 조정가액 5천만원 초과	2.의 수수료에 5천만원을 초과한 1만원마다 20원을 가산한 금액

④ 참가신청의 경우

　　1) 조정절차에 참가신청하는 경우: 해당 참가인이 조정가액에 대해 조정신청의 수수료 산출방식에 따라 산출한 금액

　　2) 재정절차에 참가신청하는 경우: 해당 참가인이 조정가액에 대해 재정신청의 수수료 산출방식에 따라 산출한 금액

4-4-4. 환경피해 청구액별 수수료

(단위: 원)

구 분	500만원 이하	5천만원	1억원	5억원
알 선	10,000	10,000	10,000	10,000
조 정	10,000	77,500	127,500	527,500
재 정	20,000	155,000	255,000	1,055,000

제3절 환경분쟁조정의 절차와 효력

1. 환경분쟁 조정절차 개요

1-1. 환경분쟁 조정절차

환경분쟁 조정절차는 다음과 같이 진행됩니다.

분쟁조정신청 (신청인)	○ 斡旋·調停·裁定·仲裁의 구분 ○ 분쟁조정 신청서 작성 ○ 분쟁발생경위 및 피해 입증서류 제출
신청서 접수	○ 중앙 또는 지방분쟁조정위원회 접수 ○ 신청요건 및 구비서류 검토 ※ 처리기간 알선 : 3월이내 조정·재정·중재 : 9월이내
사건배정	○ 접수일로부터 7일 이내에 조정위원 및 심사관 지명 ○ 지명결과통보 : 신청인, 피신청인, 조정위원, 심사관
사실조사 (심사관)	○ 사실조사(당사자 의견 청취 포함) ○ 알선종결 ○ 인과관계 규명(관계전문가 자문 등) ○ 심사보고서 작성
조정위원회 의결	○ 조정위원회 개최·당사자 심문 ○ 조정·재정·중재위원회 의결
조정문서 송달	○ 민사소송 중 송달에 관한 규정 준용

1-2. 신청서 작성 및 접수

① 분쟁조정 신청은 당사자(피해자 또는 가해자)의 신청서가 제출됨에 따라 개시됩니다.

② 신청이 되면 분쟁처리기관은 그 사건을 담당하는 조정위원회를 설치합니다.

1-3. 위원의 제척·기피

① 위원회의 위원은 아래의 어느 하나에 해당하는 경우에는 위원회의 직권 또는 당사자의 신청에 따른 결정으로 그 직무의 집행에서 제척됩니다(환경분쟁 조정법 제12조제1항 및 제2항).

  1) 위원 또는 그 배우자나 배우자이었던 자가 해당 분쟁사건(이하 '사건'이라 함)의 당사자가 되거나 해당 사건에 대해 당사자와 공동권리자 또는 의무자의 관계에 있는 경우

  2) 위원이 해당 사건의 당사자와 친족관계에 있거나 있었던 경우

  3) 위원이 해당 사건에 대해 진술이나 감정을 한 경우

  4) 위원이 해당 사건에 대해 당사자의 대리인으로서 관여하거나 관여하였던 경우

  5) 위원이 해당 사건의 원인이 된 처분 또는 부작위에 관여한 경우

② 당사자는 위원에게 공정한 직무집행을 기대하기 어려운 사정이 있는 경우에는 위원회에 기피신청을 할 수 있으며, 위원회는 기피신청이 타당하다고 인정하는 경우에는 기피의 결정을 해야 합니다(환경분쟁 조정법 제12조제3항).

③ 위원회는 기피신청이 있는 경우에는 그 신청에 대한 결정이 있을 때까지 분쟁조정절차를 중지해야 합니다(환경분쟁 조정법 제12조제5항).

④ 위원회의 위원에 대한 제척 또는 기피의 신청은 관할위원회에 그 원인과 소명방법을 명시하여 서면으로 제출해야 합니다(환경분쟁 조정법 시행령 제5조제1항).

⑤ 제척 또는 기피신청에 관한 위원회의 결정에 대해서는 불복신청을 할 수 없습니다(환경분쟁 조정법 시행령 제5조제3항).

⑥ 위 규정은 분쟁조정절차에 관여하는 직원 및 특정사건에 관한 전문적인 사항을 처리하기 위해 위촉한 관계전문가에도 준용합니다(환경분쟁 조정법 제12조제6항).

1-4. 신청의 각하

① 환경분쟁조정위원회(이하 '위원회'라 함)는 분쟁조정(알선·조정·재정)의 신청이 부적법한 경우에는 상당한 기간을 정하여 그 기간 내에 흠을 바로잡을 것을 명할 수 있습니다. 그러나 신청인이 흠을 바로 잡으라는 명령에 불응하거나 흠을 바로 잡을 수 없는 경우에는 결정으로 분쟁조정신청을 각하합니다(환경분쟁 조정법 제17조제1항 및 제2항).

② 위원회는 다른 법률에서 정하고 있는 조정절차를 이미 거쳤거나 거치고있는 분쟁의 조정신청에 대해서는 결정으로 각하해야 합니다(환경분쟁조정법 제17조제3항).

1-5. 사실조사 및 심사보고서 작성

① 예비조사: 환경피해 진행상태의 현장확인 및 분쟁 당시의 증거 확보
② 사건처리 계획 수립: 분쟁개요, 관계전문가 조사, 위원회 개최 등
③ 사실조사: 인과관계 규명, 피해배상액 산정에 필요한 자료 수집, 참고인진술 청취, 사실조사서 작성 등
④ 심사보고서 작성: 사건개요, 사실조사결과, 재정(안) 등

1-6. 조정위원회 의결

① 심사결과 보고
② 당사자(필요시 관계자) 심문
③ 의결: 위원 전원참석 과반수의 찬성

1-7. 조정문서의 송달

① 조정위원회 결정사항을 재정문 또는 조정조서로 작성하여 「민사소송법」중 송달에 관한 규정을 준용하여 당사자에게 통지합니다.
② 조정위원회가 행하는 조정의 절차는 「환경분쟁 조정법」에 특별한 규정이있는 경우를 제외하고는 공개하지 않습니다(환경분쟁 조정법 제25조).

(사건번호 200509727, 기피신청기각결정처분취소청구)

환경분쟁조정위원회 위원 및 심사관에 대한 기피신청에 대하여 피청구인이 행한 기각 결정은 환경분쟁조정의 본안사건을 심리하는 과정에서 그에 부대되어 이루어지므로 독자적인 처분성을 인정하기 어렵다 할 것이고, 「환경분쟁조정법 시행령」 제5조제3항에서는 기피신청의 기각결정에 대하여는 불복신청을 할 수 없다고 규정되어 있으므로, 이 건 청구는 행정심판의 대상이 되지 않는 사항을 대상으로 하여 제기된 부적법한 청구라 할 것이다.

2. 알선

2-1. 알선의 개념

알선이란 알선위원이 환경분쟁에 대해 당사자 간에 해당 분쟁이 자주적으로 해결되도록 교섭 장소의 제공, 자료의 제시 및 쟁점의 정리 등을 통해 그간의 교섭과 상의가 원활하게 진행되도록 중개하는 제도입니다.

2-2. 알선의 절차

2-2-1. 알선의 개시와 처리기간

① 환경분쟁조정위원회(이하 '위원회'라 함)는 알선의 신청을 받은 때에는 지체 없이 알선절차를 개시해야 합니다(환경분쟁 조정법 제16조제3항).

② 위원회는 알선 신청을 받은 때에는 3개월 내에 절차를 완료하여야 하고, 당사자·선정대표자·대리인 또는 대표당사자(이하 '당사자 등'이라 함)의 동의가 있는 경우 등에는 위원회의 결정으로 처리기간을 1회에 한하여 3개월 내에서 연장할 수 있습니다(환경분쟁 조정법 제16조제6항 및 동법 시행령 제12조).

2-2-2. 알선의 처리절차

알선신청의 처리절차는 다음과 같습니다.

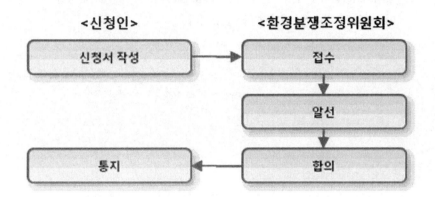

2-2-3. 알선위원의 지명

① 위원회에 따른 알선은 3인 이내의 위원(이하 '알선위원'이라 함)이 수행하며, 알선위원은 사건마다 각각 위원회의 위원 중에서 위원장이 지명합니다(환경분쟁 조정법 제27조).

② 위원회의 위원장은 신청서가 접수된 날부터 7일 내에 알선위원을 지명하고, 당사자 등에게 지체 없이 그 명단과 분쟁조정절차에 관여하는 심사관의 명단을 통지해야 합니다(환경분쟁 조정법 시행령 제21조제1항).

③ 알선위원은 당사자 쌍방이 주장하는 요점을 확인하여 사건이 공정하게 해결되도록 노력해야 합니다(환경분쟁 조정법 제28조).

2-2-4. 알선의 중단

① 알선위원은 알선으로써는 분쟁의 해결의 가능성이 없다고 인정되는 경우에는 알선을 중단할 수 있습니다(환경분쟁 조정법 제29조제1항).

② 또한, 알선 절차가 진행 중인 분쟁에 대해 조정(調停)·재정 또는 중재 신청이 있는 경우에는 해당 알선은 중단된 것으로 봅니다(환경분쟁 조정법 제29조제2항).

2-3. 알선의 종결

① 알선에 따라 합의된 내용대로 합의서가 작성되면 합의가 성립됩니다.

② 합의가 성립되지 않은 경우에는 조정(調停)이나 재정을 신청할 수 있으며, 법원에 소송을 제기할 수 있습니다.

Q 환경분쟁조정위원회의 분쟁조정결과가 상대방에게만 유리한 것 같습니다. 분쟁조정결과에 이의를 제기하려면 어떻게 해야 하나요?

A 분쟁조정결과에 대해 이의가 있는 경우

① 알선의 경우에는 조정 또는 재정을 신청하거나 민사소송을 제기할 수 있고

② 조정을 통해서도 합의가 성립하지 않은 경우에는 재정신청을 하거나 민사소송을 제기할 수 있습니다.

③ 재정 결정에 대해 불복하는 경우에는 민사소송을 제기할 수 있습니다.

◇ 알선에 대한 불복

알선에 따라 합의된 내용대로 합의서가 작성되면 합의가 성립됩니다. 합의가 성립되지 않은 경우에는 조정(調停)이나 재정을 신청할 수 있으며, 법원에 소송을 제기할 수 있습니다.

◇ 조정에 대한 불복

① 조정에 따라 합의가 성립되지 않은 경우에는 재정신청을 하거나 민사소송을 제기할 수 있습니다.

② 조정 종결의 통지를 받은 당사자가 통지를 받은 날부터 30일 이내에 소송을 제기한 경우 시효의 중단 및 제소기간의 계산에 있어서는 조정의 신청을 재판상의 청구로 봅니다.

◇ 재정에 대한 불복

① 조정에 따라 합의가 성립되지 않은 경우에는 재정신청을 하거나 민사소송을 제기할 수 있습니다.

② 조정 종결의 통지를 받은 당사자가 통지를 받은 날부터 30일 이내에 소송을 제기한 경우 시효의 중단 및 제소기간의 계산에 있어서는 조정의 신청을 재판상의 청구로 봅니다.

③ 그러나 환경분쟁조정위원회의 결정은 행정쟁송의 대상이 아니므로 분쟁조정결정(알선, 조정, 재정 결정) 자체에 대해서는 행정심판 및 행정소송을 제기할 수 없습니다.

Q 환경분쟁조정을 신청하려고 하는데, 알선, 조정, 재정은 어떻게 다른가요?

A 알선은 알선위원이 당사자 간의 화해를 유도하여 합의가 이루어지게 하는 것이며,

조정(調停)은 알선으로 해결이 곤란한 분쟁을 조정위원회가 사실조사 후 조정안을 작성하고 양측에 수락을 권고하여 분쟁의 해결을 도모하는 방법입니다.

재정은 알선·조정으로 해결이 곤란한 손해배상 사건 등을 재정위원회가 인과관계의 유무 및 피해액을 판단하여 결정하는 것으로, 재판에 준하는 절차를 말합니다.

◇ 알선

① 알선이란 알선위원이 환경 분쟁에 대해 당사자 간에 해당 분쟁이 자주적으로 해결되도록 교섭 장소의 제공, 자료의 제시 및 쟁점의 정리 등을 통해 그간의 교섭과 상의가 원활하게 진행되도록 중개하는 제도입니다.

② 알선에 따라 합의된 내용대로 합의서가 작성되면 합의가 성립됩니다.

◇ 조정

① 조정이란 제3자인 조정위원회에서 특정한 분쟁사건에 대하여 양 당사자의 주장을 들어보고 쟁점이 되는 사실을 조사하여 사건의 전모를 파악한 후 조정안을 작성하여 당사자 간에 상호 양보를 구하여 합의를 유도하거나 위원회가 작성한 조정안의 수락을 권고하여 분쟁을 해결하는 제도입니다.

② 조정은 당사자가 조정위원회의 조정안을 수락하고 이를 조서에 기재함으로써 성립되며, 이 경우 원칙적으로 재판상 화해와 동일한 효력이 있습니다.

◇ 재정

① 재정이란 제3자인 재정위원회가 당사자 간의 환경분쟁에 대하여 사

실조사를 하고 심문을 하여 법률적인 판단으로 분쟁을 해결하는 제
도입니다.

② 재정문서의 정본이 당사자에게 송달된 날부터 60일 이내에 당사자
쌍방 또는 일방으로부터 해당 재정의 대상인 환경피해를 원인으로
하는 소송이 제기되지 않거나 그 소송이 철회된 경우에는 해당 재정
문서는 재판상 화해와 동일한 효력이 있습니다.

3. 조정

3-1. 조정의 개념

조정이란 제3자인 조정위원회에서 특정한 분쟁사건에 대하여 양 당사자의 주장을 들어보고 쟁점이 되는 사실을 조사하여 사건의 전모를 파악한 후 조정안을 작성하여 당사자 간에 상호 양보를 구하여 합의를 유도하거나 위원회가 작성한 조정안의 수락을 권고하여 분쟁을 해결하는 제도입니다.

3-2. 조정의 절차

3-2-1. 조정의 개시와 처리기간

① 환경분쟁조정위원회(이하 '위원회'라 함)는 조정의 신청을 받은 때에는 지체 없이 조정절차를 개시해야 합니다(환경분쟁 조정법 제16조제3항).

② 위원회는 조정 신청을 받은 때에는 9개월 내에 절차를 완료하여야 하고, 당사자·선정대표자·대리인 또는 대표당사자(이하 '당사자 등'이라 함)의 동의가 있는 경우 등에는 위원회의 결정으로 처리기간을 1회에 한하여 9개월 내에서 연장할 수 있습니다(환경분쟁 조정법 제16조제6항 및 동법 시행령 제12조).

3-2-2. 조정의 처리절차

조정신청의 처리절차는 다음과 같습니다.

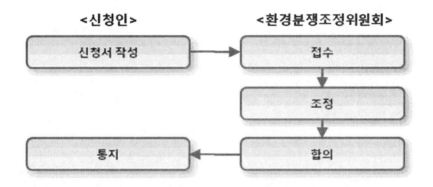

3-2-3. 조정위원회의 구성 및 운영

① 조정은 3명의 위원으로 구성되는 조정위원회에서 수행하며, 조정위원회의 위원(이하 '조정위원'이라 함)은 사건마다 위원회의 위원 중에서 위원장이 지명하되, 판사·검사 또는 변호사의 직에 6년 이상 재직한 위원 1명 이상이 포함되어야 합니다(환경분쟁 조정법 제31조제1항 및 제2항).

② 위원회의 위원장은 신청서가 접수된 날부터 7일 내에 조정위원을 지명하고, 당사자 등에게 지체 없이 그 명단과 분쟁조정절차에 관여하는 심사관의 명단을 통지해야 합니다(환경분쟁 조정법 시행령 제21조제1항).

③ 조정위원회의 회의는 조정위원회 위원장이 소집하며, 구성원 전원의 출석으로 개의하고 구성된 과반수의 찬성으로 의결합니다(환경분쟁 조정법 제31조제3항 및 제4항).

3-2-4. 조정위원회의 조사

① 조정위원회는 분쟁의 조정을 위하여 필요하다고 인정하는 경우에는 조정위원회의 위원 또는 심사관으로 하여금 당사자가 점유하고 있는 공장·사업장, 그 밖에 사건과 관련이 있는 장소에 출입하여 관계문서 또는 물건을 조사·열람 또는 복사하도록 하거나 참고인의 진술을 들을 수 있도록 할 수 있습니다(환경분쟁 조정법 제32조제1항).

② 이 경우에 조정위원회의 위원 또는 심사관은 그 권한을 나타내는 증표를 지니고 이를 관계인에게 내보여야 합니다(환경분쟁 조정법 제32조제3항).

③ 위원회는 위에 따른 조사결과를 조정의 자료로 할 경우에는 당사자의 의견을 들어야 합니다(환경분쟁 조정법 제32조제2항).

④ 조정위원회는 해당 분쟁이 그 성질상 조정을 하는 것이 적당하지 않다고 인정되거나 당사자가 부당한 목적으로 조정을 신청한 것으로 인정되는 경우에는 조정을 하지 않을 수 있습니다(환경분쟁 조정법 제34조제1항).

3-3. 조정의 종결

① 조정위원회는 조정안을 작성하고 30일 이상의 기간을 정하여 당사자에

게 수락을 권고할 수 있습니다(환경분쟁 조정법 제33조제1항).

② 조정은 당사자가 조정안을 수락하고 이를 조서에 기재함으로써 성립됩니다(환경분쟁 조정법 제33조제1항).

③ 이에 따른 조서는 재판상 화해와 동일한 효력이 있습니다. 다만, 당사자가 임의로 처분할 수 없는 사항에 관한 것은 그렇지 않습니다(환경분쟁 조정법 제33조제2항).

> ※ 재판상 화해
> 소송상의 화해와 제소 전의 화해를 포함합니다. 소송상의 화해는 당사자 쌍방이 수소법원의 면전에서 서로 주장을 양보하여 소송을 종료시키는 행위입니다. 화해의 결과, 당사자의 진술을 조서에 기재하면 소송이 종료되며 이 화해조서는 확정판결과 동일한 효력을 갖게 됩니다.

④ 위의 권고가 있은 후 지정된 기간 내에 당사자로부터 수락한다는 뜻의 통지가 없는 경우에는 당사자 간의 조정은 종결됩니다(환경분쟁 조정법 제35조제2항).

⑤ 위에 따라 조정이 종결된 경우에는 이를 당사자에게 통지해야 합니다(환경분쟁 조정법 제35조제4항).

⑥ 조정위원회는 해당 조정사건에 대해 당사자 간에 합의가 이루어질 가능성이 없다고 인정하는 경우에는 조정을 하지 않는 결정으로 조정을 종결시킬 수 있습니다(환경분쟁 조정법 제35조제1항). 위에 따라 조정이 종결된 경우에는 이를 당사자에게 통지해야 합니다(환경분쟁 조정법 제35조제4항).

⑦ 조정절차가 진행 중인 분쟁에 대해 재정 또는 중재 신청이 있으면 그 조정은 종결됩니다(환경분쟁 조정법 제35조제3항).

⑧ 조정에 따라 합의가 성립되지 않은 경우에는 재정신청을 하거나 민사소송을 제기할 수 있습니다. 조정 종결의 통지를 받은 당사자가 통지를 받은 날부터 30일 이내에 소송을 제기한 경우 시효의 중단 및 제소기간의 계산에 있어서는 조정의 신청을 재판상의 청구로 봅니다(환경분쟁 조정법 제35조제5항).

4. 재정

4-1. 재정의 개념

재정이란 제3자인 재정위원회가 서로 대립하는 당사자 간의 환경분쟁에 대하여 사실조사 및 심문 등의 절차를 거쳐 법률적인 판단으로 분쟁을 해결하는 제도입니다.

4-2. 재정의 절차

4-2-1. 재정의 개시와 처리기간

① 환경분쟁조정위원회(이하 '위원회'라 함)는 재정의 신청을 받은 때에는 지체 없이 재정절차를 개시해야 합니다(환경분쟁 조정법 제16조제3항).

② 재정절차는 손해배상을 청구하는 자, 즉 피해를 입은 당사자나 알선 또는 조정이 중단된 경우에 어느 당사자 일방이 환경분쟁조정위원회(이하 '위원회'라 함)에 신청함으로써 시작됩니다.

③ 위원회는 재정의 신청 전에 미리 증거조사를 하지 않으면 그 증거를 확보하기가 곤란하다고 인정하는 경우에는 재정을 신청하려는 자의 신청으로 다음의 행위를 할 수 있습니다(환경분쟁 조정법 제39조제1항 및 제38조제1항).

1) 당사자 또는 참고인에 대한 출석의 요구·질문 및 진술청취 감정인의 출석 및 감정의 요구

2) 사건과 관계있는 문서 또는 물건의 열람·복사·제출요구 및 유치

3) 사건과 관계있는 장소의 출입·조사

④ 위원회는 재정 신청을 받은 때에는 9개월 내에 절차를 완료해야 하고, 당사자·선정대표자·대리인 또는 대표당사자(이하 '당사자 등'이라 함)의 동의가 있는 경우 등에는 위원회의 결정으로 처리기간을 1회에 한해 9개월 내에서 연장할 수 있습니다(환경분쟁 조정법 제16조제6항 및 동법 시행령 제12조).

4-2-2. 재정의 처리절차

재정신청의 처리절차는 다음과 같습니다.

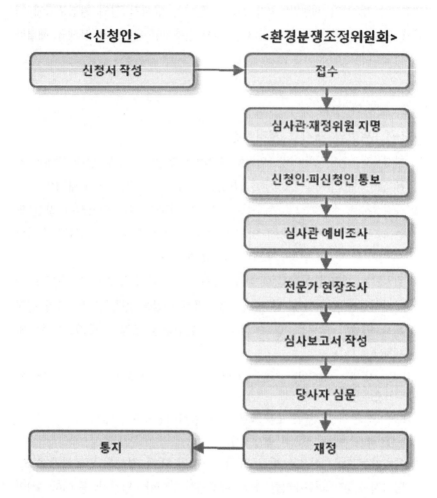

4-2-3. 재정위원회의 구성 및 운영

① 재정은 5명의 위원으로 구성되는 재정위원회에서 행합니다(환경분쟁 조정법 제36조제1항 본문).

② 다만, 다수인의 생명·신체에 중대한 피해가 발생한 분쟁이나 환경시설의 설치 또는 관리와 관련된 다툼 등 사회적으로 파급효과가 클 것으로 우

려되는 사건으로서 다음의 사건은 10명 이상의 위원으로 구성되는 재정
위원회에서 할 수 있습니다(환경분쟁 조정법 제36조제1항제1호 및 동법
시행령 제26조제1항).

1) 환경피해로 인하여 5명 이상의 사람이 사망하거나 신체에 중대한 장애가 발생
   한 분쟁사건
2) 「환경기술 및 환경산업 지원법」 제2조제2호에 따른 환경시설의 설치 또는 관리
   와 관련된 분쟁사건
3) 환경피해 중 건강상 또는 재산상의 피해로서 조정가액이 20억원 이상인 분쟁
   사건
4) 그 밖에 사회적으로 파급효과가 클 것으로 우려되는 사건으로 재정위원회의
   위원장이 인정하는 분쟁사건

③ 조정가액이 중앙조정위원회는 2억원 이하, 지방조정위원회는 5천만원 이
   하의 분쟁사건의 경우에는 3명의 위원으로 구성된 재정위원회에서 재정
   을 할 수 있습니다(환경분쟁 조정법 제36조제1항제2호 및 동법 시행령
   제26조제2항).

④ 위원회의 위원장은 신청서가 접수된 날부터 7일 이내에 사건마다 각각
   위원회의 위원 중에서 재정위원을 지명하여 재정위원회를 구성하고, 당사
   자 등에게 지체 없이 그 명단과 분쟁절차에 관여하는 심사관의 명단을
   통지해야 합니다(환경분쟁 조정법 제36조제2항 및 동법 시행령 제21조
   제1항).

⑤ 재정위원회의 위원은 판사·검사 또는 변호사의 직에 6년 이상 재직한 위
   원 중 1명 이상이 포함되어야 합니다(환경분쟁 조정법 제36조제2항).

⑥ 재정위원회의 회의는 재정위원회의 위원장이 소집하며, 구성원 전원의 출
   석으로 개의하고, 구성원 과반수의 찬성으로 의결합니다(환경분쟁 조정
   법 제36조제3항 및 제4항).

4-2-4. 재정위원회의 심문

① 재정위원회는 심문의 기일을 정해 당사자에게 의견 진술을 하게 해야 합
   니다. 이 경우 심문기일을 심문기일 7일 전까지 당사자에게 통지해야 합

니다(환경분쟁 조정법 제37조제1항 및 제2항).

② 심문은 공개해야 합니다(환경분쟁 조정법 제37조제3항 본문). 다만, 재
  정위원회가 당사자의 사생활 또는 사업상의 비밀을 유지할 필요가 있다
  고 인정하거나 절차의 공정을 해칠 염려가 있다고 인정하는 경우, 그 밖
  에 공익상의 필요가 있다고 인정하는 경우에는 공개하지 않을 수 있습
  니다(환경분쟁 조정법 제37조제3항 단서).

4-2-5. 재정위원회의 조사권 등

① 재정위원회는 분쟁의 재정을 위해 필요하다고 인정하는 경우에는 당사자
  의 신청에 의해 또는 직권으로 다음을 행할 수 있습니다(환경분쟁 조정
  법 제38조제1항).
  1) 당사자 또는 참고인에 대한 출석의 요구·질문 및 진술청취
  2) 감정인의 출석 및 감정의 요구
  3) 사건과 관계있는 문서 또는 물건의 열람·복사·제출요구 및 유치
  4) 사건과 관계있는 장소의 출입·조사

② 위의 출석요구를 받고 정당한 사유 없이 출석하지 않거나 문서 또는 물
  건을 제출하지 않은 자 또는 허위의 문서·물건을 제출한 자는 100만원
  이하의 과태료에 처합니다(환경분쟁 조정법 제66조제1항).

③ 사건과 관계있는 장소의 출입·조사를 하는 경우에 재정위원회의 위원 또
  는 심사관은 그 권한을 나타내는 증표를 지니고 이를 관계인에게 내보
  여야 합니다(환경분쟁 조정법 제38조제5항).

④ 당사자는 위에 따른 조사 등에 참여할 수 있습니다(환경분쟁 조정법 제
  38조제2항).

⑤ 재정위원회는 당사자 또는 참고인에게 진술하게 하거나 감정인에게 감
  정하게 하는 때에는 당사자·참고인 또는 감정인으로 하여금 선서를 하
  도록 해야 합니다(환경분쟁 조정법 제38조제4항).

⑥ 선서한 당사자·참고인 또는 감정인이 허위의 진술 또는 감정을 한 경우
  에는 50만원 이하의 과태료에 처합니다(환경분쟁 조정법 제66조제2항).

⑦ 재정위원회가 직권으로 위의 조사 등을 한 경우에는 그 결과에 대해 당

사자의 의견을 들어야 합니다(환경분쟁 조정법 제38조제3항).

4-2-6. 조정에의 회부

① 재정위원회는 재정신청된 사건을 조정에 회부하는 것이 적합하다고 인정하는 경우에는 직권으로 직접 조정하거나 관할위원회에 송부하여 조정하게 할 수 있습니다(환경분쟁 조정법 제43조제1항).

② 위에 따라 조정에 회부된 사건에 관하여 당사자 간에 합의가 이루어지지 않은 경우에는 재정절차를 속행하고, 합의가 이루어진 경우에는 재정의 신청은 철회된 것으로 봅니다(환경분쟁 조정법 제43조제2항).

4-2-7. 재정신청의 철회

재정절차가 진행 중인 분쟁에 대해 중재신청이 있으면 그 재정신청은 철회된 것으로 봅니다(환경분쟁 조정법 제43조의2).

4-2-8. 소송과의 관계

① 재정이 신청된 사건에 대해 소송이 진행 중인 경우에는 수소법원은 재정이 있을 때까지 소송절차를 중지할 수 있습니다(환경분쟁 조정법 제45조제1항).

② 재정위원회는 위에 따른 소송절차의 중지가 없는 경우에는 해당 사건의 재정절차를 중지해야 합니다(환경분쟁 조정법 제45조제2항).

③ 재정위원회는 재정이 신청된 사건과 동일한 원인으로 다수인이 관련되는 동종·유사 사건에 대한 소송이 진행 중인 경우에는 결정으로 재정절차를 중지할 수 있습니다(환경분쟁 조정법 제45조제3항).

4-3. 재정의 종결

① 재정은 문서로 해야 하며, 1) 사건번호와 사건명, 2) 당사자·선정대표자·대표당사자 및 대리인의 주소 및 성명(법인의 경우에는 명칭을 말함), 3) 주문, 4) 신청의 취지, 5) 이유, 6) 재정한 날짜를 기재하고 재정위원이

기명·날인해야 합니다(환경분쟁 조정법 제40조제1항).

② 재정문서의 정본이 당사자에게 송달된 날부터 60일 이내에 당사자 쌍방 또는 일방으로부터 해당 재정의 대상인 환경피해를 원인으로 하는 소송이 제기되지 않거나 그 소송이 철회된 경우에는 해당 재정문서는 재판상 화해와 동일한 효력이 있습니다. 다만, 당사자가 임의로 처분할 수 없는 사항에 관한 것은 그렇지 않습니다(환경분쟁 조정법 제42조제2항).

> ※ 재판상 화해
> 소송상의 화해와 제소 전의 화해를 포함합니다. 소송상의 화해는 당사자 쌍방이 수소법원의 면전에서 서로 주장을 양보하여 소송을 종료시키는 행위입니다. 화해의 결과, 당사자의 진술을 조서에 기재하면 소송이 종료되며 이 화해조서는 확정판결과 동일한 효력을 갖게 됩니다.

③ 원상회복

재정위원회는 환경피해의 복구를 위해 원상회복이 필요하다고 인정하는 경우에는 손해배상에 갈음하여 당사자에게 원상회복을 명하는 재정결정을 해야 합니다(환경분쟁 조정법 제41조 본문). 다만, 원상회복에 과다한 비용이 소요되거나 그 밖의 사유로 인해 그 이행이 현저히 곤란하다고 인정하는 경우에는 그렇지 않습니다(환경분쟁 조정법 제41조 단서).

④ 재정결정에 대해 불복하는 경우에는 민사소송을 제기할 수 있습니다.

  1) 당사자가 재정에 불복하여 소송을 제기한 경우 시효의 중단 및 제소기간의 계산에 있어서는 재정의 신청을 재판상의 청구로 봅니다(환경분쟁 조정법 제44조).

  2) 환경분쟁조정위원회의 결정은 행정쟁송의 대상이 아니므로 분쟁조정결정에 대해서는 행정심판 및 행정소송을 제기할 수 없습니다.

[행정심판위원회 재결]

※ 2006. 5. 1. 국무총리 행정심판위원회 재결: 200601777, 환경분
쟁재정결정처분 취소청구(각하)

"「환경분쟁조정법」 제42조제2항에 의하면, 재정위원회가 재정을
행한 경우에 재정문서의 정본이 당사자에게 송달된 날부터 60일
이내에 당사자 쌍방 또는 일방으로부터 해당 재정의 대상인 환
경피해를 원인으로 하는 소송이 제기되지 않거나 그 소송이 철
회된 때에는 당사자 간에 해당 재정내용과 동일한 합의가 성립
된 것으로 본다고 규정되어 있는 점, 환경분쟁조정제도는 일종의
준사법적인 분쟁해결기능을 지닌 행정위원회에 의해 환경오염으
로 인한 분쟁을 소송 외적인 방법으로 신속·공정하게 해결하도록
하려는 취지를 지닌 제도로서, 피청구인이 행한 재정결정은 청구
인들과 주식회사 한신공영 사이의 손해배상청구에 관한 결정인
점에 비추어 볼 때, 신청인들이 재정결정에 대하여 불복을 할 경
우 민사상 손해배상소송을 제기할 수 있음을 별론으로 하고, 이
건 재정결정은 「행정심판법」 제2조제1항에서 규정하고 있는 처
분이라고 볼 수 없으므로, 이 건 심판청구는 행정심판의 대상이
아닌 것에 대하여 제기된 부적법한 심판청구이다."

■ 분쟁조정결과가 상대방에게만 유리한 경우, 분쟁조정결과에 이의를 제기하려면 어떻게 해야 하나요?

Q 환경분쟁조정위원회의 분쟁조정결과가 상대방에게만 유리한 것 같습니다. 분쟁조정결과에 이의를 제기하려면 어떻게 해야 하나요?

A 분쟁조정결과에 대해 이의가 있는 경우
  ① 알선의 경우에는 조정 또는 재정을 신청하거나 민사소송을 제기할 수 있고
  ② 조정을 통해서도 합의가 성립하지 않은 경우에는 재정신청을 하거나 민사소송을 제기할 수 있습니다.
  ③ 재정 결정에 대해 불복하는 경우에는 민사소송을 제기할 수 있습니다.
  ◇ 알선에 대한 불복
  알선에 따라 합의된 내용대로 합의서가 작성되면 합의가 성립됩니다. 합의가 성립되지 않은 경우에는 조정(調停)이나 재정을 신청할 수 있으며, 법원에 소송을 제기할 수 있습니다.
  ◇ 조정에 대한 불복
  ① 조정에 따라 합의가 성립되지 않은 경우에는 재정신청을 하거나 민사소송을 제기할 수 있습니다.
  ② 조정 종결의 통지를 받은 당사자가 통지를 받은 날부터 30일 이내에 소송을 제기한 경우 시효의 중단 및 제소기간의 계산에 있어서는 조정의 신청을 재판상의 청구로 봅니다.
  ◇ 재정에 대한 불복
  ① 조정에 따라 합의가 성립되지 않은 경우에는 재정신청을 하거나 민사소송을 제기할 수 있습니다.
  ② 조정 종결의 통지를 받은 당사자가 통지를 받은 날부터 30일 이내에 소송을 제기한 경우 시효의 중단 및 제소기간의 계산에 있어서는 조정의 신청을 재판상의 청구로 봅니다.
  ③ 그러나 환경분쟁조정위원회의 결정은 행정쟁송의 대상이 아니므로 분쟁조정결정(알선, 조정, 재정 결정) 자체에 대해서는 행정심판 및 행정소송을 제기할 수 없습니다.

■ 환경분쟁조정을 신청하려고 하는데, 알선, 조정, 재정은 어떻게 다른가요?

Q 환경분쟁조정을 신청하려고 하는데, 알선, 조정, 재정은 어떻게 다른가요?

A 알선은 알선위원이 당사자 간의 화해를 유도하여 합의가 이루어지게 하는 것이며, 조정(調停)은 알선으로 해결이 곤란한 분쟁을 조정위원회가 사실조사 후 조정안을 작성하고 양측에 수락을 권고하여 분쟁의 해결을 도모하는 방법입니다.

재정은 알선·조정으로 해결이 곤란한 손해배상 사건 등을 재정위원회가 인과관계의 유무 및 피해액을 판단하여 결정하는 것으로, 재판에 준하는 절차를 말합니다.

◇ 알선

① 알선이란 알선위원이 환경 분쟁에 대해 당사자 간에 해당 분쟁이 자주적으로 해결되도록 교섭 장소의 제공, 자료의 제시 및 쟁점의 정리 등을 통해 그간의 교섭과 상의가 원활하게 진행되도록 중개하는 제도입니다.

② 알선에 따라 합의된 내용대로 합의서가 작성되면 합의가 성립됩니다.

◇ 조정

① 조정이란 제3자인 조정위원회에서 특정한 분쟁사건에 대하여 양 당사자의 주장을 들어보고 쟁점이 되는 사실을 조사하여 사건의 전모를 파악한 후 조정안을 작성하여 당사자 간에 상호 양보를 구하여 합의를 유도하거나 위원회가 작성한 조정안의 수락을 권고하여 분쟁을 해결하는 제도입니다.

② 조정은 당사자가 조정위원회의 조정안을 수락하고 이를 조서에 기재함으로써 성립되며, 이 경우 원칙적으로 재판상 화해와 동일한 효력이 있습니다.

◇ 재정

① 재정이란 제3자인 재정위원회가 당사자 간의 환경분쟁에 대하여 사실조사를 하고 심문을 하여 법률적인 판단으로 분쟁을 해결하는 제

도입니다.

② 재정문서의 정본이 당사자에게 송달된 날부터 60일 이내에 당사자 쌍방 또는 일방으로부터 해당 재정의 대상인 환경피해를 원인으로 하는 소송이 제기되지 않거나 그 소송이 철회된 경우에는 해당 재정문서는 재판상 화해와 동일한 효력이 있습니다.

[행정심판례]

(사건번호 200601777, 환경분쟁재정결정처분취소청구)

「환경분쟁조정법」 제42조제2항의 규정에 의하면, 재정위원회가 재정을 행한 경우에 재정문서의 정본이 당사자에게 송달된 날부터 60일 이내에 당사자 쌍방 또는 일방으로부터 해당 재정의 대상인 환경피해를 원인으로 하는 소송이 제기되지 않거나 그 소송이 철회된 때에는 당사자 간에 해당 재정내용과 동일한 합의가 성립된 것으로 본다고 규정되어 있는 점, 환경분쟁조정제도는 일종의 준사법적인 분쟁해결기능을 지닌 행정위원회에 의해 환경오염으로 인한 분쟁을 소송 외적인 방법으로 신속·공정하게 해결하도록 하려는 취지를 지닌 제도로서, 피청구인이 행한 재정결정은 청구인들과 주식회사 한신공영 사이의 손해배상청구에 관한 결정인 점에 비추어 볼 때, 신청인들이 재정결정에 대하여 불복을 할 경우 민사상 손해배상소송을 제기할 수 있음을 별론으로 하고, 이 건 재정결정은 「행정심판법」 제2조제1항에서 규정하고 있는 처분이라고 볼 수 없으므로, 이 건 심판청구는 행정심판의 대상이 아닌 것에 대하여 제기된 부적법한 심판청구이다.

5. 다수인관련분쟁조정의 효력 및 손해배상금의 배분

5-1. 다수인관련분쟁조정의 효력

① 분쟁조정(알선·조정·재정)의 효력은 대표당사자와 「환경분쟁 조정법」 제52
   조에 따라 참가를 신청한 자에게만 미칩니다(환경분쟁 조정법 제53조).

② 다수인관련분쟁이란 동일한 원인으로 인한 환경피해를 주장하는 자가
   다수인 환경분쟁을 말합니다(환경분쟁 조정법 제2조제4호).

5-2. 손해배상금의 배분

① 대표당사자가 분쟁조정에 따라 손해배상금을 지급받은 경우에는 환경분
   쟁조정위원회(이하 '위원회'라 함)가 정하는 기간 내에 배분계획을 작성
   하여 위원회의 인가를 받은 후 그 배분계획에 따라 이를 배분해야 합니
   다(환경분쟁 조정법 제56조).

5-3. 배분계획의 기재사항

손해배상금의 배분계획에는 다음 사항이 포함되어야 합니다(환경분쟁 조정
법 제57조).

1) 손해배상금을 지급받을 자 및 1인당 채권액의 상한

2) 피신청인이 지급하는 금전의 총액

3) 「환경분쟁 조정법」 제59조에 따른 공제항목 및 그 금액

 - 대표당사자는 피신청인이 지급하는 금액 중에서 조정절차의 수행에 소요된 비
   용 및 배분에 소요되는 비용을 공제할 수 있습니다(환경분쟁 조정법 제59조).

4) 배분에 충당하는 금액

5) 배분기준

6) 지급신청기간·신청장소 및 신청방법에 관한 사항

7) 채권의 확인방법에 관한 사항

8) 배분금의 수령기간·수령장소 및 수령방법에 관한 사항

9) 그 밖에 위원회가 정하는 사항

5-4. 배분계획의 인가에 대한 불복

① 배분계획 인가에 대한 불복은 해당 결정이 있음을 안 날부터 14일 이내에 해당 위원회에 이의를 제기할 수 있습니다(환경분쟁 조정법 제60조제3항 및 제23조제1항).

② 위원회는 이의제기가 이유있다고 인정할 경우에는 그 결정을 경정해야 하며, 이의제기가 이유없다고 인정할 경우에는 이를 기각해야 합니다(환경분쟁 조정법 제60조제3항 및 제23조제2항).

5-5. 배분계획의 인가 시 공고

① 위원회는 배분계획을 인가한 경우에는 다음 사항을 공고해야 합니다(환경분쟁 조정법 제60조제1항).

　1) 재정 또는 조정조서의 요지

　2) 손해배상금의 배분계획에 포함된 위의 1.부터 9.까지의 사항

　3) 대표당사자의 주소 및 성명

② 위에 따른 공고는 관보 또는 일간신문에 게재하거나 그 밖에 위원회가 상당하다고 인정하는 방법에 따라 할 수 있습니다(환경분쟁 조정법 제51조제2항 및 제60조제2항).

③ 위원회는 배분계획 공고에 소요되는 비용을 대표당사자로 하여금 부담하게 할 수 있습니다(환경분쟁 조정법 제51조제3항 및 제60조제2항).

5-6. 배분계획의 변경

① 위에 따라 공고된 배분계획에 이의가 있는 당사자는 공고 후 7일 이내에 위원회에 의견을 제출할 수 있습니다(환경분쟁 조정법 제61조제1항).

② 위원회는 배분계획을 인가한 후 이를 변경할 필요가 있다고 인정하는 경우에는 결정으로 배분계획을 변경할 수 있습니다. 다만, 직권으로 변경하는 경우에는 대표당사자의 의견을 들어야 합니다(환경분쟁 조정법 제61조제2항).

③ 위원회는 위에 따라 변경된 내용을 공고해야 합니다(환경분쟁 조정법 제

61조제3항).

④ 위에 따른 공고는 관보 또는 일간신문에 게재하거나 그 밖에 위원회가
상당하다고 인정하는 방법에 따라 할 수 있습니다(환경분쟁 조정법 제
51조제2항 및 제61조제4항).

⑤ 위원회는 위에 따른 공고에 소요되는 비용을 대표당사자로 하여금 부담
하게 할 수 있습니다(「환경분쟁 조정법」 제51조제3항 및 제61조제4항).

5-7. 손해배상금 배분기준

① 손해배상금의 배분은 재정의 이유 또는 조정조서의 기재내용을 기준으로
해야 합니다(환경분쟁 조정법 제58조제1항).

② 확인된 채권의 총액이 배분에 충당하는 금액을 초과하는 경우에는 각 채
권의 가액에 비례하여 배분해야 합니다(환경분쟁 조정법 제58조제2항).

Q 환경분쟁조정위원회의 분쟁조정결과가 상대방에게만 유리한 것 같습니다. 분쟁조정결과에 이의를 제기하려면 어떻게 해야 하나요?

A 분쟁조정결과에 대해 이의가 있는 경우

① 알선의 경우에는 조정 또는 재정을 신청하거나 민사소송을 제기할 수 있고

② 조정을 통해서도 합의가 성립하지 않은 경우에는 재정신청을 하거나 민사소송을 제기할 수 있습니다.

③ 재정 결정에 대해 불복하는 경우에는 민사소송을 제기할 수 있습니다.

◇ 알선에 대한 불복

알선에 따라 합의된 내용대로 합의서가 작성되면 합의가 성립됩니다. 합의가 성립되지 않은 경우에는 조정(調停)이나 재정을 신청할 수 있으며, 법원에 소송을 제기할 수 있습니다.

◇ 조정에 대한 불복

① 조정에 따라 합의가 성립되지 않은 경우에는 재정신청을 하거나 민사소송을 제기할 수 있습니다.

② 조정 종결의 통지를 받은 당사자가 통지를 받은 날부터 30일 이내에 소송을 제기한 경우 시효의 중단 및 제소기간의 계산에 있어서는 조정의 신청을 재판상의 청구로 봅니다.

◇ 재정에 대한 불복

① 조정에 따라 합의가 성립되지 않은 경우에는 재정신청을 하거나 민사소송을 제기할 수 있습니다.

② 조정 종결의 통지를 받은 당사자가 통지를 받은 날부터 30일 이내에 소송을 제기한 경우 시효의 중단 및 제소기간의 계산에 있어서는 조정의 신청을 재판상의 청구로 봅니다.

③ 그러나 환경분쟁조정위원회의 결정은 행정쟁송의 대상이 아니므로 분쟁조정결정(알선, 조정, 재정 결정) 자체에 대해서는 행정심판 및 행정소송을 제기할 수 없습니다.

제7장

환경쟁송에는 어떤 종류가 있나요?

제7장
환경쟁송에는 어떤 종류가 있나요?

제1절 환경쟁송 개요

1. 환경쟁송의 대상

1-1. 환경이란

① 환경이란 자연환경과 생활환경을 말합니다(환경정책기본법 제3조제1호).

② 자연환경이란 지하·지표(해양을 포함) 및 지상의 모든 생물과 이들을 둘러싸고 있는 비생물적인 것을 포함한 자연의 상태(생태계 및 자연경관을 포함)를 말합니다(환경정책기본법 제3조제2호).

③ 생활환경이란 대기, 물, 폐기물, 소음·진동, 악취, 일조, 인공조명, 화학물질 등 사람의 일상생활과 관계되는 환경을 말합니다(환경정책기본법 제3조제3호).

1-2. 환경침해(환경오염과 환경훼손)

① 환경오염이란 사업활동, 그 밖에 사람의 활동에 따라 발생되는 대기오염, 수질오염, 토양오염, 해양오염, 방사능오염, 소음·진동, 악취, 일조방해, 인공조명에 의한 빛공해 등으로서 사람의 건강이나 환경에 피해를 주는 상태를 말합니다(환경정책기본법 제3조제4호).

② 환경훼손이란 야생동·식물의 남획 및 그 서식지의 파괴, 생태계질서의 교란, 자연경관의 훼손, 표토(表土)의 유실 등으로 인하여 자연환경의 본래적 기능에 중대한 손상을 주는 상태를 말합니다(환경정책기본법 제3조제5호).

2. 환경쟁송이란

① 환경쟁송이란 환경오염, 환경훼손과 같은 환경피해와 관련하여 제기하는 소송 및 심판 등을 뜻합니다.
② 환경침해를 받은 자는 손해배상청구 또는 유지청구 등의 민사소송을 제기할 수 있으며, 그 밖에 행정심판이나 행정소송, 국가배상청구를 통해서 피해를 구제받을 수 있습니다.

3. 민사소송

① 손해배상청구소송은 불법행위를 청구원인으로 하며, 고의 또는 과실로 타인에게 손해를 가한 자는 그 손해를 배상하도록 하고 있습니다(민법 제750조).
② 환경분쟁조정위원회의 재정결정에 불복하여 민사상의 손해배상을 청구하는 경우에는 재정문서의 정본이 당사자에게 송달된 날부터 60일 이내에 소송을 제기해야 합니다(환경분쟁 조정법 제42조제2항).
③ 유지청구(留止請求)란 사전적 피해구제의 방법으로서 피해자가 가해자를 상대로 피해자에게 손해를 주는 행위를 중지할 것을 법원에 청구하는 것을 말합니다. 이에 따라 환경 피해를 사전에 예방하거나 제거하기 위해 환경침해발생시설의 가동 중지 또는 소음발생 행위의 금지 등을 구할 수 있습니다(민법 제214조 및 제217조).
④ 민사소송은 환경분쟁조정(調整)을 거치지 않아도 제기할 수 있습니다.

4. 행정쟁송

4-1. 행정심판

① 행정청의 위법 또는 부당한 처분(개선명령이나 인·허가 및 규제조치거부 등)이나 부작위로 환경피해를 입은 자는 행정심판(취소심판, 무효등확인 심판, 의무이행심판)을 제기하여 권리를 구제받을 수 있습니다(행정심판법 제1조, 제2조, 제5조).

② 다만, 환경분쟁조정위원회의 결정은 행정쟁송의 대상이 아니므로 분쟁조정결정에 대해서는 행정심판 및 행정소송을 제기할 수 없습니다.

[행정심판례]

※ 2006. 5. 1. 국무총리 행정심판위원회 재결: 200601777, 환경분쟁재정결정처분 취소청구(각하)

"「환경분쟁조정법」 제42조제2항의 규정에 의하면, 재정위원회가 재정을 행한 경우에 재정문서의 정본이 당사자에게 송달된 날부터 60일 이내에 당사자 쌍방 또는 일방으로부터 해당 재정의 대상인 환경피해를 원인으로 하는 소송이 제기되지 않거나 그 소송이 철회된 때에는 당사자 간에 해당 재정내용과 동일한 합의가 성립된 것으로 본다고 규정되어 있는 점, 환경분쟁조정제도는 일종의 준사법적인 분쟁해결기능을 지닌 행정위원회에 의해 환경오염으로 인한 분쟁을 소송 외적인 방법으로 신속·공정하게 해결하도록 하려는 취지를 지닌 제도로서, 피청구인이 행한 재정결정은 청구인들과 주식회사 한신공영 사이의 손해배상청구에 관한 결정인 점에 비추어 볼 때, 신청인들이 재정결정에 대하여 불복을 할 경우 민사상 손해배상소송을 제기할 수 있음을 별론으로 하고, 이 건 재정결정은 「행정심판법」 제2조제1항에서 규정하고 있는 처분이라고 볼 수 없으므로, 이 건 심판청구는 행정심판의 대상이 아닌 것에 대하여 제기된 부적법한 심판청구이다."

4-2. 행정소송

행정청의 위법한 처분(오염원을 배출하는 공장의 건설허가 등) 및 행정심판 재결로 인해 환경피해를 입은 자는 행정소송(취소소송, 무효등확인소송, 부작위위법확인소송)을 제기하여 권리를 구제받을 수 있습니다(행정소송법 제1~2조, 제4조).

■ 행정청을 상대로 한 행정쟁송과 공장을 상대로 한 민사소송을 동시에 제기할 수 있나요?

Q 집 앞 공장에서 내는 소음·진동으로 인해 피해를 입고 있습니다. 이 경우에 행정청을 상대로 한 행정쟁송과 공장을 상대로 한 민사소송을 동시에 제기할 수 있나요?

A 행정쟁송은 일반적으로 위법한 행정청의 처분에 대해 제기할 수 있으며, 민사소송은 개인 간의 다툼을 해결하기 위한 절차입니다. 따라서 집 앞 공장에서 내는 소음·진동으로 피해를 입고 있는 경우, 행정청이 공장에 대해 조업정지명령이나 개선명령 등을 하지 않는 경우에는 행정청을 상대로 의무이행심판 등 행정쟁송을 제기할 수 있으며, 동시에 공장을 상대로 민사소송을 제기하여 물리적·정신적 피해 등에 대한 손해배상을 청구할 수 있습니다.

5. 국가배상청구

① 국가배상청구란 공무원의 직무상 불법행위나 도로·하천과 같은 영조물의 설치·관리의 잘못으로 손해를 입은 국민이 국가 또는 지방자치단체를 상대로 손해배상을 청구하는 것을 말합니다.(국가배상법 제2조 및 제5조).
② 따라서, 국가나 지방자치단체가 설치·운영하는 배출시설이나 폐기물처리 시설, 도로 등에 의해 환경오염피해를 입은 자는 국가 또는 지방자치단체를 상대로 손해배상을 청구할 수 있을 것입니다(국가배상법 제5조).

6. 재정(裁定)과 소송 간의 관계

① 환경분쟁조정에 있어서 재정이 신청된 사건에 대해 소송이 진행 중인 경우에는 수소법원(受訴法院)은 재정이 있을 때까지 소송절차를 중지할 수 있습니다(환경분쟁조정법 제45조제1항).
② 재정위원회는 위에 따른 소송절차의 중지가 없는 경우에는 해당 사건의 재정절차를 중지해야 합니다(환경분쟁조정법 제45조제2항).
③ 또한 재정위원회는 재정이 신청된 사건과 동일한 원인으로 다수인이 관련되는 동종·유사 사건에 대한 소송이 진행 중인 경우에는 결정으로 재정절차를 중지할 수 있습니다(환경분쟁조정법 제45조제3항).

제2절 민사소송

1. 민사소송의 내용

1-1. 민사소송의 내용

환경침해에 대한 민사소송에는 불법행위에 따른 손해배상청구와 환경침해 자체의 제거, 예방을 구하는 유지청구가 있습니다.

1-2. 불법행위에 따른 손해배상청구

① 불법행위에 따른 손해배상청구는 환경오염으로 인해 피해를 입은 경우에 이를 금전적으로 배상받는 것을 말합니다.

② 환경오염으로 인한 피해에 대해 손해배상책임이 성립하기 위해서는 다음과 같은 요건을 모두 갖추어야 합니다(민법 제750조). 다만, 환경오염 또는 환경훼손으로 피해가 발생한 경우에는 해당 환경오염 또는 환경훼손의 원인자가 그 피해를 배상해야 합니다(환경정책기본법 제44조제1항).

   1) 가해자에게 고의 또는 과실이 있을 것

   2) 가해행위가 위법한 행위일 것

   3) 가해행위와 피해의 발생 사이에 인과관계가 있을 것

   4) 손해가 발생할 것

③ 공작물의 설치 또는 보존의 하자로 인해 손해가 발생한 경우에는 공작물 점유자에게 환경침해에 대한 손해배상을 청구할 수 있습니다. 그러나 점유자가 손해의 방지에 필요한 주의를 해태하지 않은 경우에는 그 소유자가 손해를 배상할 책임이 있습니다(민법 제758조제1항).

> ※ 공작물이란
>
> 인위적인 노력을 가함으로써 토지에 고정하여 설비된 물건을 말합니다. 건물은 대표적인 공작물이나, 그 밖에 다리, 제방, 터널 등도 전부 공작물에 해당합니다.

1-3. 유지청구(留止請求)

① 유지청구는 환경오염으로 인한 피해가 현실로 발생하였다든가 발생이 예측되는 경우에 그의 배제 또는 예방을 구하는 것을 말합니다.

② 판례는 유지청구와 관련해서 「민법」 제214조의 소유권에 기한 방해제거, 방해예방청구권을 근거로 하거나 「민법」 제217조의 생활방해금지권을 근거로 들어 환경침해가 수인한도를 넘을 경우에는 방해의 제거나 예방 등의 조치를 청구할 수 있다고 하고 있습니다(대법원 1998. 4. 28. 선고 97다48913 판결, 부산고법 1995. 5. 18. 선고 95카합5 판결).

③ 소유자는 소유권을 방해하는 자에게 방해의 제거를 청구할 수 있고 소유권을 방해할 염려 있는 행위를 하는 자에게 그 예방이나 손해배상의 담보를 청구할 수 있습니다(민법 제214조).

④ 토지소유자는 매연, 열기체, 액체, 음향, 진동 기타 이에 유사한 것으로 이웃토지의 사용을 방해하거나 이웃거주자의 생활에 고통을 주지 않도록 적당한 조처를 할 의무가 있습니다(민법 제217조).

⑤ 일반적으로 유지청구를 하기 위해서는 피해의 성질과 정도에 비추어 금전적 평가가 곤란하고, 금전 보상만으로는 피해회복이 어려워야 하며, 피해가 일시적인 것이 아니라 계속적으로 중대하고 명백하게 부당한 것이어야 합니다(부산고법 1995. 5. 18. 선고 95카합5 판결).

⑥ 유지청구는 손해배상청구와 달리 피해가 발생할 우려가 있을 경우에도 발하여질 수 있으므로 그 요건이 손해배상청구의 요건보다 엄격하게 심사됩니다(부산지법 2009.8.28. 자 2009카합1295 결정).

1-4. 손해배상 청구 사례

1-4-1. 환경오염으로 인한 손해배상사건에 있어서 「환경정책기본법」에 의한 손해배상책임과 「민법」상의 불법행위책임과의 관계(인천지법 부천지원 2004. 10. 22. 선고 2002가단23361 판결)

※ 양식장 인근 야적장에 적치된 토사를 덤프트럭으로 반출하는 과정에서 발생한 소음과 진동으로 인하여 위 양식장에서 양식 중인 숭어가 집단 폐사한 사안에서, 사업자에게 「환경정책기본법」 제31조제1항에 따른 손해배상책임을 인정한 사례

이 사건 폐사는 피고 회사가 2002. 5. 24.부터 덤프트럭 등을 집중 투입하여 이 사건 양식장 앞의 야적장에 적치된 토사를 위 양식장 3호지 앞 도로를 통하여 대량 운반하면서 발생한 소음과 진동으로 인하여 발생하였다고 봄이 상당하므로(그 직접적인 원인은 소음과 진동 때문에 3호지 내 숭어의 집단 요동현상이 일어나 아랫물과 윗물이 뒤집어지고 흙탕물이 생겨 용존산소량이 부족해지고 수질이 급격히 악화된 데 있었다고 보여진다), 피고들은 환경오염 피해에 대한 무과실책임을 규정한 「환경정책기본법」 제31조제1항에 의하여 그 사업장인 위 토사반출현장에서 발생한 환경오염의 하나인 소음·진동으로 인한 원고의 피해를 배상할 의무가 있다 할 것이다(원고는 「민법」 제750조의 일반 불법행위법을 근거로 피고들에게 손해배상을 구하나, 위 「환경정책기본법」의 규정은 손해의 책임과 발생에 관한 입증책임을 환경오염을 발생시키는 사업자에게 지우는 것으로서 「민법」 제750조에 대한 특별규정이라고 보아야 하므로 환경오염으로 인한 손해배상사건에 관하여는 그 피해자가 위 법률의 적용을 구하는 주장을 하였는지 여부를 가리지 아니하고 민법상의 손해배상 규정에 우선하여 적용하여야 할 것이다).

1-4-2. 공해(公害) 소송에 있어서 인과관계의 입증책임을 지는 자
(대법원 2002. 10. 22. 선고 2000다65666 판결)

※ 발전소의 온배수 배출로 인해 피고들이 양식하는 김 수확량이 감소됨으로써 입은 손해 사이에는 상당한 인과관계가 인정되고 원고(발전소)가 인과관계를 부정할 만한 반증을 들지 못하고 있는 이상 그 손해배상책임을 면할 수 없다고 한 사례

일반적으로 불법행위로 인한 손해배상청구사건에 있어서 가해행위와 손해발생 간의 인과관계의 입증책임은 청구자인 피해자가 부담하나, 대기오염이나 수질오염에 의한 공해로 인한 손해배상을 청구하는 소송에 있어서는 기업이 배출한 원인물질이 물을 매체로 하여 간접적으로 손해를 끼치는 수가 많고 공해문제에 관하여는 현재의 과학수준으로도 해명할 수 없는 분야가 있기 때문에 가해행위와 손해의 발생 사이의 인과관계를 구성하는 하나 하나의 고리를 자연과학적으로 증명한다는 것은 극히 곤란하거나 불가능한 경우가 대부분이므로, 이러한 공해소송에 있어서 피해자에게 사실적인 인과관계의 존재에 관하여 과학적으로 엄밀한 증명을 요구한다는 것은 공해로 인한 사법적 구제를 사실상 거부하는 결과가 될 우려가 있는 반면에 가해기업은 기술적, 경제적으로 피해자보다 훨씬 원인조사가 용이한 경우가 많을 뿐만 아니라, 그 원인을 은폐할 염려가 있고 가해기업이 어떠한 유해한 원인물질을 배출하고 그것이 피해물건에 도달하여 손해가 발생하였다면 가해자측에서 그것이 무해하다는 것을 입증하지 못하는 한 책임을 면할 수 없다고 보는 것이 사회형평의 관념에 적합하다.

1-4-3. 적법시설이나 공용시설로부터 발생하는 유해배출물로 인하여 손해가 발생한 경우(대법원 2001. 2. 9. 선고 99다55434 판결)

※ 고속도로의 확장으로 인하여 소음·진동이 증가하여 인근 양돈업자가 양돈업을 폐업하게 된 사안에서 한국도로공사의 손해배상책임을 인정한 사례

고속도로의 사용이나 자동차의 통행 그 자체가 공익적인 것이고, 고속도로에서의 차량통행으로 인한 소음·진동이 불가피하게 발생한다 하더라도 그 정도가 수인한도를 넘어 원고들에게 양돈업을 폐업하게 하는 손해를 입혔다면 피고는 원고들에 대하여 그로 인한 손해배상책임을 면할 수 없다 할 것이다.
「환경정책기본법」 제31조제1항 및 제3조제1호, 제3호, 제4호에 의하면, 사업장 등에서 발생되는 환경오염으로 인하여 피해가 발생한 경우에는 당해 사업자는 귀책사유가 없더라도 그 피해를 배상하여야 하고, 위 환경오염에는 소음·진동으로 사람의 건강이나 환경에 피해를 주는 것도 포함되므로, 이 사건 원고들의 손해에 대하여 피고는 그 귀책사유가 없더라도 특별한 사정이 없는 한 이를 배상할 의무가 있다고 할 것이다.

1-4-4. 고속도로로부터 발생하는 소음으로 인한 피해

(대법원 2007. 6. 15. 선고 2004다37904, 37911 판결)

※ 1일 평균 소음이 65dB 이상인 주택에 거주하는 주민들의 유지청구 및 손해배상청구에 대해 이 사건 고속도로를 설치·관리하는 한국도로공사는 그 설치·관리상의 하자로 인한 손해배상책임이 있다고 한 사례

「민법」 제758조 소정의 '공작물의 설치 또는 보존의 하자'라 함은 공작물이 그 용도에 따라 갖추어야 할 안전성을 갖추지 못한 상태에 있음을 말하고, 안전성을 갖추지 못한 상태, 즉 타인에게 위해를 끼칠 위험성이 있는 상태라 함은 해당 공작물을 구성하는 물적 시설 그 자체에 있는 물리적·외형적 흠결이나 불비로 인하여 그 이용자에게 위해를 끼칠 위험성이 있는 경우뿐만 아니라, 그 공작물이 이용됨에 있어 그 이용상태 및 정도가 일정한 한도를 초과하여 제3자에게 사회통념상 수인할 것이 기대되는 한도를 넘는 피해를 입히는 경우까지 포함된다고 보아야 하고, 이 경우 제3자의 수인한도의 기준을 결정함에 있어서는 일반적으로 침해되는 권리나 이익의 성질과 침해의 정도뿐만 아니라 침해행위가 갖는 공공성의 내용과 정도, 그 지역환경의 특수성, 공법적인 규제에 의하여 확보하려는 환경기준, 침해를 방지 또는 경감시키거나 손해를 회피할 방안의 유무 및 그 난이 정도 등 여러 사정을 종합적으로 고려하여 구체적 사건에 따라 개별적으로 결정하여야 한다.

원고가 관리하는 이 사건 고속도로의 공공적 기능, 원고가 이 사건 고속도로를 설치, 관리함에 있어서 소음 피해를 줄이기 위한 노력을 경주한 면이 있다고 하더라도, 원고가 이 사건 고속도로의 확장공사 착공 후 이 사건 빌라 부지를 매도하여 이 사건 빌라가 신축되었다는 사정을 고려한다면, 이 사건 빌라의 각 주택의 소음과 관련하여 「환경정책기본법」상 소음환경기준인 65dB 이상의 소음이 발생하는 경우에는 사회생활상 통상의 수인한도를 넘는 것으로서 위법하다

1-5. 유지청구 사례(공사금지 또는 공사중지를 청구한 경우)

1-5-1. 지하수의 대량취수에 의한 생활용수방해의 예방을 위하여 필요한 한도 내에서 지하수 개발공사의 중지를 청구할 수 있는지 여부(대법원 1998. 4. 28. 선고 97다48913 판결)

※ 새로운 지하수 개발 및 취수로 인하여 인근 토지 소유자의 기존 생활용수에 장해가 생기거나 장해의 염려가 있는 경우, 인근 토지 소유자의 생활용수 방해제거 및 예방청구권이 있다고 한 사례

> 소유권 방해제거·예방청구권에 관한 「민법」 제214조의 규정과 용수장해로 인한 용수권자의 손해배상청구권 및 원상회복청구권에 관한 「민법」 제236조의 규정을 종합하여 보면, 어느 토지 소유자가 새로이 지하수 개발공사를 시행하여 설치한 취수공 등을 통하여 지하수를 취수함으로 말미암아 그 이전부터 인근 토지 내의 원천에서 나오는 지하수를 이용하고 있는 인근 토지 소유자의 음료수 기타 생활상 필요한 용수에 장해가 생기거나 그 장해의 염려가 있는 때에는, 생활용수 방해를 정당화하는 사유가 없는 한 인근 토지 소유자는 그 생활용수 방해의 제거(원상회복)나 예방을 청구할 수 있다.
> 따라서 지하수 개발공사 자체만으로는 인근 토지 소유자의 생활용수에 장해가 생기지 않는다고 하더라도, 인근 토지 소유자는 지하수의 대량취수에 의한 생활방해의 예방을 위하여 필요한 한도 내에서 대량취수를 위한 지하수 개발공사의 중지를 구할 수 있다.

1-5-2. 소유권에 기하여 건물의 건축 금지 등 방해제거 및 예방을 위한 청구를 할 수 있는지 여부 및 그 요건
(대법원 1999. 7. 27. 선고 98다47528 판결)

※ 봉은사(사찰) 인접 대지에 건물이 건축됨으로 인하여 입는 환경 등 생활이익의 침해를 이유로 건축공사금지 청구를 인정한 사례

> 환경권은 명문의 법률규정이나 관계 법령의 규정 취지 및 조리에 비추어 권리의 주체, 대상, 내용, 행사 방법 등이 구체적으로 정립될 수 있어야만 인정되는 것이므로, 사법상의 권리로서의 환경권을 인정하는 명문의 규정이 없는데도 환경권에 기하여 직접 방해배제청구권을 인정할 수는 없다 할 것이다.

그러나 어느 토지나 건물의 소유자가 종전부터 향유하고 있던 경관이나 조망, 조용하고 쾌적한 종교적 환경 등이 그에게 하나의 생활이익으로서의 가치를 가지고 있다고 객관적으로 인정된다면 법적인 보호의 대상이 될 수 있는 것이므로, 인접 대지 위에 건물의 건축 등으로 그와 같은 생활이익이 침해되고 그 침해가 사회통념상 일반적으로 수인할 정도를 넘어선다고 인정되는 경우에는 위 토지 등의 소유자는 그 소유권에 기하여 건물의 건축 금지 등 방해의 제거나 예방을 위하여 필요한 청구를 할 수 있다고 할 것이고(대법원 1995. 9. 15. 선고 95다23378 판결 참조), 위와 같은 청구를 하기 위한 요건으로서 반드시 위 건물이 문화재보호법이나 건축법 등의 관계 규정에 위반하여 건축되거나 또는 그 건축으로 인하여 그 토지 안에 있는 문화재 등에 대하여 직접적인 침해가 있거나 그 우려가 있을 것을 요하는 것은 아니라고 할 것이다.

1-5-3. 공장 가동 과정에서 발생하는 소음·진동·악취·분진으로 인한 생활방해(서울동부지법 2004. 7. 22. 선고 2002가합371)

※ 공장의 소음 · 악취로 인한 생활방해에 대한 사전 구제수단으로서 공장의 기계작동금지를 청구할 수 있다고 한 사례

준공업지역에 위치한 염색공장을 운영하면서 매일 05:00~22:00의 17시간 동안에 소음·악취를 발생시킨 행위는 상린관계에 따라 인접 주택의 거주자가 수인하여야 할 통상의 범위 내에 속하고, 거주자가 일상생활을 영위함에 필요한 최소한의 휴식을 위한 시간인 매일 22:00 ~ 다음날 05:00까지 7시간 동안에 소음·악취를 발생시킨 행위는 사회통념상 수인한도를 넘는 위법한 가해행위로서 불법행위가 된다.
공장의 소음·악취로 인한 생활방해로 사회통념상 수인한도를 넘는 행위를 한 공장경영자는 장래에 있어서 그러한 행위로 인하여 인접 주택 거주자의 일상생활에 고통을 주지 아니하기 위한 적당한 조치로서 수인한도를 넘는 시간 동안 공장 내에 설치되어 있는 기계를 작동하지 아니할 의무가 있고, 인접 주택 거주자는 공장경영자에 대하여 위 시간 동안 기계의 작동금지를 청구할 수 있다.

Q 인근 공장의 매연으로 농작물에 피해를 입었습니다. 손해배상을 청구하려면 어떤 요건이 갖추어져야 하나요?

A 민사소송을 통해 손해배상을 청구하기 위해서는 일반적으로 ① 가해자에게 고의 또는 과실이 있어야 하고 ② 가해행위가 위법해야 하며 ③ 가해행위와 피해의 발생 사이에 인과관계가 인정되고 ④ 피해자에게 손해가 발생해야 합니다.

그러나 사업장 등에서 발생되는 환경침해로 인하여 피해가 발생한 경우에는 해당 사업자의 과실과 관계없이 손해배상을 청구할 수 있습니다.

◇ 불법행위에 따른 손해배상청구

① 환경침해에 대한 민사소송에는 불법행위에 따른 손해배상청구와 환경침해 자체의 제거, 예방을 구하는 유지청구가 있습니다.

② 이 중에서 불법행위에 따른 손해배상청구는 환경오염으로 인해 피해를 입은 경우에 이를 금전적으로 배상받는 것을 말합니다.

◇ 손해배상청구 요건

① 환경오염으로 인한 피해에 대해 손해배상책임이 성립하기 위해서는 다음과 같은 요건을 모두 갖추어야 합니다.

- 가해자에게 고의 또는 과실이 있을 것
- 가해행위가 위법한 행위일 것
- 가해행위와 피해의 발생 사이에 인과관계가 있을 것
- 손해가 발생할 것

② 그러나 사업장 등에서 발생되는 환경침해(환경오염 또는 환경훼손)로 인하여 피해가 발생한 경우에는 「민법」 제750조에 따른 일반적인 손해배상책임과 다르게 해당 사업자가 과실과 관계없이 손해배상책임을 집니다.

(관련판례)

가해건물의 신축으로 인하여 일조피해를 받게 되는 건물이 이미 다른 기존 건물에 의하여 일조방해를 받고 있는 경우 또는 피해건물이 남향이 아니거나 처마가 돌출되어 있는 등 그 구조 자체가 충분한 일조를 확보하기 어렵게 되어 있는 경우에는, 가해건물 신축 결과 피해건물이 동짓날 08시부터 16시 사이에 합계 4시간 이상 그리고 동짓날 09시부터 15시 사이에 연속하여 2시간 이상의 일조를 확보하지 못하게 되더라도 언제나 수인한도를 초과하는 일조피해가 있다고 단정할 수는 없고, 가해건물이 신축되기 전부터 있었던 일조방해의 정도, 신축 건물에 의하여 발생하는 일조방해의 정도, 가해건물 신축 후 위 두 개의 원인이 결합하여 피해건물에 끼치는 전체 일조방해의 정도, 종전의 원인에 의한 일조방해와 신축 건물에 의한 일조방해가 겹치는 정도, 신축 건물에 의하여 발생하는 일조방해시간이 전체 일조방해시간 중 차지하는 비율, 종전의 원인만으로 발생하는 일조방해시간과 신축 건물만에 의하여 발생하는 일조방해시간 중 어느 것이 더 긴 것인지 등을 종합적으로 고려하여 신축 건물에 의한 일조방해가 수인한도를 넘었는지 여부를 판단하여야 한다(부산지법 2009.8.28. 자 2009카합1295 결정).

■ 공해를 발생시키는 국가시설이 설치된 이후에 그 지역으로 이주한 사람도 손해배상을 받을 수 있는지요?

Q 甲은 A 지역에 비행장이 있는지 모르는 상태에서 A 지역으로 이사를 하였습니다. 비행장이 건설되기 전부터 A 지역에 거주하고 있던 다른 주민들은 국가로부터 손해배상을 받을 수 있다고 하는데 甲도 다른 주민들과 마찬가지로 손해배상을 받을 수 있는지요?

A 대법원은 이에 대하여 "소음 등의 공해로 인한 법적 쟁송이 제기되거나 그 피해에 대한 보상이 실시되는 등 피해지역임이 구체적으로 드러나고 또한 이러한 사실이 그 지역에 널리 알려진 이후에 이주하여 오는 경우에는 위와 같은 위험에의 접근에 따른 가해자의 면책 여부를 보다 적극적으로 인정할 여지가 있다. 다만 일반인이 공해 등의 위험지역으로 이주하여 거주하는 경우라고 하더라도 위험에 접근할 당시에 그러한 위험이 존재하는 사실을 정확하게 알 수 없는 경우가 많고, 그 밖에 위험에 접근하게 된 경위와 동기 등의 여러 가지 사정을 종합하여 그와 같은 위험의 존재를 인식하면서도 위험으로 인한 피해를 용인하면서 접근하였다고 볼 수 없는 경우에는 손해배상액의 산정에 있어 형평의 원칙상 과실상계에 준하여 감액사유로 고려하여야 한다(대법원 2010. 11. 25. 선고 2007다74560 판결)"라고 판시한 바 있습니다. 또한 공군사격장 주변지역에서 발생하는 소음 등으로 피해를 입은 주민들이 국가를 상대로 손해배상을 청구한 사안에서, 사격장의 소음피해를 인식하거나 과실로 인식하지 못하고 이주한 일부 주민들의 경우, 비록 소음으로 인한 피해를 용인하고 이용하기 위하여 이주하였다는 등의 사정이 인정되지 않아 국가의 손해배상책임을 완전히 면제 할 수는 없다고 하더라도, 손해배상액을 산정함에 있어 그와 같은 사정을 전혀 참작하지 아니하여 감경조차 아니 한 것은 형평의 원칙에 비

추어 현저히 불합리하다고 판시한 경우(대법원 2010. 11. 11. 선고 2008다57975 판결)도 있습니다. 따라서 비행장의 소음을 과실로 인식하지 못하고 이주한 경우 국가배상책임액 전액을 인정받을 수는 없으나 제반사정을 고려한 감경된 금액만큼만 배상받으실 수 있을 것입니다.

(관련판례)

준공업지역에 위치한 염색공장을 운영하면서 매일 05:00~22:00의 17시간 동안에 소음·악취를 발생시킨 행위는 상린관계에 따라 인접 주택의 거주자가 수인하여야 할 통상의 범위 내에 속하고, 거주자가 일상생활을 영위함에 필요한 최소한의 휴식을 위한 시간인 매일 22:00~다음날 05:00의 7시간 동안에 소음·악취를 발생시킨 행위는 사회통념상 수인한도를 넘는 위법한 가해행위로서 불법행위가 된다(서울동부지법 2004. 7. 22. 선고 2002가합371 판결).

Q 공해 소송에서 인과관계의 입증책임은 가해자와 피해자 중 누구에게 있는 것인지요?

A 대법원은 이에 대하여 "일반적으로 불법행위로 인한 손해배상청구 사건에 있어서 가해행위와 손해발생 간의 인과관계의 입증책임은 청구자인 피해자가 부담하나, 대기오염이나 수질오염에 의한 공해로 인한 손해배상을 청구하는 소송에 있어서는 기업이 배출한 원인물질이 물을 매체로 하여 간접적으로 손해를 끼치는 수가 많고 공해문제에 관하여는 현재의 과학수준으로도 해명할 수 없는 분야가 있기 때문에 가해행위와 손해의 발생 사이의 인과관계를 구성하는 하나 하나의 고리를 자연과학적으로 증명한다는 것은 극히 곤란하거나 불가능한 경우가 대부분이므로, 이러한 공해소송에 있어서 피해자에게 사실적인 인과관계의 존재에 관하여 과학적으로 엄밀한 증명을 요구한다는 것은 공해로 인한 사법적 구제를 사실상 거부하는 결과가 될 우려가 있는 반면에, 가해기업은 기술적·경제적으로 피해자보다 훨씬 원인조사가 용이한 경우가 많을 뿐만 아니라, 그 원인을 은폐할 염려가 있고 가해기업이 어떠한 유해한 원인물질을 배출하고 그것이 피해물건에 도달하여 손해가 발생하였다면 가해자 측에서 그것이 무해하다는 것을 입증하지 못하는 한 책임을 면할 수 없다고 보는 것이 사회형평의 관념에 적합하다(대법원 2002. 10. 22. 선고 2000다65666 판결)."고 판시하였는 바, 일반 불법행위보다는 그 입증책임을 완화해서 해석하고 있습니다.

(관련판례)

불법행위로 인한 손해배상에 관하여 가해자와 피해자 사이에 피해자가 일정한 금액을 지급받으면서 향후 일체의 청구를 포기하기로 합의하였으나, 일반적으로 비록 합의서의 권리포기조항이 문언상으로는 나머지 일체의 청구권을 포기한다고 되어 있다 할지라도, 당사자 쌍방간에 있어 손해의 대체의 범위가 암묵리에 상정되어 있고, 후에 생긴 손해가 위 범위를 현저히 일탈할 정도로 중대하여 당초의 손해금과 비교할 때 심히 균형을 잃고 있으며, 합의의 경위, 내용, 시기 기타 일체의 사정을 고려하더라도 처음의 합의에 의하여 후의 손해 전부를 포함하도록 함이 당사자의 신의, 공평에 반한다고 인정되는 경우에는 먼저의 합의에 있어서 권리포기조항은 그 후에 발생한 손해에는 미치지 않는 것으로, 즉 합의 당시에 예측하였던 손해만을 포기한 것으로 한정적으로 해석함이 당사자의 합리적 의사에 합치한다고 보아 그 합의 당시 예상하지 못하였던 추가손해의 배상을 인정한 원심의 판단을 정당하다(대법원 2002. 10. 22. 선고 2000다65666 판결).

■ 주된 원인은 자연재해이나 공해도 그 원인이 된 경우 손해배상책임이 인정되는지요?

Q 농장의 관상수들이 고사하게 된 직접 원인은 동해(凍害)이지만 인근 공장에서 배출된 아황산가스도 고사의 원인이 된 경우 공장 소유자의 손해배상책임이 인정되는지요?

A 대법원은 이에 대하여 농장의 관상수들이 고사하게 된 직접원인은 한파로 인한 동해(凍害)이지만 인근공장에서 배출된 아황산가스의 일부가 대기를 통하여 위 농장에 도달됨으로 인하여 유황이 잎 내에 축적되어 수목의 성장에 장해가 됨으로써 동해(凍害)에 상조작용을 한 경우에 있어 공장주의 손해배상책임을 인정한다는 판시를 한 바 있습니다(대법원 1991. 7. 23. 선고 89다카1275 판결). 아울러 동일 판례에서 공해사건에서 피해자의 손해가 한파, 낙뢰와 같은 자연력과 가해자의 과실행위가 경합되어 발생된 경우 가해자의 배상의 범위는 손해의 공평한 부담이라는 견지에서 손해에 대한 자연력의 기여분을 제한부분으로 제한하여야 한다는 판시도 하였는바, 주된 원인이 아니더라도 일정 부분 원인이 된다면 공장의 손해배상책임이 인정될 것입니다.

(관련판례)

공장의 소음·악취로 인한 생활방해로 사회통념상 수인한도를 넘는 행위를 한 공장경영자는 장래에 있어서 그러한 행위로 인하여 인접 주택 거주자의 일상생활에 고통을 주지 아니하기 위한 적당한 조치로서 수인한도를 넘는 시간 동안 공장 내에 설치되어 있는 기계를 작동하지 아니할 의무가 있고, 인접 주택 거주자는 공장경영자에 대하여 위 시간 동안 기계의 작동금지를 청구할 수 있다(서울동부지법 2004. 7. 22. 선고 2002가합371 판결).

■ 소음 등을 포함한 공해 등의 위험지역으로 이주하여 거주하는 경우, 이를 손해배상액의 산정에 있어 감경 또는 면제사유로 고려하여야 하는지요?

Q 저는 약 5년 전에 현재 거주하고 있는 곳으로 이사를 왔습니다. 해당 지역 인근에는 약 10년 전부터 사격훈련장이 운영되고 있었습니다. 최근 사격훈련장에서 발생하는 소음 등에 관한 소음공해가 인정되어 손해배상액이 정해졌습니다. 그런데 저의 경우에는 다른 지역 주민들과 달리 손해배상액이 매우 적게 책정되었습니다. 이게 합당한 근거가 있는 건가요?

A 수인한도를 넘는 소음 등이 발생한 경우 이에 대한 손해배상을 하여야 하나, 소음 등을 포함한 공해 등의 위험지역으로 이주하여 들어가 거주하는 경우와 같이 위험의 존재를 인식하거나 과실로 인식하지 못하고 이주한 경우에는 손해배상액의 산정에 있어 형평의 원칙상 과실상계에 준하여 감경 또는 면제사유로 고려하여야 한다는 것이 판례의 입장입니다(대법원 2010. 11. 11. 선고 2008다 57975 판결 참조). 따라서 상담인께서 기존에 사격훈련장이 위치한 지역으로 이사를 온 것이라면 특별한 사정이 없다면 그 위험의 존재를 인식하고 이주한 것으로 평가되는 것이므로 손해배상액이 사격훈련장 설치 전부터 거주하던 지역주민들 보다 적은 금액으로 정해졌다 하더라도 그것이 불합리하다고 볼 수는 없을 것입니다.

(관련판례)

공장을 운영하는 자가 그 공장을 가동하는 과정에서 소음·진동·악취·분진을 발생시킴으로써 인접 토지의 거주자에게 사회통념상 수인할 수 있는 한도를 넘는 신체적·정신적 손해를 가한 경우 그 침해행위는 사법상 위법한 가해행위로서 불법행위가 되는데, 그 경우 사회통념상 수인할 수 있는 한도를 넘었는지 여부는 그 지역의 환경과 소음 등에 관한 공법적 규제기준, 피침해자의 생활상황, 침해행위의 태양과 침해의 정도, 사회적 유용성, 가해자의 침해방지대책에 관한 태도 등을 종합적으로 고려하여 결정하여야 한다(서울동부지법 2004. 7. 22. 선고 2002가합371 판결).

2. 가처분

2-1. 가처분 신청

2-1-1. 가처분이란

① 가처분이란 환경을 침해하는 자에게 일정한 적극적 행위를 하는 것을 금지하는 부작위 의무를 명하는 것으로, 현상이 바뀌면 당사자가 권리를 실행하지 못하거나 이를 실행하는 것이 매우 곤란할 염려가 있을 경우에 행합니다(민사집행법 제300조).

② 일조, 조망, 소음 등의 환경이익을 이유로 한 아파트, 빌딩 등 대규모 건축물의 공사금지 가처분 신청이 많습니다.

2-1-2. 가처분 신청

가처분 신청 관할법원은 현재 본안소송(통상의 소송절차 및 독촉절차, 제소전화해절차, 조정절차, 중재판정절차 등)이 계속 중이라면 그 법원이 관할법원이 되고, 현재 본안이 계속 중에 있지 않으면 앞으로 본안이 제소되었을 때 이를 관할할 수 있는 법원에 제출하면 됩니다.

2-2. 가처분 사례

2-2-1. 학교 인근 재건축공사 사건(서울중앙지법 2006. 3. 9. 선고 2006카합246)

※ 인근 재건축공사로 인하여 학교 건물 내에서 측정한 소음의 정도가 「학교보건법」상의 기준을 초과한 바 있고, 향후 굴착공사가 진행될 경우 그 소음이 상당한 기간 지속될 수밖에 없을 것으로 판단되는 경우 학교 인근 대지상의 재건축공사로 인하여 학교 학생들의 적절한 환경에서 교육을 받을 권리가 수인한도를 초과하는 정도로 침해되고 있다고 판단하여 위 학교 학생들의 공사중지 가처분 신청을 일부 인용한 사례

> 이 사건 공사로 인하여 신청인들의 적절한 환경에서 교육을 받을 권리가 수인한도를 초과하는 정도로 침해되고 있다고 보지 아니할 수 없고, 피신청인들이 이 사건 공사의 지연으로 인한 경제적 손실을 이유로 공사를 강행할 예정임을 명백히 하고 있는 점, 신청인들의 적절한 환경에서 교육을 받을 권리가 침해되는 경우 이를 금전배상으로 전보하는 것

도 그 시기적 특성상 한계가 있다고 보이는 점에 비추어 보전의 필요성도 인정된다고 할 것이므로, 피신청인들에게 이 사건 공사의 중지를 명하기로 하되, 이 사건 가처분으로써 공사를 금지할 범위에 관하여는, 피신청인들은 서울 서초구 반포동 20-1 외 28필지 지상에서 반포주공3단지 재건축공사를 진행함에, 같은 동 22 소재 서울원촌중학교의 방학기간을 제외한 기간 동안 평일 08:00부터 16:00까지, 토요일 08:00부터 14:00까지 위 서울원촌중학교의 학교부지 경계선으로부터 50m 이내의 장소에서 위 공사를 진행하여서는 아니 된다.

2-2-2. 도롱뇽 사건(대법원 2006.6.2.선고 2004마1148,1149 판결)

※ 자연물인 '도롱뇽'과 환경단체인 '도롱뇽의 친구들'이 신청인으로서 제기한 터널공사착공금지 가처분 신청에 대하여 '도롱뇽'에 대해서는 당사자능력이 없다는 이유로 신청을 각하하고, '도롱뇽의 친구들'에 대해서는 피보전권리로 주장하는 '자연방위권' 등으로부터 직접적·구체적인 사법상의 권리가 생긴다고 볼 수 없다는 이유로 신청을 기각한 사례

민사상의 가처분은 그 가처분에 의해 보전될 권리관계가 존재하여야 하고, 그 권리관계는 민사소송에 의하여 보호를 받을 자격이 있어야 하는 것이며, 민사소송은 사법(私法)상의 권리에 대한 침해의 구제 및 이를 통한 사법질서(私法秩序)의 유지를 그 목적으로 하는 것인바, 신청인 단체가 이 사건 가처분 신청의 피보전권리로 삼은 「대한민국 헌법」상의 환경권에 관하여 보건대, 「대한민국 헌법」 제35조제1항은 환경권을 기본권의 하나로서 승인하고 있으며, 사법의 해석 및 적용에 있어서도 이러한 기본권이 충분히 보장되도록 배려하여야 하나, 헌법상의 기본권으로서 환경권에 관한 위 규정만으로는 그 보호대상인 환경의 내용과 범위, 권리의 주체가 되는 권리자의 범위 등이 명확하지 못하여 이 규정이 개개의 국민에게 직접 구체적인 사법상의 권리를 부여한 것이라고 보기는 어렵고, 환경의 보전이라는 이념과 국토와 산업의 개발에 대한 공익상의 요청 및 경제활동의 자유 그리고 환경의 보전을 통한 국민의 복리 증진과 개발을 통한 인근 지역 주민들의 이익이나 국가적 편익의 증대 사이에는 그 서 있는 위치와 보는 관점에 따라 다양한 시각들이 존재할 수 있는 탓에 상호 대립하는 법익들 중 어느 것을 우선시킬 것이며, 이를 어떻게 조정하고 조화시킬 것인가 하는 문제는 기본적으로 국민을 대표하는 국회에서 법률에 의해 결정하여야 할 성질의 것이므

로,「대한민국 헌법」제35조제2항은 '환경권의 내용과 행사에 관하여는 법률로 정한다.'고 규정하고 있는 것이고, 따라서 사법상의 권리로서 환경권이 인정되려면 그에 관한 명문의 법률 규정이 있거나 관계 법령의 규정취지나 조리에 비추어 권리의 주체, 대상, 내용, 행사방법 등이 구체적으로 정립될 수 있어야 하는 것인바, 신청인 단체가 내세우는 환경권의 취지는 현행의 사법체계 아래서 인정되는 생활이익 내지 상린관계에 터잡은 사법적 구제를 초과하는 의미임이 그 주장에 비추어 명백하므로 그에 기하여는 피신청인에 대하여 민사상의 가처분으로 이 사건 터널공사의 착공금지를 구할 수 없는 것이다.

2-2-3. 공원 근처 골프연습장 설치 사건(대법원 1995. 5. 23. 선고 94마 2218 판결)

※ 청담공원 내의 피신청인 소유 토지상에 골프연습장을 설치하려는 경우 청담공원 인근 주민들인 신청인들이 한 골프연습장건설금지가처분 신청을 기각한 사례

피신청인이 이 사건 골프연습장을 설치 운영함으로 인하여 위 골프연습장에 출입하는 차량에 의한 교통체증과 소음, 골프연습장에서의 골프공 타격 소리와 연습장 내 조명 등으로 인근 주민들인 신청인들의 생활환경을 침해하게 된다는 신청인들의 주장에 대하여, 피신청인이 서울특별시 강남구청장으로부터 위 골프연습장설치 인가처분을 받음에 있어 위 골프연습장에 대한 주차장의 충분한 확보, 완벽한 방음시설, 건물 전면에 소로 개설, 주택가로의 조명 차단, 그린(Green)에 인조잔디를 입힐 것 및 최소한의 녹지훼손 등을 인가조건으로 하여 인가처분을 받았는데 그 인가조건의 내용에 비추어 보아 앞으로 이 사건 골프연습장을 위 인가조건에 충족하도록 건립하는 경우에는 위 골프연습장의 운영으로 말미암아 그 인근 주민인 신청인들이 입게 되는 생활환경 침해는 그것이 인근 주민들이 사회 통념상 수인할 수 있는 정도의 범위 내라고 봄이 상당하다 할 것이고, 달리 피신청인이 골프연습장 건립에 있어 위 인가조건을 준수하지 않을 것으로 보인다거나 위 골프연습장의 운영으로 인하여 신청인들에게 수인할 수 없을 정도의 생활환경 침해 결과가 발생한다고 단정할 만한 자료가 없으므로「민법」상의 상린관계 내지 신청인들의 생활이익을 피보전권리로 한 가처분 주장은 이유 없다.

Q 학교 인근에 대규모 아파트의 신축공사가 시작되면서 소음 때문에 학생들과 교사들이 고통에 시달리고 있습니다. 당장 공사의 진행을 중지시킬 방법이 없을까요?

A 소음으로 인한 피해가 사회통념상 그 기간이나 정도에 있어서 도저히 참기 어려운 상태에 있고, 계속 진행될 경우 큰 피해가 발생할 수 있는 경우에는 공사중지 가처분을 신청할 수 있습니다.

공사중지 가처분의 신청은 공사중지청구소송을 제기하면서 함께 할 수 있고 소송 제기 전이라도 잠정적으로 미리 할 수 있습니다.

◇ 가처분

① 가처분이란 환경을 침해하는 자에게 일정한 적극적 행위를 하는 것을 금지하는 부작위 의무를 명하는 것으로, 현상이 바뀌면 당사자가 권리를 실행하지 못하거나 이를 실행하는 것이 매우 곤란할 염려가 있을 경우에 행합니다.

② 일조, 조망, 소음 등의 환경이익을 이유로 한 아파트, 빌딩 등 대규모 건축물의 공사금지 가처분 신청이 많습니다.

◇ 가처분 신청

가처분 신청 관할법원은 현재 본안소송(통상의 소송절차 및 독촉절차, 제소전화해절차, 조정절차, 중재판정절차 등)이 계속 중이라면 그 법원이 관할법원이 되고, 현재 본안이 계속 중에 있지 않으면 앞으로 본안이 제소되었을 때 이를 관할할 수 있는 법원에 제출하면 됩니다.

◇ 학교 인근 재건축공사 사건

대법원은 인근 재건축공사로 인하여 학교 건물 내에서 측정한 소음의 정도가 「학교보건법」상의 기준을 초과한 바 있고, 향후 굴착공사가 진행될 경우 그 소음이 상당한 기간 지속될 수밖에 없을 것으로 판단되는 경우 이로 인하여 학교 학생들의 적절한 환경에서 교육을 받을 권리가 수인한도를 초과하는 정도로 침해되고 있다고 판단하여 위 학교 학생들의 공사중지 가처분 신청을 일부 인용한 예가 있습니다.

(관련판례)

학교 인근 대지상의 재건축공사로 인하여 위 학교 학생들의 적절한 환경에서 교육을 받을 권리가 수인한도를 초과하는 정도로 침해되고 있다고 판단하여 위 학교 학생들의 공사중지가처분신청을 일부 인용한 사례(서울중앙지법 2006. 3. 9. 자 2006카합246 결정)

(관련판례)

「헌법」 제35조 제1항은 "모든 국민은 건강하고 쾌적한 환경에서 생활할 권리를 가지며, 국가와 국민은 환경보전을 위하여 노력하여야 한다."고 규정하여 환경권을 헌법상의 기본권으로 명시함과 동시에 국가와 국민에게 환경보전을 위하여 노력할 의무를 부과하므로, 국가는 각종 개발·건설계획을 수립하고 시행함에 있어 소중한 자연환경을 보호하여 그 자연환경 속에서 살아가는 국민들이 건강하고 쾌적한 삶을 영위할 수 있도록 보장하고 나아가 우리의 후손에게 이를 물려줄 수 있도록 적극적인 조치를 취하여야 할 책무를 부담한다 (대법원 2006. 6. 2. 선고 2004마1148,1149 판결).

(관련판례)

환경영향평가제도는 환경 등에 미치는 영향이 큰 사업에 대한 계획을 수립·시행함에 있어서 그 사업이 환경 등에 미칠 영향을 미리 평가·검토하여 건전하고 지속가능한 개발이 되도록 함으로써 쾌적하고 안전한 국민생활을 도모함을 목적으로 하는바(환경·교통·재해 등에 관한 영향평가법 제1조), 한국철도시설공단이 국가의 전 지역에서 장기간 이루어지는 고속철도사업을 시행함에 있어서는 위 법에 의한 환경영향평가 절차를 충실히 이행할 뿐 아니라, 환경영향평가절차를 이행한 후 환경영향평가 시에 고려되지 아니하였던 새로운 사정이 발견되어 그 사업으로 인하여 사업시행구간 관련 토지소유자들의 환경이익을 침해할 수 있다는 개연성이 나타나고 종전의 환경영향평가만으로는 그와 같은 개연성에 관한 우려를 해소하기에 충분하지 못한 경우에는 새로이 환경영향평가를 실시하거나 그 환경이익의 침해를 예방할 수 있는 적절한 조처를 먼저 행한 후 사업을 시행하도록 함이 상당하고, 위 토지소유자들은 이를 사법상의 권리로 청구할 수 있을 것이다. 그러나 위와 같은 환경영향평가를 통한 권리의 보장은 실체적인 환경이익의 침해를 보호하기 위한 것이므로, 비록 위와 같이

다시 환경영향평가를 함이 상당한 새로운 사정들이 발생되었다고 하더라도, 그 새로운 사정들과 소유자들의 환경이익 사이에 구체적인 피해가능성 내지는 연관성을 인정하기 어려운 사정이 소명되는 경우 또는 새로운 환경영향평가절차 내지는 이에 준하는 조사가 이루어지고 환경이익의 침해를 예방할 수 있는 적절한 방법이 보완되는 등 소유자들의 환경이익이 침해될 수 있다는 개연성이 부정될 만한 사정이 소명되는 경우에는 더 이상 사업시행의 중지를 구할 수는 없다(대법원 2006. 6. 2. 선고 2004마1148,1149 판결).

(관련판례)

「헌법」 제35조 제1항은 환경권을 기본권의 하나로 승인하고 있으므로, 사법의 해석과 적용에 있어서도 이러한 기본권이 충분히 보장되도록 배려하여야 하나, 헌법상의 기본권으로서의 환경권에 관한 위 규정만으로서는 그 보호대상인 환경의 내용과 범위, 권리의 주체가 되는 권리자의 범위 등이 명확하지 못하여 이 규정이 개개의 국민에게 직접으로 구체적인 사법상의 권리를 부여한 것이라고 보기는 어렵고, 사법적 권리인 환경권을 인정하면 그 상대방의 활동의 자유와 권리를 불가피하게 제약할 수밖에 없으므로, 사법상의 권리로서의 환경권이 인정되려면 그에 관한 명문의 법률규정이 있거나 관계 법령의 규정취지나 조리에 비추어 권리의 주체, 대상, 내용, 행사방법 등이 구체적으로 정립될 수 있어야 한다(대법원 1995. 5. 23. 선고 94마2218).

(관련판례)

관할행정청으로부터 도시공원법상의 근린공원 내의 개인 소유 토지상에 골프연습장을 설치할 수 있다는 인가처분을 받은 데 하자가 있다는 점만으로 바로 그 근린공원 인근 주민들에게 토지소유자에 대하여 골프연습장 건설의 금지를 구할 사법상의 권리가 생기는 것이라고는 할 수 없다(대법원 1995. 5. 23. 선고 94마2218).

3. 민사소송의 절차

민사소송 절차는 다음과 같습니다.

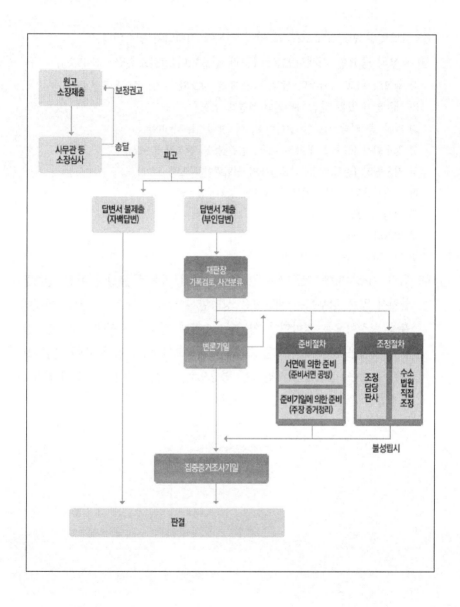

3-1. 원고의 소장의 제출

① 소를 제기하려면 우선 소장을 작성하여 법원에 제출해야 합니다(민사소송법 제248조).

② 각급법원 민원실에 소장의 양식 견본이 비치되어 있습니다.

③ 소장의 중요한 기재사항은 다음과 같습니다(민사소송법 제249조).

  1) 원고와 피고 당사자의 성명, 명칭 또는 상호와 주소, 주민등록번호

  2) 대리인이 있는 경우 대리인의 성명과 주소

  3) 일과 중 연락 가능한 전화번호, 팩스번호, E-Mail 주소

  4) 청구취지 (청구를 구하는 내용, 범위 등을 간결하게 표시)

  5) 청구원인 (권리 또는 법률관계의 성립원인 사실을 기재)

  6) 부속서류의 표시(소장에 첨부하는 증거서류 등)

  7) 작성 연월일

  8) 법원의 표시

  9) 작성자의 기명날인 및 간인

④ 위의 기재사항에 어긋나는 경우와 소장에 법률의 규정에 따른 인지를 붙이지 않은 경우에는 재판장은 상당한 기간을 정하고, 그 기간 이내에 흠을 보정하도록 명하여야 합니다. 소장에 법률의 규정에 따른 인지를 붙이지 않은 경우에도 또한 같습니다. 원고가 위의 기간 내에 흠을 보정하지 않은 경우에는 재판장은 명령으로 소장을 각하해야 합니다(민사소송법 제254조제1항 전단 및 제2항).

[서식] 민사소송 소장

접 수 인	

소   장

사 건 번 호	
배당순위번호	
담 당	제 단독

사 건 명

원 고	(이름)	(주민등록번호 -)
	(주소)	(연락처)
1. 피 고	(이름)	(주민등록번호 -)
	(주소)	(연락처)
2. 피 고	(이름)	(주민등록번호 -)
	(주소)	(연락처)

소송목적의 값	원	인지	원
(인지첩부란)			

청 구 취 지

1. (예시)피고는 원고에게 55,000,000원 및 이에 대하여 소장부본 송달 다음
    날부터 다 갚는 날까지 연 12%의 비율로 계산한 돈을 지급하라.
2. 소송비용은 피고가 부담한다.
3. 제1항은 가집행할 수 있다.
라는 판결을 구함.

청 구 원 인

1.
2.
3.

입 증 방 법

1. 계약서
2.

첨 부 서 류

1. 위 입증서류   각 1통
1. 소장부본   1부
1. 송달료납부서   1부

20 .   .   .
위 원고   ○○○ (서명 또는 날인)

휴대전화를 통한 정보수신 신청

위 사건에 관한 재판기일의 지정.변경.취소 및 문건접수 사실을 예납의무
자가 납부한 송달료 잔액 범위 내에서 아래 휴대전화를 통하여 알려주
실 것을 신청합니다.

■ 휴대전화 번호 :

20 .   .   .
신청인   원고   (서명 또는 날인)

※ 종이기록사건에서 위에서 신청한 정보가 법원재판사무시스템에 입력되는 당일 문자
메시지로 발송됩니다(전자기록사건은 전자소송홈페이지에서 전자소송 동의 후 알림
서비스를 신청할 수 있음).
※ 문자메시지 서비스 이용금액은 메시지 1건당 17원씩 납부된 송달료에서 지급됩니다
(송달료가 부족하면 문자메시지가 발송되지 않습니다.).
※ 추후 서비스 대상 정보, 이용금액 등이 변동될 수 있습니다.
※ 휴대전화를 통한 문자메시지는 원칙적으로 법적인 효력이 없으니 참고자료로만 활
용하시기 바랍니다.

○○ **지방법원   귀중**

◇유의사항◇
1. 연락처란에는 언제든지 연락 가능한 전화번호나 휴대전화번호, 그 밖에
팩스번호.이메일 주소 등이 있으면 함께 기재하여 주시기 바랍니다. 피고
의 연락처는 확인이 가능한 경우에 기재하면 됩니다.
2. 첨부할 인지가 많은 경우에는 뒷면을 활용하시기 바랍니다.

3-2. 소장 부본의 송달과 답변서 제출

① 소장이 접수되면 법원은 그 소장 부본을 피고에게 송달하고, 피고는 원고의 청구를 다투는 경우에는 소장의 부본을 송달받은 날부터 30일 이내에 답변서를 제출해야 합니다(민사소송법 제255조 및 제256조).

② 피고가 답변서를 제출하지 않거나 자백하는 취지의 답변서를 제출하면, 청구의 원인이 된 사실을 자백한 것으로 보고 변론 없이 판결할 수 있습니다(민사소송법 제257조).

③ 법원은 답변서의 부본을 원고에게 송달해야 합니다(민사소송법 제256조 제3항).

3-3. 변론준비절차

① 변론준비절차에서는 변론이 효율적이고 집중적으로 실시될 수 있도록 당사자의 주장과 증거를 정리해야 합니다(민사소송법 제279조제1항).

② 변론준비절차는 기간을 정하여, 당사자로 하여금 준비서면, 그 밖의 서류를 제출하게 하거나 당사자 사이에 이를 교환하게 하고 주장사실을 증명할 증거를 신청하게 하는 방법으로 진행합니다(민사소송법 제280조 제1항).

③ 변론준비절차기간에는 원고와 피고 간 준비서면 공방이 이루어지며, 증거제출과 증인신청, 검증·감정신청을 하는 등 변론기일 전에 증거조사를 합니다.

3-4. 변론준비기일

① 재판장은 변론준비절차를 진행하는 동안에 주장 및 증거를 정리하기 위하여 필요하다고 인정하는 경우에는 변론준비기일을 열어 당사자를 출석하게 할 수 있습니다(민사소송법 제282조제1항).

② 당사자는 변론준비기일이 끝날 때까지 변론의 준비에 필요한 주장과 증거를 정리하여 제출해야 합니다(민사소송법 제282조제4항).

③ 변론준비절차를 통해 기본서면 공방이 종료되면 재판장은 기록 등을 검

토하여 쟁점이 부각되고 변론기일 전 증거제출이 일단 완료되었다고 판단되는 분쟁에 대해 쟁점정리기일(변론준비기일)을 지정할 수 있습니다.

3-5. 변론기일

① 법원은 변론준비절차를 마친 경우에는 첫 변론기일을 거친 뒤 바로 변론을 종결할 수 있도록 해야 하며, 당사자는 이에 협력하여야 합니다(민사소송법 제287조제1항).

② 당사자는 변론준비기일을 마친 뒤의 변론기일에서 변론준비기일의 결과를 진술해야 합니다(민사소송법 제287조제2항).

③ 법원은 변론기일에 변론준비절차에서 정리된 결과에 따라서 바로 증거조사를 해야 합니다(민사소송법 제287조제3항).

④ 제1차 변론기일(집중증거조사기일)에는 쟁점정리기일에 정리된 결과에 따라서 분쟁에 관련된 원고와 피고 및 양측의 증인을 집중적으로 신문(訊問)하고, 신문을 마치면 그로부터 단기간 내에 판결을 선고받게 됩니다.

3-6. 변론종결

① 변론이 종결되면 더 이상의 증거조사는 불가능하고 변론종결 이후에 나타난 사정은 이를 재판자료로 삼을 수 없게 됩니다(민사소송법 제142조).

② 다만, 예외적으로 법원은 변론을 종결하였더라도 심리미진, 주요사실의 발견 등 필요하다고 인정되면 자유재량으로 변론을 재개할 수 있습니다.

3-7. 판결선고

① 판결은 원칙적으로 소가 제기된 날부터 5개월 이내에 선고하며, 선고기일은 변론종결기일에 재판장이 지정합니다(민사소송법 제199조).

② 재판장은 변론종결 후 판결내용의 확정에 들어가고, 판결내용이 확정되면 그 내용을 표시한 판결서 또는 판결원본을 작성한 후 변론이 종결된 날부터 2주(늦어도 4주) 이내에 판결원본에 따라 주문을 읽어 선고합니다(민사소송법 제206조, 제207조 및 제208조).

③ 판결은 선고로 효력이 생기게 되며, 법원사무관 등은 판결서를 받은 날
부터 2주 이내에 당사자에게 정본으로 송달합니다(민사소송법 제205조
및 제210조).

④ 판결에 패소한 당사자가 이의를 제기하지 않으면 판결이 확정됩니다.

⑤ 판결에 이의가 있는 경우에는 판결서가 송달된 날부터 2주 이내에 법원
에 항소장을 제출할 수 있습니다(민사소송법 제396조 및 제408조).

Q 공해 소송에서 인과관계의 입증책임은 가해자와 피해자 중
누구에게 있는 것인지요?

A 대법원은 이에 대하여 "일반적으로 불법행위로 인한 손해배상청구
사건에 있어서 가해행위와 손해발생 간의 인과관계의 입증책임은
청구자인 피해자가 부담하나, 대기오염이나 수질오염에 의한 공해
로 인한 손해배상을 청구하는 소송에 있어서는 기업이 배출한 원
인물질이 물을 매체로 하여 간접적으로 손해를 끼치는 수가 많고
공해문제에 관하여는 현재의 과학수준으로도 해명할 수 없는 분
야가 있기 때문에 가해행위와 손해의 발생 사이의 인과관계를 구
성하는 하나 하나의 고리를 자연과학적으로 증명한다는 것은 극히
곤란하거나 불가능한 경우가 대부분이므로, 이러한 공해소송에 있
어서 피해자에게 사실적인 인과관계의 존재에 관하여 과학적으로
엄밀한 증명을 요구한다는 것은 공해로 인한 사법적 구제를 사실
상 거부하는 결과가 될 우려가 있는 반면에, 가해기업은 기술적·경
제적으로 피해자보다 훨씬 원인조사가 용이한 경우가 많을 뿐만
아니라, 그 원인을 은폐할 염려가 있고 가해기업이 어떠한 유해한
원인물질을 배출하고 그것이 피해물건에 도달하여 손해가 발생하
였다면 가해자 측에서 그것이 무해하다는 것을 입증하지 못하는
한 책임을 면할 수 없다고 보는 것이 사회형평의 관념에 적합하다
(대법원 2002. 10. 22. 선고 2000다65666 판결)."고 판시하였는
바, 일반 불법행위보다는 그 입증책임을 완화해서 해석하고 있습
니다.

■ 주된 원인은 자연재해이나 공해도 그 원인이 된 경우 손해배상책임이 인정되는지요?

Q 농장의 관상수들이 고사하게 된 직접 원인은 동해(凍害)이지만 인근 공장에서 배출된 아황산가스도 고사의 원인이 된 경우 공장 소유자의 손해배상책임이 인정되는지요?

A 대법원은 이에 대하여 농장의 관상수들이 고사하게 된 직접원인은 한파로 인한 동해(凍害)이지만 인근공장에서 배출된 아황산가스의 일부가 대기를 통하여 위 농장에 도달됨으로 인하여 유황이 잎 내에 축적되어 수목의 성장에 장해가 됨으로써 동해(凍害)에 상조작용을 한 경우에 있어 공장주의 손해배상책임을 인정한다는 판시를 한 바 있습니다(대법원 1991. 7. 23. 선고 89다카1275 판결). 아울러 동일 판례에서 공해사건에서 피해자의 손해가 한파, 낙뢰와 같은 자연력과 가해자의 과실행위가 경합되어 발생된 경우 가해자의 배상의 범위는 손해의 공평한 부담이라는 견지에서 손해에 대한 자연력의 기여분을 제한부분으로 제한하여야 한다는 판시도 하였는바, 주된 원인이 아니더라도 일정 부분 원인이 된다면 공장의 손해배상책임이 인정될 것입니다.

(관련판례)

농장의 관상수들이 고사하게 된 직접원인은 한파로 인한 동해이지만 인근공장에서 배출된 아황산가스의 일부가 대기를 통하여 위 농장에 도달됨으로 인하여 유황이 잎 내에 축적되어 수목의 성장에 장해가 됨으로써 동해에 상조작용을 한 경우에 있어 공장주의 손해배상책임을 인정한 사례(대법원 1991. 7. 23. 선고 89다카1275 판결).

소　　장

원　고　　○○○ (주민등록번호)
　　　　　　○○시 ○○구 ○○길 ○○(우편번호 ○○○○○)
　　　　　　전화.휴대폰번호:
　　　　　　팩스번호, 전자우편(e-mail)주소:
피　고　　◇◇주식회사
　　　　　　○○시 ○○구 ○○길 ○○(우편번호 ○○○○○)
　　　　　　대표이사 ◇◇◇
　　　　　　전화.휴대폰번호:
　　　　　　팩스번호, 전자우편(e-mail)주소:

손해배상(공)청구의 소

청 구 취 지

1. 피고는 원고에게 금 ○○○원 및 이에 대하여 20○○. ○○. ○
○.부터 이 사건 소장부본 송달일까지는 연 5%의, 그 다음날부터
다 갚는 날까지는 연 12%의 각 비율에 의한 돈을 지급하라.
2. 소송비용은 피고의 부담으로 한다.
3. 위 제1항은 가집행 할 수 있다.
라는 판결을 구합니다.

청 구 원 인

1. 당사자 관계
　원고는 이 사건의 직접적인 피해자 본인이고, 피고는 원고 소유
의 수목 농장에 인접하여 모직류를 제조하는 공장을 설치.가동하여
오면서 그 연료로 벙커시유를 사용함으로써 그 연소과정에서 생

성된 유해물질인 아황산가스 및 낙진을 굴뚝을 통하여 대기 중에 배출시킴으로써 원고가 위 농장에서 재배하는 각종 관상수의 원형질분리와 파괴, 황화현상, 이상낙엽, 고사 등의 손해를 입힌 가해자입니다.

2. 피고의 불법행위책임

가. 원고는 ○○과 ○○○시 사이의 국도에서 동쪽으로 약 1km 떨어진 ○○산 부근인 ○○○시 ○○동 산 ○○○의 임야 299,421.62㎡에 19○○년도부터 ◎◎농장이라는 이름으로 주목, 반송, 백송, 향나무, 옥향, 목련 등 고급 관상수를 재배하여 왔습니다. 피고는 19○○. ○.경부터 위 ◎◎농장과 서북쪽으로 접한 같은 동 ○○○ 지상에 모직류를 제조하는 공장을 설치.가동하여 오면서 그 연료로 벙커시유를 사용함으로써 그 연소과정에서 생성된 유해물질인 아황산가스 및 낙진을 굴뚝을 통하여 대기 중에 반출시켜왔습니다.

나. 그런데 20○○. ○.경을 전후하여 원고 농장의 주목, 향나무, 반송, 백송 등 일부 관상수들이 갯솜조직과 표피세포의 원형질분리로 누렇게 변색되어 잎이 떨어지고 수목자체까지 고사하기도 하였으며, 특히 피고 공장의 굴뚝에서 동남쪽으로 약 200m 떨어진 곳 부근(다음부터 피해 극심지역이라 함)의 관상수들에게서 그 현상이 심하게 나타났습니다. 한편, 피고 소유의 공장에서 배출되는 아황산가스는 수목 잎의 기공을 통하여 잎 내에 침투한 후 공변세포와 엽록소를 손상시켜 잎의 호흡, 증산탄소동화작용 등을 저해함으로써 탈수현상과 세포파괴를 초래하여 수목을 고사케 하며 이러한 아황산가스의 수목에 대한 침해정도는 수목의 종류, 아황산가스의 농도, 접촉시기와 기간, 기상조건 및 토양조건 등에 따라 달라지기는 하나 대체로 아황산가스의 대기중 농도가 0.4ppm 이상일 때 급성피해를 입게 되고 0.1ppm 내지 0.2ppm 이상일 때 수목에서 서서히 나쁜 영향을 미쳐 만성적으로 피해를 가져오는 것입니다.

다. 원고는 20○○. ○.초경 원고 농장의 위 피해 수목을 조사한 바, 피해수목의 엽내 유황함량은 대부분 0.18% 내지 0.31% 정도이고 피해증세가 심한 수목일수록 이에 비례하여 그 유황함량이 많았으며 피해 극심지역에 피해수목이 집중되어 있고 그 이외의 지역에서는 별 피해가 없거나 근소하였습니다.

라. 이에 원고는 피고에게 여러 차례 아황산가스의 배출로 인한 원고 소유의 수목에 가해진 손해를 배상해줄 것을 요구하였으나 피고는 20○○. ○.과 20○○○. ○○. 사이의 ○년만의 최대한파로 인한 동해(冬害)일뿐 아황산가스로 인한 피해가 아니라는 이유로 그 손해의 배상을 거절하고 있습니다. 그러나 대기중 아황산가스의 농도가 낮다고 하더라도 그것이 잎 내에 축적되어 수목의 성장에 장해가 됨으로써, 아황산가스로 인한 피해증상과 같은 세포의 원형질분리와 파괴, 황화현상, 이상낙엽, 고사 등의 순으로 나타나는 이 동해에 상조작용을 한 것입니다.

마. 원고 농장의 관상수들이 고사하게 된 직접적인 원인은 위 한파로 인한 동해이고 피고 공장에서 배출된 아황산가스로 인한 것은 아니라 할지라도, 위 아황산가스는 위 관상수들이 한파에 의하여 쉽사리 동해를 입게 된 원인이 되었다고 할 것이고, 공해문제에 관하여는 현재의 과학수준으로 해명할 수 없는 분야가 있기 때문에 가해행위와 손해발생간의 인과관계의 과정을 모두 자연과학적으로 피해자가 입증한다는 것은 극히 어렵거나 불가능한 경우가 대부분인 점 등에 비추어 가해기업이 배출한 어떤 유해한 원인물질이 피해물건에 도달하여 손해가 발생하였다면 가해자측에서 그 무해함을 입증하지 못하는 한 책임을 면할 수 없다고 봄이 사회형평의 관념에 적합하다고 판시한 판결(대법원 1997. 6. 27. 선고 95다2692 판결)을 종합하여 보면, 피고는 피고 공장에서 배출된 아황산가스가 관상수들의 동해에 상조 작용하여 수목을 고사케 함으로써 원고가 입게된 손해를 배상할 책임이 있다고 할 것입니다.

3. 손해배상의 정도

피고가 원고에게 입힌 손해는 고사한 수목의 시가에 상당하는 금액과 그에 따라 원고가 받은 정신적 고통에 대한 위자료 상당이 될 것인바 우선 금 ○○○원을 청구하고 추후 목적물의 감정을 통하여 추가 청구하겠습니다.

4. 결론

따라서 원고는 피고로부터 금 ○○○원 및 이에 대하여 20○○. ○○. ○○.부터 이 사건 소장부본 송달일까지는 민법에서 정한 연 5%의, 그 다음날부터 다 갚는 날까지는 소송촉진등에관한특례법에서 정한 연 12%의 각 비율에 의한 지연손해금을 지급 받기 위하여 이 사건 청구에 이른 것입니다.

증 명 방 법

1. 갑 제1호증의 1 내지 7   각 고사된 수목 사진
1. 갑 제2호증   감정서

첨 부 서 류

1. 위 증명방법   각 1통
1. 법인등기사항증명서   1통
1. 소장부본   1통
1. 송달료납부서   1통

20○○.   ○.   ○.

위 원고   ○○○   (서명 또는 날인)

○○지방법원   귀중

(관련판례)

일반적으로 불법행위로 인한 손해배상청구사건에 있어서 가해행위와 손해발생 간의 인과관계의 입증책임은 청구자인 피해자가 부담하나, 대기오염이나 수질오염에 의한 공해로 인한 손해배상을 청구하는 소송에 있어서는 기업이 배출한 원인물질이 물을 매체로 하여 간접적으로 손해를 끼치는 수가 많고 공해문제에 관하여는 현재의 과학수준으로도 해명할 수 없는 분야가 있기 때문에 가해행위와 손해의 발생 사이의 인과관계를 구성하는 하나 하나의 고리를 자연과학적으로 증명한다는 것은 극히 곤란하거나 불가능한 경우가 대부분이므로, 이러한 공해소송에 있어서 피해자에게 사실적인 인과관계의 존재에 관하여 과학적으로 엄밀한 증명을 요구한다는 것은 공해로 인한 사법적 구제를 사실

상 거부하는 결과가 될 우려가 있는 반면에, 가해기업은 기술적·경제적으로 피해자보다 훨씬 원인조사가 용이한 경우가 많을 뿐만 아니라, 그 원인을 은폐할 염려가 있고 가해기업이 어떠한 유해한 원인물질을 배출하고 그것이 피해물건에 도달하여 손해가 발생하였다면 가해자측에서 그것이 무해하다는 것을 입증하지 못하는 한 책임을 면할 수 없다고 보는 것이 사회형평의 관념에 적합함(대법원 2002. 10. 22. 선고 2000다65666 등 판결, 1997. 6. 27. 선고 95다2692 판결).

(관련판례)

공해사건에서 피해자의 손해가 한파, 낙뢰와 같은 자연력과 가해자의 과실행위가 경합되어 발생된 경우 가해자의 배상의 범위는 손해의 공평한 부담이라는 견지에서 손해에 대한 자연력의 기여분을 제한부분으로 제한하여야 한다(대법원 1991. 7. 23. 선고 89다카1275 판결).

(관련판례)

대기오염이 수인한도를 넘은 것으로서 위법성을 띠게 되는 것인지의 여부는 피침해이익의 종류 및 정도, 침해행위의 공공성, 그 지역의 현실적인 토지이용상황, 토지이용의 선후관계, 가해자의 방지시설설치여부, 손해의 회피가능성, 공법적 규제 및 인·허가와의 관계, 환경영향평가 및 민주적 절차의 이행여부 등을 모두 비교교량하여 판단하여야 한다.(서울민사지방법원 1989. 1.12. 선고 88가합2897 판결)

소 장

원 고 ○○○ (주민등록번호)
     ○○시 ○○구 ○○길 ○○(우편번호 ○○○○○)
     전화.휴대폰번호:
     팩스번호, 전자우편(e-mail)주소:
피 고 ◇◇◇ (주민등록번호)
     ○○시 ○○구 ○○길 ○○(우편번호 ○○○○○)
     전화.휴대폰번호:
     팩스번호, 전자우편(e-mail)주소:

손해배상(공)청구의 소

청 구 취 지

1. 피고는 원고에게 금 15,764,800원 및 이에 대한 20○○. ○. ○.
   부터 이 사건 소장부본 송달일까지는 연 5%의, 그 다음날부터 다
   갚는 날까지는 연 12%의 각 비율에 의한 돈을 지급하라.
2. 소송비용은 피고의 부담으로 한다.
3. 위 제1항은 가집행 할 수 있다.
라는 판결을 구합니다.

청 구 원 인

1. 당사자들의 관계
   원고는 ○○ ○○시 ○○면 ○○길에 있는 원고 소유의 토지 상
   에 인삼을 재배하고 있는 사람이고 피고는 위 인삼밭에 인접한
   장소에서 ○○상사라는 상호로 재활용업을 영위하고 있는 사람
   입니다.

2. 피고의 손해배상책임의 발생

　20○○. ○. ○.경 장마로 인하여 비가 내리고 있었고 피고가 운영하는 위 ○○상사 공장 부지에는 경유를 보관해놓은 장소가 있었는바, 이러한 경우 위 업체를 경영하는 피고로서는 비에 의하여 위 경유보관장소에서 기름이 유출되지 않도록 하여야 할 주의의무가 있음에도 불구하고, 이를 게을리 한 채 유출방지 시설을 하지 아니하여 위 장소에서 기름이 유출되게 함으로써 그 당시 내리고 있던 비로 인하여 피고 공장에 인접한 원고 소유의 인삼밭에 흘러들어 가게 함으로써 원고가 경작하고 있던 인삼들을 고사시킨 것입니다{갑 제1호증의 1 내지 6(각 사진) 각 참조}.

　따라서 피고는 원고에게 공작물의 점유자로서 그 공작물의 설치, 보존의 하자로 인한 손해배상책임 또는 일반 불법행위로 인한 손해배상책임이 있다 할 것입니다.

3. 손해배상책임의 범위

　가. 원고는 그 소유의 인삼밭(총면적 1700여평)에서 인삼을 경작하고 있었던 바, 그 당시 피고의 공장에서 유출된 경유로 인하여 고사하게 된 인삼들은 1997. 11.경 파종한 것으로서 현재 3년근에 해당하는 인삼입니다.

　나. 그 피해 면적은 약 400평에 해당하여 원고의 손해액은 금 15,764,800원{400평×금 39,412원(경영비를 제외한 소득금액으로 손해액을 산정하지 아니하고 조수입금액으로 손해액을 산정한 이유는 인삼은 3년간 자란 후에는 경작비용이 거의 들지 않기 때문임)}에 달한다 할 것입니다{갑 제2호증의 1, 2(민원회신 및 농축산물소득자료집) 참조}.

　다. 또한, 위와 같은 기름유출사고로 인하여 원고소유인 위 토지의 토양이 오염되어 수년간 그 수확이 감소될 것은 당연한 바, 이에 관한 손해배상은 추후 전문감정인의 감정결과에 따라 확정하여 청구하기로 하고 위와 같은 고사된 인삼에 대한 손해액 금 15,764,800원만 우선 청구합니다.

4. 결　어

　따라서 원고는 피고로부터 위와 같은 불법행위로 인한 손해배상

의 일부금으로서 금 15,746,800원 및 이에 대하여 이 사건 불법
행위일인 20○○. ○. ○.부터 이 사건 소장부본 송달일까지는 민
법에서 정한 연 5%의, 그 다음날부터 다 갚는 날까지는 소송촉
진등에관한특례법에서 정한 연 12%의 각 비율에 의한 지연손해
금을 지급 받기 위하여 이 사건 청구에 이른 것입니다.

증 명 방 법

1. 갑 제1호증의 1 내지 6   각 사진
1. 갑 제2호증의 1, 2   민원회신 및 농축산물소득자료집
1. 갑 제3호증의 1, 2   각 통고서(내용증명우편)

첨 부 서 류

1. 위 증명방법   각 1통
1. 소장부본   1통
1. 송달료납부서   1통

20○○.   ○.   ○.

위 원고   ○○○   (서명 또는 날인)

○○지방법원 ○○지원 귀중

소   장

원   고   ○○○ (주민등록번호)
           ○○시 ○○구 ○○길 ○○(우편번호 ○○○○○)
           전화.휴대폰번호:
           팩스번호, 전자우편(e-mail)주소:
피   고   ◇◇건설주식회사
           ○○시 ○○구 ○○길 ○○(우편번호 ○○○○○)
           대표이사 ◇◇◇
           전화.휴대폰번호:
           팩스번호, 전자우편(e-mail)주소:

손해배상(기)청구의 소

청 구 취 지

1. 피고는 원고에게 금 ○○○원 및 이에 대하여 이 사건 소장부
   본 송달 다음날부터 이 사건 판결선고일까지는 연 5%의, 그 다
   음날부터 다 갚는 날까지는 연 12%의 각 비율에 의한 돈을 지급
   하라.
2. 소송비용은 피고의 부담으로 한다.
3. 위 제1항은 가집행 할 수 있다.
라는 판결을 원합니다.

청 구 원 인

1. 당사자들의 지위
   원고는 소외 주식회사 ◆◆건설이 신축하여 분양한 ○○시 ○○
   구 ○○길 ○○ 소재 10층 높이의 아파트 중 1층 ○○○호를

분양 받아 사용하고 있는 사람이고, 피고는 원고가 분양 받은
위 아파트의 이웃에 13층 높이의 아파트 2개동 및 10층 높이의
아파트 1개동을 신축하여 일반 분양한 회사입니다.

2. 손해배상책임의 발생

가. 원고는 19○○. ○. ○. 소외 주식회사 ◆◆건설이 신축하여
분양한 ○○시 ○○구 ○○길 ○○ 소재 10층 건물의 아파트
중 1층 ○○○호에 대하여 분양계약을 체결하고 분양대금을
지급한 후 위 일자에 입주하여 생활하여 오고 있는바, 분양당
시 위 1층 ○○○호는 거실 등이 남향으로 위치하여 있어 1
층임에도 불구하고 일조량이 동지를 기준으로 최소한 4시간
정도는 확보가 되는 상황이었습니다.

나. 이러한 상태에서 20○○. ○. ○.부터 원고가 분양 받은 아파
트의 이웃 지번이자 피고 소유인 ○○시 ○○구 ○○길 ○○
○에 피고가 10층 높이의 아파트 3개동을 신축하게 되었고,
원고는 당시 이러한 피고의 아파트신축계획을 알게 된 후 위
높이의 아파트가 들어선다 하여도 통풍 및 전망에는 약간의
피해가 예상되지만 그 외의 피해가 없다는 사실 및 위 아파
트의 신축이 건축법상 하자가 없다는 사실을 알고 위 신축아
파트의 신축과정을 지켜볼 수밖에 없던 차에 20○○. ○.경부
터 위 3개동의 아파트 중 2개동에 대하여 그 건축 높이를 10
층에서 13층으로 건축허가를 변경하여 증축을 하게 된 사실
을 알게 되었고, 이와 같이 아파트가 신축되게 되면 통풍 및
전망권에 대한 피해는 차치하고 동절기 기준으로 4시간 정도
확보되던 일조권의 혜택이 1시간 정도로 줄어들게 되어 이러
한 이유를 들어 피고에 대하여 증축부분의 건축공사를 중지
하여 줄 것을 여러 차례 요청하였음에도 불구하고, 피고는 행
정상으로 하자가 없기에 건축공사를 중단할 수 없다고 하면
서 계속 공사 진행을 하여 결국 20○○. ○○. ○○. 사용검
사를 받고 현재는 입주를 앞둔 시기에 있습니다.

다. 피고가 신축한 위 아파트로 인하여 원고가 예상하는 원고 거
주 아파트의 피해 일조량은 추분에서 동지, 춘분에 걸쳐 일일
확보되던 기존 일조시간에서 일일 많게는 7시간에서 6시간

정도의 일조침해가 예상되는바, 이 일조량의 침해에 대하여는 추후 현장검증 및 감정을 통하여 구체적으로 입증하기로 하되, 피고로서는 위와 같은 일조권 및 통풍, 전망권의 침해로 인하여 원고가 입은 손해를 배상할 책임이 있다 할 것입니다.

3. 손해배상의 범위

주거의 일조는 쾌적하고 건강한 생활에 필요한 생활이익으로서 법적 보호의 대상이 되는 것이며, 어떤 토지의 거주자가 인접한 타인의 토지 위를 거쳐서 태양의 직사광선을 받고 있는데, 그 인접 토지의 사용권자가 건물 등을 건축함으로써 직사광선이 차단되는 불이익을 입게 되고, 그 일조방해의 정도가 사회통념상 일반적으로 인용하는 수인한도를 넘어서는 경우에는 그 건축행위는 정당한 권리행사로서의 범위를 벗어나거나 권리남용에 이르는 행위로서 위법한 가해행위로 평가되어 일조방해로 인한 불법행위가 성립한다고 할 것인데(대법원 2001. 6. 26. 선고 2000다44928 판결), 이 사건 피고의 신축건물이 건축법에 따라 건축되었다 하더라도 위 신축건물로 인하여 위에서와 같은 일조권 등의 침해가 인정되고 이러한 침해정도는 사회통념상 원고가 수인할 수 있는 범위내의 침해라 할 수 없으며, 따라서 이와 같은 일조권 등의 침해는 피침해자인 원고에 대한 불법행위를 구성한다고 볼 것이며 이에 대하여 피고는 금전으로나마 원고에게 배상을 할 의무가 있는바, 그 금액은 이 사건 일조권 침해의 경위, 일조권 침해의 정도와 현황, 피해회피의 가능성 등 제반 사정을 참작할 때 최소한 금 ○○○원은 되어야 할 것입니다.

4. 결론

따라서 원고는 피고로부터 금 ○○○원 및 이에 대한 원고의 일조권 등을 침해하기 시작한 날이라고 인정되는 피고가 신축한 위 아파트의 사용검사일인 20○○. ○○. ○○.부터 이 사건 소장부본 송달일까지는 민법에서 정한 연 5%의, 그 다음날부터 다 갚는 날까지는 소송촉진등에관한특례법에서 정한 연 12%의 각 비율에 의한 지연손해금을 지급 받기 위하여 이 사건 청구에 이른 것입니다.

증 명 방 법

1. 갑 제1호증　　　　　　　　부동산등기사항증명서
1. 갑 제2호증　　　　　　　　주민등록등본
1. 갑 제3호증　　　　　　　　지적도등본
1. 갑 제4호증　　　　　　　　통고서

첨 부 서 류

1. 위 증명방법　　　　　　　　각 1통
1. 법인등기사항증명서　　　　　1통
1. 소장부본　　　　　　　　　　1통
1. 송달료납부서　　　　　　　　1통

20○○.　○.　○.

위 원고　○○○　(서명 또는 날인)

○○지방법원　귀중

소　　　장

원　고　○○○ (주민등록번호)
　　　　○○시 ○○구 ○○길 ○○(우편번호 ○○○○○)
　　　　전화.휴대폰번호:
　　　　팩스번호, 전자우편(e-mail)주소:
피　고　◇◇◇ (주민등록번호)
　　　　○○시 ○○구 ○○길 ○○(우편번호 ○○○○○)
　　　　전화.휴대폰번호:
　　　　팩스번호, 전자우편(e-mail)주소:

손해배상(기)청구의 소

청 구 취 지

1. 피고는 원고에게 금 ○○○원 및 이에 대한 20○○. ○. ○○.부터 이 사건 소장부본 송달일까지는 연 5%의, 그 다음날부터 다 갚는 날까지는 연 12%의 각 비율에 의한 돈을 지급하라.
2. 소송비용은 피고의 부담으로 한다.
3. 위 제1항은 가집행 할 수 있다.
라는 판결을 원합니다.

청 구 원 인

1. 당사자들의 지위
　○○시 ○○구 ○○길 ○○ 소재 지상 7층의 주상복합건물은 소외 ◉◉◉의 소유건물이고, 원고는 소외 ◉◉◉로부터 위 건물의 4층 부분을 임차하여 주거로 사용하고 있으며, 피고는 위 건물의 2층 내지 3층 부분을 소외 ◉◉◉로부터 임차하여 볼링장을 운영하고 있는 사람입니다.
2. 손해배상책임의 발생

가. 원고는 20○○. ○. ○. 소외 ◉◉◉로부터 위 임차건물에 대하여 임차보증금은 1억원, 임차기간은 20○○. ○. ○.부터 20○○. ○○. ○○.까지로 정하여 임차하는 계약을 체결한 뒤 주거로 사용하여 오고 있으며, 피고는 원고가 위 건물을 임차하기로 계약한 후인 20○○. ○. ○○. 소외 ◉◉◉으로부터 위 건물의 2층 내지 3층 부분을 임차하여, 관할구청으로부터 영업허가를 받고 "◉◉볼링센타"라는 상호로 볼링장을 개설하여 그 때부터 볼링장을 운영하여 오고 있습니다.

나. 원고가 임차한 위 건물은 주상복합건물로서, 피고는 피고가 임차한 이 건물의 2층에 12개의 레인 및 기계실, 사무실을 그리고 3층에는 같은 12개의 레인 및 기계실, 휴게실을 설치하고, 10:00경부터 다음날 02:00경까지 볼링장영업을 하여오고 있고, 원고는 위 4층의 임차건물을 주거로 사용하고 있는데 원고가 거주하고 있는 임차건물의 바로 아래층에 소재한 피고가 경영하는 볼링장은 소음 및 진동방지시설이 전혀 되어 있지 않아 주간은 물론이고 특히 저녁 및 심야의 경우에는 거의 매일 계속적, 반복적으로 위 볼링장의 볼링공이 낙하할 때, 굴러갈 때 및 핀을 충격할 때 발생하는 소음 및 진동이 그대로 원고가 운영하는 임차건물에 전달되며, 위와 같은 충격 소음은 타격, 파괴, 폭발 및 파열 등에 의하여 지속 시간이 극히 짧은 단속적인 음으로서 지속적으로 인하여 발생하는 소음 및 진동에 비하여 사람의 신경에 더 많은 민감한 영향을 미치며 이로 인하여 원고는 물론이고 원고의 가족들은 정서적인 안정 및 수면 등을 제대로 취할 수 없는 상황이 위 볼링장을 개설한 이후로 지금까지 지속되어 오고 있습니다.

다. 위와 같은 사실에 의하면, 야간 및 심야를 주영업 시간대로 하여 원고 임차건물의 아래층에서 계속적, 반복적으로 볼링장영업을 하는 피고로서는, 그보다 먼저 위층을 주거로 사용하고 있는 원고의 안온을 방해하지 아니하도록 소음 및 진동방지시설을 제대로 설치하여야 할 주의의무가 있음에도 불구하고 이를 게을리 한 과실로 그 소음 및 진동이 원고의 주거에 그대로 전달되게 하여 계속적, 반복적으로 원고의 정서적 안정을 해하고 숙면을 방해하는 등 정신적 고통을 가하였는바, 피고의 이러한 행위는 사회통념상 원고가 수인 하여야 할 한도를 넘어선 것으로서 불법행위를 구성한다 할 것이므로, 피고는 이로 인하여 원고가 입은 손해를 배상할 책임이 있다 할 것입니다.

3. 손해배상의 범위

그렇다면 피고는 위에서와 같은 원고의 정신적 고통에 대하여 금전으로나마 위자를 하여야 할 것이며, 그 금액은 위 임차건물의 용도 및 위치, 소음 및 진동배출의 정도, 피침해이익의 성질 및 피해회피가능성, 위 건물이용의 선후관계 등 제반 사정을 종합하여 볼 때 최소한 금 ○○○원은 되어야 할 것입니다.

4. 결론

따라서 원고는 피고로부터 금 ○○○원 및 이에 대한 20○○. ○. ○○.부터 이 사건 소장부본 송달일까지는 민법에서 정한 연 5%의, 그 다음날부터 다 갚는 날까지는 소송촉진등에관한특례법에서 정한 연 12%의 비율에 의한 지연손해금을 지급 받기 위하여 이 사건 청구에 이른 것입니다.

증 명 방 법

1. 갑 제1호증   임대차계약서
1. 갑 제2호증   통고서
1. 갑 제3호증   소음측정결과보고서

첨 부 서 류

1. 위 증명방법   각 1통
1. 소장부본   1통
1. 송달료납부서   1통

20○○. ○. ○.

위 원고   ○○○ (서명 또는 날인)

○○지방법원 귀중

반 소 장

사 건(본소) 20○○가단○○○ 채무부존재확인

피고(반소원고) 1. ◇◇◇ (주민등록번호)

2. ◈◈◈ (주민등록번호)

3. ◇①◇ (주민등록번호)

4. ◇②◇ (주민등록번호)

5. ◇③◇ (주민등록번호)

반소원고 5는 미성년자이므로

법정대리인 친권자 부 ◇◇◇, 모 ◈◈◈

반소원고들 주소

○○ ○○군 ○○면 ○○길 ○○(우편번호)

전화.휴대폰번호:

팩스번호, 전자우편(e-mail)주소:

원고(반소피고) 주식회사 ○○○

○○시 ○○구 ○○길 ○○(우편번호)

대표이사 ◉◉◉

전화.휴대폰번호:

팩스번호, 전자우편(e-mail)주소:

위 사건에 관하여 피고(반소원고)는 다음과 같이 반소를 제기합니다.

손해배상(공)청구의 소

반 소 청 구 취 지

1. 원고(반소피고)는 피고(반소원고) ◇◇◇에게 금 8,082,000원, 같은 ◈◈◈, 같은 ◇①◇, 같은 ◇②◇, 같은 ◇③◇에게 각 금 3,000,000원 및 이에 대한 각 이 사건 소장부본 송달 다음날부

터 이 사건 판결선고일까지는 연 5%의, 그 다음날부터 다 갚는 날까지는 연 15%의 각 비율에 의한 돈을 지급하라.
2. 소송비용은 원고(반소피고)가 부담한다.
3. 위 제1항은 가집행 할 수 있다.
라는 판결을 구합니다.

반 소 청 구 원 인

1. 당사자들의 관계

　원고(반소피고, 다음부터 '원고회사'라고만 함)는 ○○ ○○군 ○○ 면 ○○리 ○○의 ○ 지상 공장에서 소형변압기, 가스경보기 등 을 생산하는 회사로서 소음, 악취 등의 공해물질을 배출하고 있 는 가해자이고, 피고(반소원고, 다음부터 '피고'라고만 함)들은 같 은 면 ○○리 ○○ 지상 주택에 살고 있고, 피고 ◇◇◇는 그곳 에서 메기양식업을 하고 있는 사람으로서 위 공해물질의 배출로 인해 손해를 입고 있는 피해자입니다.

2. 손해배상책임의 발생

　가. 원고회사는 19○○. 6. 13. 공장건축허가를 받아 ○○ ○○군 ○○면 ○○길 ○○-○ 9,474㎡ 대지 위에 공장건물 1개동과 부속시설물을 건립한 뒤 같은 해 12. 22.부터 공장을 가동하기 시작하였습니다. 원고회사의 공장 내에는 소음을 배출하는 시설 로 압축기 9기, 송풍기 3기가 설치되어 있으며, 악취가 배출되는 시설로는 폴리에스테르 수지를 건조하는 기기가 설치되어 있습 니다. 위 공해배출시설 및 기타 원고회사 공장에 설치된 기기 의 가동으로 인해 악취 및 소음이 발생함으로써 원고회사는 피고들에게 통상의 생활을 하기 어려운 환경을 조성하고 있으 며, 피고 ◇◇◇가 양식하고 있는 메기의 성장에 지장을 주는 등의 손해를 끼쳐왔습니다. 그로 인해 피고들은 이미 ○○지 방법원 ○○지원 ○○가합○○○호로 손해배상(공)청구의 소를 제기하였고 19○○. 4. 17. 위와 같은 피해사실이 인정되어 피고들에게 정신적 손해금으로 각 금 2,000,000원을 지급하라 는 판결을 받았습니다.

나. 원고는 ○○군수로부터 여러 차례 시설개선명령을 받은 끝에야 콤프레샤의 소음을 방지하기 위해 콤프레샤가 설치된 건물 벽에 스티로폴을 붙이고, 악취를 방지하기 위하여 공장의 환기구가 피고들 주택방향으로 설치되어 있던 것을 피고들의 주택과는 반대방향으로 하여 환기장치의 관을 40m 정도 늘려서 설치하였으며, 같은 해 10. 8.경 추가로 악취방지를 위해 원고회사의 공장건물 옆에 피고들의 집 쪽으로 철파이프와 천막으로 된 차단막을 설치하였습니다. 그러나 위와 같은 시정조치에도 불구하고 원고회사의 공장에서 배출되는 소음 및 악취의 피고들에 대한 영향은 계속되어 피고들은 19○○. 10. 8. 중앙환경분쟁조정위원회에 재정신청을 하였습니다. 위 재정심판절차에서 19○○. 5. 29. 원고회사의 공장 내에서 철거한 핸드그라인더를 재설치하고 발생가능한 소음을 측정한 결과 65dB(A)로 나타났으며 악취는 두 차례 측정결과 2도로 나타났습니다. 소음오염도는 소음진동규제법 제8조 제1항 같은 법 시행규칙 제6조에서 정한 배출허용기준인 50dB(A)를 초과하고 있으며, 악취도 대기환경보전법 제8조 제1항, 같은 법 시행규칙 제12조가 정하는 배출허용한계인 2도로서 언제든지 그 허용기준을 초과할 가능성이 크다고 할 것입니다. 따라서 피고들은 원고회사의 공장에서 배출되는 소음과 악취로 인하여 정상적인 일상생활을 방해받고 있는바, 이는 피고들에 대한 불법행위가 된다고 할 것이며 원고는 그 불법행위로 피고들이 입은 정신적, 육체적 고통에 대해 금전으로나마 위자할 의무가 있다고 할 것입니다.

다. 또한, 위 재정심판절차에서 조사한 결과에 따르면 피고 ◇◇◇가 운영하는 메기양식장은 국내에서 통상 사용하는 지수식 양어장으로, 양식되고 있는 메기의 성체에서는 질병이나 피부병이 발견되지는 않았으나, 메기의 성장상태로 보아 개체의 성장속도가 매우 느린 것으로 나타났습니다. 그리고 위 재정은 그 이유에서 「소음이 메기에 미치는 영향에 대한 공개된 문헌은 없으나 '소리의 강도에 따라 음파자극에 반응하는 어류의 운용(쉬에히로 등 4인 공저)'이라는 자료에 의하면 전갱이, 복섬, 눈불개복, 은붕장어 등 메기의 생태계와 비슷한 다른 어류들은 60-70dB(A) 정도의 소음에도 민감한 반응을 보인다는 기록이 있고, 일반적으로 메기가 소음, 진동에 민감한 영향을 받는 것으로 전제하면서 원고회사의 공장에서 발생한 소음이 메기 성장에 영향을 주어 성장불량의 피해를 입혔다」고 판단하고 있는바, 원고회사는 피고 ◇◇◇에게 이로 인한 손해를 배상할 책임이 있습니다.

3. 손해배상액

가. 생활방해로 인한 손해액

원고회사는 피고들의 시정요구와 위 소송의 결과에도 불구하고 방음벽 설치 등 보다 근본적인 대책을 강구하지는 아니하였습니다. 소음방지시설로는 차단막, 스치로폴 등을 설치하였고 악취방지시설로는 배출구의 길이를 늘리고 출구의 방향을 변경하였으나 이는 법이 정한 허용기준을 통과하려는 최소한의 편의적인 시설에 불과하고 이와 같은 상태에서는 앞으로도 소음, 악취 등으로 인한 손해가 발생할 가능성이 많다고 할 것입니다. 또한, 가장 소음이 심한 핸드그라인더의 가동은 피고들의 거주지 및 양식장에서 가장 근접한 거리의 작업장에서 그대로 이루어지고 있습니다. 따라서 원고회사는 위 소송의 판결일 다음날인 19○○. 4. 18.부터 위 재정의 결정일인 20○○. 6. 22.경까지 피고들이 입은 정신적, 육체적 고통으로 인한 손해에 대해 피고들에게 위자료로 각 금 3,000,000원을 지급하여야 할 것입니다.

나. 메기의 성장불량으로 인한 손해

(1) 위 재정심판의 조사결과와 그 재정을 기초로 메기의 성장불량으로 인한 손해액을 청구하겠습니다. 메기는 4년 이상 양식하면 60㎝이상 자랄 수 있고 이 사건 양어장의 메기는 20○○. 말 현재 5년간 양식되었음에도 길이 29-40㎝, 체중 200-500g으로 성장상태가 매우 불량하고, 원고회사의 공장에서 발생한 소음이 메기성장에 영향을 주었을 것이라는 전문가의 의견 등을 종합하여 볼 때 성장지연 피해에 대한 개연성이 충분히 인정된다고 할 것입니다. 그리고 소음이 성장지연에 기여한 정도에 대해서도 위 재정 결과를 그대로 따르겠습니다.

(2) 배상액 산정
　　ㄱ) 메기의 치어는 19○○. 5. 22. 입식하였으며 재정신청서
　　　가 접수된 19○○. 10. 8.까지입니다. 피고 ◇◇◇는 최
　　　초 50,000마리의 치어를 입식하였으나 이중 위 조사일시
　　　까지 4만마리만이 살아남았습니다. 통상 치어의 자연사
　　　비율은 10%이나 그에 관계없이 실제 위 일자에 양식하
　　　고 있었던 4만마리를 기준으로 하겠습니다. 그리고 전국
　　　메기양식협회에 의하면 19○○년도 산지거래가격은 kg당
　　　금 3,850원이고 5년산 메기의 평균 무게는 0.6kg, 피해
　　　를 입은 메기의 평균무게는 0.38kg이며 소음피해가 메기
　　　의 성장지연에 미친 기여율은 15%입니다.
　　ㄴ) 배상액 = 양식메기수×{(정상적인 메기의 무게)-(피해를
　　　입은 메기의 무게)}×99년 kg당 산지거래가격×소음피해기
　　　여율(15%)
　* 계산
　　40,000마리×(0.6kg-0.38kg)×3,850원×0.15=금 5,082,000원

4. 결 론
　그렇다면 반소피고(본소원고)는 반소원고(본소피고) ◇◇◇에게 금
8,082,000원, 나머지 반소원고(본소피고)들에게 각 금 3,000,000
원씩 및 이에 대한 각 이 사건 소장부본 송달 다음날부터 이 사
건 판결선고일까지는 민법에서 정한 연 5%의, 그 다음날부터 다
갚는 날까지는 소송촉진등에관한특례법에서 정한 연 15%의 각
비율에 의한 지연손해금을 지급할 의무가 있다고 할 것입니다.

첨 부 서 류

　1. 반소장부본　　　　　　　　　　　　1통
　1. 송달료납부서　　　　　　　　　　　1통

　　　　　　　20○○. ○. ○.

위 반소원고(본소피고) 1. ◇◇◇ (서명 또는 날인)
　　　　　　　　　　 2. ◆◆◆ (서명 또는 날인)
　　　　　　　　　　 3. ◇①◇ (서명 또는 날인)
　　　　　　　　　　 4. ◇②◇ (서명 또는 날인)
　　　　　　　　　　 5. ◇③◇
　　　　　　　　　　 반소원고 5는 미성년자이므로
　　　　　　　　　　 법정대리인 친권자
　　　　　　　　　　 부 ◇◇◇ (서명 또는 날인)
　　　　　　　　　　 모 ◆◆◆ (서명 또는 날인)

○○지방법원 ○○지원 제○민사단독　귀중

(관련판례)

항소심에서의 반소 제기에는 상대방의 동의를 얻어야 함이 원칙이나, 반소청구의 기초를 이루는 실질적인 쟁점에 관하여 제1심에서 본소의 청구원인 또는 방어방법과 관련하여 충분히 심리되어 항소심에서의 반소 제기를 상대방의 동의 없이 허용하더라도 상대방에게 제1심에서의 심급의 이익을 잃게 하거나 소송절차를 현저하게 지연시킬 염려가 없는 경우에는 상대방의 동의 여부와 관계없이 항소심에서의 반소 제기를 허용하여야 할 것임(대법원 1999. 6. 25. 선고 99다6708 판결).

제3절 행정쟁송

1. 행정심판

1-1. 행정심판 개요

행정심판이란 행정청의 위법·부당한 처분이나 부작위로 권리나 이익을 침해받은 국민이 행정기관(행정심판위원회)에 제기하는 권리구제 절차를 말합니다(행정심판법 제1조).

1-2. 행정심판의 대상

① 국민들이 행정청의 위법·부당한 처분이나 부작위로 인하여 피해를 입은 경우에는 행정심판을 제기할 수 있습니다(행정심판법 제3조).

② 행정청이란 행정에 관한 의사를 결정하여 표시하는 국가 또는 지방자치단체의 기관, 그 밖에 법령 또는 자치법규에 따라 행정권한을 가지고 있거나 위탁을 받은 공공단체나 그 기관 또는 사인(私人)을 말합니다(행정심판법 제2조제4호).

③ 처분이란 행정청이 행하는 구체적 사실에 관한 법집행으로서의 공권력의 행사 또는 그 거부, 그 밖에 이에 준하는 행정작용을 말합니다(행정심판법 제2조제1호).

④ 부작위란 행정청이 당사자의 신청에 대하여 상당한 기간 내에 일정한 처분을 하여야 할 법률상 의무가 있는데도 처분을 하지 않는 것을 말합니다(행정심판법 제2조제2호).

1-3. 행정심판의 종류

① 행정심판은 심판의 대상과 청구의 내용에 따라 3가지로 분류됩니다(행정심판법 제5조).

  1) 취소심판: 행정청의 위법 또는 부당한 처분을 취소하거나 변경하는 행정심판

  2) 무효등확인심판: 행정청의 처분의 효력 유무 또는 존재 여부를 확인하는 행정심판

3) 의무이행심판: 당사자의 신청에 대한 행정청의 위법 또는 부당한 거부처분이나 부작위에 대하여 일정한 처분을 하도록하는 행정심판

② 위 세 가지의 심판 중 취소심판이 행정심판에서 가장 대표적이고 많이 청구되는 유형입니다. 취소심판과 거부처분에 대한 의무이행심판은 심판 청구기간의 제한이 있으며, 무효등확인심판과 부작위에 대한 의무이행심판은 심판청구기간의 제한이 없습니다(행정심판법 제27조).

1-4. 행정심판위원회의 심리관할

① 국무총리소속하(국민권익위원회)에 설치된 중앙행정심판위원회와 16개 특별시장·광역시장·도지사 소속하에 설치된 시·도 행정심판위원회가 대표적인 행정심판위원회이며, 그 외에 입법부 및 사법부 등에도 행정심판위원회가 운영되고 있습니다.

② 중앙행정심판위원회

중앙행정기관(각 부·처·청 등), 특별시·광역시·도, 중앙행정기관 소속 특별지방행정기관(지방경찰청, 지방병무청, 지방식품의약품안전청, 지방환경청, 지방노동청 등)의 처분 또는 부작위에 대한 심판청구사건을 심리·의결합니다.

③ 시·도 행정심판위원회

시, 군, 구의 처분 또는 부작위에 대한 심판청구사건을 심리·의결합니다.

1-5. 행정심판의 절차

행정심판의 청구서 제출

행정심판청구서를 작성하여 2부를 처분청(처분을 한 행정기관)이나 행정심판위원회에 제출하시면 됩니다(「행정심판법」 제23조제1항). 행정심판청구서는 중앙행정심판위원회 사이트의 행정심판 관련서식란에서 다운받아 작성하시거나, 처분청이나 행정심판위원회의 민원실에서 교부받아 작성하시면 됩니다. 작성된 행정심판청구서는 1부를 복사하여 처분청이나 행정심판위원회로 방문 또는 우편으로 제출하시면 됩니다.

※ 취소심판과 거부처분에 대한 의무이행심판은 처분이 있음을 안 날부터 90일 이내 또는 처분이 있었던 날부터 180일 이내에 제기하여야 하며, 정당한 사유 없이 위의 기간 중 하나라도 경과하여 행정심판을 청구하면 부적법한 청구가 됩니다. 단, 처분청이 심판청구기간을 알리지 않은 경우에는 처분이 있었던 날부터 180일 이내에 청구할 수 있습니다(「행정심판법」 제27조).

↓

답변서 제출

청구인의 행정심판청구가 있으면 행정심판의 상대방인 처분청은 청구인의 청구에 대한 반박인 답변서를 심판청구서를 받은 날부터 10일 이내에 작성하여 심판청구서와 함께 위원회에 제출합니다. 행정심판위원회는 피청구인의 답변서를 청구인에게 송달하여 청구인이 처분청의 주장을 알 수 있도록 합니다. 온라인으로 행정심판을 청구하시면 중앙행정심판위원회 웹사이트에서 온라인상으로 답변서를 열람하실 수 있습니다.

↓

사건 회부

처분청은 제출된 청구인의 청구서와 답변서를 지체 없이 행정심판위원회에 회부하여 행정심판위원회가 심판청구사건을 신속히 심리할 수 있도록 합니다.

↓

심리
행정심판위원회는 처분청으로부터 회부된 사건에 대하여 청구인과 피청구인의 주장을 충분히 검토한 후, 심리기일을 정하여 행정처분의 위법·부당 여부를 판단하는 심리를 합니다. 심리가 이루어지면 행정심판위원회는 심리결과를 처분청 및 청구인에게 송부합니다.

↓

재결
행정심판위원회의 재결은 행정심판청구사건에 대한 판단을 대외적으로 청구인과 피청구인에게 알리는 것으로, 재결서는 청구인과 피청구인에게 송달됩니다. 행정심판의 효력은 재결서가 송달되어야 발생합니다(「행정심판법」 48조).

1-6. 재결의 구분

① 위원회는 취소심판의 청구가 이유가 있다고 인정하면 처분을 취소 또는 다른 처분으로 변경하거나 처분을 다른 처분으로 변경할 것을 피청구인에게 명합니다(행정심판법 제43조제3항).

② 위원회는 무효등확인심판의 청구가 이유가 있다고 인정하면 처분의 효력 유무 또는 처분의 존재 여부를 확인합니다(행정심판법 제43조제4항).

③ 위원회는 의무이행심판의 청구가 이유가 있다고 인정하면 지체 없이 신청에 따른 처분을 하거나 처분을 할 것을 피청구인에게 명합니다(행정심판법 제43조제5항).

1-7. 행정심판 사례

1-7-1. 하수종말처리시설 설치변경인가처분 취소심판

(중앙행정심판위원회 재결 200005317, 2000. 9. 18.)

※ 하수종말처리시설이 이전되어 설치된 지역 주민들이 오염물질에 따른 생활환경이익 침해를 이유로 처리시설변경인가처분 취소심판청구를 한 사안에서 청구인들의 법률상 이익(청구인 적격)은 인정했지만 인가처분이 관련법규정에

따라 적법하게 행해졌다는 이유로 기각한 사례

피청구인은 이 건 처분의 당사자가 OO시장과 피청구인이고, 청구인들이 이 건 처분으로 인하여 받는 이익은 간접적·사실적·경제적 이익에 불과하므로 청구인들이 이 건 처분의 취소를 구할 법률상 이익이 없다고 주장하나, 「대한민국 헌법」상의 환경권은 「환경정책기본법」, 「자연환경보전법」 등의 법률에 의하여 구체화되어 있고, 이러한 환경권보장을 위하여 국가 등 공권력주체에 대하여 「대한민국 헌법」 제35조제1항 및 「환경정책기본법」 제4조 등에서 환경보전을 위하여 노력하여야 할 책무를 아울러 부여하고 있으며, 하수도법 제5조의2에서 시장 또는 군수는 사람의 건강을 보호함에 필요한 공중위생 및 생활환경의 개선과 「환경정책기본법」에서 정한 수질환경기준을 유지하기 위하여 관할 구역내의 하수의 유역별로 하수도의 정비에 관한 종합적인 기본계획을 수립하여야 한다고 규정하고 있는데, 청구인들은 이 건 관련 하수종말처리시설이 위치한 오비리지역에 거주하고 있는 자들로서, 이 건 시설이 설치될 경우 오염물질에 의하여 공중위생 및 생활환경이 악화되어 건강하고 쾌적한 환경을 향유할 청구인들의 권리가 침해될 가능성을 배제할 수 없어, 청구인들이 누리는 환경권은 이 건 처분의 근거 법령인 「하수도법」 등에 의하여 보호되는 이익이라 할 것이므로 청구인들이 이 건 처분의 취소를 구할 법률상 이익을 가지지 않는다는 피청구인의 주장은 이유없다 할 것이다.

1-7-2. 일반폐기물처리시설 설치승인 무효확인심판

(중앙행정심판위원회 재결 200003956, 2000. 10. 23.)

※ 쓰레기소각시설 설치승인처분에 대해 개발예정지구 지역주민들이 환경상 이익을 침해받을 수 있다며 무효확인심판을 청구한 사안에서 청구인들의 행정처분 무효를 확인할 법률상 이익은 인정하였으나 다수의 광주광역시 시민의 법적 생활의 안정성이 더 보호되어야 한다는 이유로 청구를 기각한 사례

청구인들은 이 건 시설이 위치한 광주상무택지지구 내에 아파트(이 건 시설부지 경계선으로부터 200m에서 반경 1km 내에 위치)에 거주하고 있는 자들로서, 이 건 시설이 정상 가동될 경우 오염물질에 의하여 건강하고 쾌적한 환경을 향유할 청구인들의 권리가 침해될 가능성을 배제할 수 없고, 이들이 누리는 환경권은 이 건 처분의 근거 법령인 구 「폐기물처리시설 설치촉진 및 주변지역지원 등에 관한 법률」 및 법 등에 의

하여 직접적·구체적으로 보호되는 이익이라 할 것이므로 청구인들은 이 건 처분의 무효를 확인할 법률상 이익을 가진 자들이라 할 것이다.

[법령해석례]

■ 위법건축물로 인하여 일조권침해 등의 피해를 입은 자가 준공허가취소청구를 할 청구인적격이 있는지 여부

(질의)

위법건축물로 인하여 일조권침해, 주택가격의 하락 등으로 재산상의 피해를 입은 자가 위법건축물의 준공허가를 한 행정기관을 상대로 준공허가취소심판청구를 하고자 할 경우 행정심판법 제9조제1항의 법률상 이익이 있는 자에 해당되어 당사자적격이 있는지 여부

(회답)

행정심판법 제9조제1항의 규정에 의하면 '취소심판청구는 처분의 취소 또는 변경을 구할 법률상 이익이 있는 자가 제기할 수 있다. 처분의 효과가 기간의 경과, 처분의 집행 그 밖의 사유로 인하여 소멸된 뒤에도 그 처분의 취소로 인하여 회복되는 법률상 이익이 있는 자의 경우에는 또한 같다'라고 하여 취소심판은 해당 처분의 상대방인지의 여부와는 관계없이 구체적인 처분의 취소나 변경을 구할 법률상의 이익이 있는 자는 본안재결을 구할 수 있도록 청구인적격을 인정하고 있습니다. 여기서 '법률상 이익'이라 함은 당해 처분의 근거가 되는 법규에 의하여 보호되는 직접적이고 구체적인 이익을 말하고, 단지 간접적이거나 사실적·경제적 이해관계를 가지는 데 불과한 경우에는 여기에 포함되지 아니한다(대법원 판례 93. 7. 27. 93누 8139)고 볼 것인 바, 구체적인 경우에 있어서 법률상 이익이 있는가는 해당 법령에서 구체적으로 보호하고 있는 이익인가의 여부를 살펴보아야 할 것입니다. 따라서, 귀하의 경우 청구인적격과 관련하여 건축법 제53조의 규정을 살펴보면 '공동주택과 전용주거지역 및 일반주거지역 안에서 건축하는 건축물의 높이는 일조 등의 확보를 위하여 필요한 경우에는 대통령령이 정하는 바에 의하여 그 건축물로부터 동일대지인의 다른 건축물까지의 거리와 인근대지경계선까지의 거리에 따라 시·군·구의 조례

로 정하는 높이를 초과할 수 없다'라고 되어 있는 바, 인접건축물이 이러한 높이를 초과하여 건축함으로써 귀하의 일조권을 침해하였다면 해당 건축물에 대하여 사용승인을 한 행정청을 상대로 행정심판을 청구할 수 있다고 할 것입니다(행심 61240-312).

[행정심판례1]

사건번호 200005317, 하수종말처리시설 설치변경인가처분 취소심판

1. 「헌법」상의 환경권은 「환경정책기본법」, 「자연환경보전법」 등의 법률에 의하여 구체화되어 있고, 이러한 환경권 보장을 위하여 국가 등 공권력주체에 대하여 「헌법」 제35조제1항 및 「환경정책기본법」 제4조 등에서 환경보전을 위하여 노력하여야 할 책무를 아울러 부여하고 있다.

2. 청구인들은 이 건 관련 하수종말처리시설이 위치한 오비리 지역에 거주하고 있는 자들로서, 이 건 시설이 설치될 경우 오염물질에 의하여 공중위생 및 생활환경이 악화되어 건강하고 쾌적한 환경을 향유할 청구인들의 권리가 침해될 가능성을 배제할 수 없어, 청구인들이 누리는 환경권은 이 건 처분의 근거 법령인 하수도법 등에 의하여 보호되는 이익이라 할 것이다.

3. 거제시장은 이 건 처분을 함에 있어 1997년 7월 다나까지구에 15,000톤/일 규모의 하수종말처리장을 설치하는 것을 계획하고 피청구인으로부터 설치인가를 받은 후, 그 위치를 변경하고자 1999. 12. 31. 피청구인에게 변경인가신청을 하여 2000. 2. 15. 변경인가를 득하였고, 피청구인은 이 건 변경인가처분을 2000. 2. 19.자 환경부고시 제2000-45호에 게시하였으며, 거제시장은 이를 거제시 공보 제112호에 게시하였으므로 이 건 처분은 관련법규정에 따라 행하여진 것으로 위법·부당하다 할 수 없을 것이다.

[행정심판례2]

사건번호 200003956, 일반폐기물처리시설 설치승인 무효확인심판

1. 청구인들은 이 건 시설이 위치한 광주상무택지지구 내에 아파트(이 건 시설부지 경계선으로부터 200m에서 반경 1㎞ 내에 위치)에 거주하고

있는 자들로서, 이 건 시설이 정상 가동될 경우 오염물질에 의하여 건강하고 쾌적한 환경을 향유할 청구인들의 권리가 침해될 가능성을 배제할 수 없고, 이들이 누리는 환경권은 이 건 처분의 근거 법령인 구 폐촉법 등에 의하여 직접적·구체적으로 보호되는 이익이라 할 것이므로 청구인들은 이 건 처분의 무효를 확인할 법률상 이익을 가진 자들이라 할 것이다.

2. 참가인은 이 건 시설의 설치계획을 수립하여 환경부장관으로부터 승인을 얻어야 함에도 불구하고, 피청구인이 구 폐촉법 부칙 제2항의 조항을 잘못 해석하여 이 건 시설을 설치중인 시설로 보아 폐기물관리법 제30조제2항에 의하여 참가인에게 한 이 건 처분은 관계법령을 잘못 적용한 것으로서 위법·부당하다고 할 것이다.

3. 무효의 요건으로서 흠의 중대성과 명백성의 두 가지 요건을 요구하는 것은 한편으로 국민의 권리구제의 요청과 다른 한편으로 행정법질서의 안정의 요청을 조정하기 위하여서도 필요하다고 할 것인 바, 따라서 행정처분이 당연 무효라고 하기 위하여서는 그 처분에 위법사유가 있다는 것만으로는 부족하고, 그 흠이 중요한 법규에 위반한 것이고 객관적으로 명백한 것이어야 하며, 흠이 중대하고도 명백한 것인가의 여부를 판별함에 있어서는 그 법규의 목적·의미·기능 등을 목적론적으로 고찰함과 동시에 구체적 사안 자체의 특수성에 관하여도 합리적으로 고찰함을 요구한다.

4. 구 폐촉법은 폐기물처리시설의 부지 확보의 촉진과 그 주변지역주민에 대한 지원을 통하여 폐기물처리시설의 설치를 원활히 하고 주변지역주민의 복지를 증진함으로써 환경보전 및 국민생활의 질적 향상에 이바지함을 목적으로 하는 바, 이 법의 가장 중요한 목적은 폐기물처리시설의 부지 확보와 그 주변지역주민에 대한 지원에 있다고 할 것이다.

5. 폐기물처리시설의 설치절차가 진행 중이던 이 건 시설은 구 폐촉법 시행 당시(1995. 7. 6.) 설치 중인 폐기물처리시설로 볼 수 있을 여지가 있다고 할 것이며, 이 건 시설의 설치에 대하여 알았거나 알 수 있었을 상태에서 입주한 청구인들의 권리 구제보다는 날로 심각해지는 쓰레기매립시설부지 확보난 해소와 침출수 등으로 인한 환경오염의 방지를 위하여 폐기물관리법에 의하여 이 건 처분을 받아 이 건 시설을 준공한 참가인과 다수의 광주광역시 시민의 법적 생활의 안정성이 더 보호되어야 할 것이므로 이 건 처분의 흠은 취소사유가 될지언정 그 흠이 중대·명백하여 무효라고는 할 수 없다 할 것이다.

2. 행정소송

2-1. 행정소송 개요

① 행정소송이란 행정청의 위법한 처분이나 부작위, 행정심판 재결로 인해 권리나 이익을 침해받은 국민이 법원에 제기하는 권리구제 절차를 말합니다(행정소송법 제1조).

② 행정소송은 공법상의 권리관계 또는 법적용에 관한 분쟁을 해결하는 재판절차로서, 사법상의 법률관계에 관한 다툼을 해결하는 민사소송과 구별되고 재판기관인 법원에 의한 재판이라는 점에서 행정기관이 하는 행정심판과 구별됩니다.

2-2. 행정소송과 민사소송과의 관계

① 행정소송은 국가나 공공단체가 당사자의 일방 또는 쌍방인 법률관계를 대상으로 하고, 민사소송은 사법상의 법률관계를 그 대상으로 한다는 점에서 구분됩니다.

② 예를 들어, 국가나 지방자치단체에서 운영하는 배출시설로 인해서 환경오염 피해를 입게 되었다면 행정소송을 제기할 수 있지만, 개인이 운영하는 시설로 인해 환경오염 피해를 입었다면 개인을 상대로 민사소송을 제기해야 할 것입니다.

2-3. 행정심판과 행정소송의 관계

① 행정심판은 처분을 행한 행정청에 대해 이의를 제기하여 처분청의 상급기관으로 하여금 다시 한 번 심리하도록 하여 법원의 간섭 없이 행정청 스스로 행정의 능률성과 동일성을 확보하기 위하여 행정청에 마련된 제도이며, 이에 반하여 행정소송은 행정청의 위법한 처분, 그 밖의 공권력의 행사, 불행사 등으로 인한 국민의 권리 또는 이익의 침해를 구제하고 공법상의 권리관계 또는 법적용에 관한 분쟁해결을 도모하는 법원의 재판절차입니다.

② 취소소송은 법령에 따라 해당 처분에 대해 행정심판을 제기할 수 있는

경우에도 이를 거치지 않고 제기할 수 있습니다. 다만, 다른 법률에 해당 처분에 대한 행정심판의 재결을 거치지 않으면 취소소송을 제기할 수 없다는 규정이 있는 경우에는 그렇지 않습니다(행정소송법 제18조제1항).

2-4. 행정소송(항고소송)의 대상

① 항고소송이란 행정청의 처분 등이나 부작위에 대하여 제기하는 소송을 말합니다(행정소송법 제3조제1호).
② 처분 등이란, 행정청이 행하는 구체적 사실에 관한 법집행으로서의 공권력의 행사 또는 그 거부와 그 밖에 이에 준하는 행정작용 및 행정심판에 대한 재결을 말합니다(행정소송법 제2조제1항제1호).
③ 부작위란 행정청이 당사자의 신청에 대하여 상당한 기간 내에 일정한 처분을 하여야 할 법률상 의무가 있음에도 불구하고 이를 하지 않는 것을 말합니다(행정소송법 제2조제1항제2호).

2-5. 행정소송(항고소송)의 종류
2-5-1. 취소소송

① 취소소송은 행정청의 위법한 처분 등을 취소 또는 변경하는 소송입니다(행정소송법 제4조제1호).
② 환경소송에 있어서는 행정청이 건설허가 등을 통해 환경피해를 주는 시설이나 공장을 건설할 수 있도록 함으로써 피해 발생에 대한 원인을 제공한 경우 피해 발생의 원인으로 작용한 행정처분의 하자에 근거해서 해당 처분의 취소를 구함으로써 환경침해의 원인을 제거할 수 있습니다.
③ 취소소송은 처분 등이 있음을 안 날부터 90일 이내에, 처분 등이 있은 날부터 1년 이내에 제기해야 합니다(행정소송법 제20조).
④ 피고는 다른 법률에 특별한 규정이 없는 한 처분 등을 행한 행정청이 됩니다(행정소송법 제13조제1항).

2-5-2. 무효등확인소송

① 무효등확인소송은 행정청의 처분 등의 효력 유무 또는 존재 여부를 확인하는 소송입니다(행정소송법 제4조제2호).

② 행정청의 처분 등으로 환경침해를 입은 자는 행정처분의 위법성이 중대하고 명백하여 행정처분의 효력이 처음부터 완전히 부인될 정도인 경우 무효등확인소송을 제기할 수 있습니다.

2-5-3. 부작위위법확인소송

① 부작위위법확인소송이란 행정청의 부작위가 위법하다는 것을 확인하는 소송입니다(행정소송법 제4조제3호).

② 행정청이 당사자의 신청에 대해 상당한 기간 내에 신청을 인용하는 적극적 처분 또는 각하하거나 기각하는 등의 소극적 처분을 해야 할 법률상의 의무가 있음에도 불구하고 이를 하지 않는 경우, 부작위가 위법하다는 것을 확인함으로써 행정청의 응답을 신속하게 하여 부작위 또는 무응답이라는 소극적 위법상태를 제거함을 목적으로 하는 소송입니다.

③ 부작위위법확인소송은 행정청이 아무런 응답(인용하든 거부하든)을 하지 않는 것이 위법하다는 확인을 구하는 것일 뿐, 원고의 신청을 인용하지 않는 것이 위법하다는 확인을 구하는 것이 아닙니다.

■ 취소소송기각판결이 확정된 후 해당처분의 무효를 주장하여 행정 소송을 제기할 수 있나요?

Q 취소소송기각판결이 확정된 후 해당처분의 무효를 주장하 여 행정소송을 제기할 수 있나요?

A 취소소송이 확정되면 후에 무효확인소송을 제기하는 것은 판결의 효력(기판력)에 저촉됩니다. 판례는 취소소송의 소송물을 위법성 일 반으로 보는 이상 취소소송 기각판결의 기판력은 무효확인소송에 도 미친다고 봅니다(대법원 1992. 12. 8.선고 92누6891판결, 1993. 4. 27. 선고 92누9777 판결).

2-6. 행정소송의 관할

① 행정소송은 원칙적으로 피고의 소재지를 관할하는 행정법원에 제기할 수 있으며, 토지수용, 그 밖에 부동산 또는 특정의 장소에 관계되는 처분 등에 대한 취소소송은 그 부동산 또는 장소의 소재지를 관할하는 행정 법원에도 제기할 수 있습니다.

② 행정법원이 설치되지 않은 지역에 있어서의 행정법원의 권한에 속하는 사건은 행정법원이 설치될 때까지 해당 지방법원본원이 관할합니다(행정 소송법 제9조제1항 및 제3항).

③ 다음에 해당하는 피고에 대하여 취소소송을 제기하는 경우에는 대법원소 재지를 관할하는 행정법원에 제기할 수 있습니다(행정소송법 제9조제2항).

  1) 중앙행정기관, 중앙행정기관의 부속기관과 합의제행정기관 또는 그 장

  2) 국가의 사무를 위임 또는 위탁받은 공공단체 또는 그 장

④ 원고는 피고인 행정청이 속하는 국가 또는 공공단체를 상대로 손해배상, 제해시설의 설치 그 밖에 적당한 구제방법의 청구를 해당 취소소송 등이 계속된 법원에 병합하여 제기할 수 있습니다(행정소송법 제28조제3항).

2-7. 행정소송의 절차

소장접수

법원에 소를 제기하려면 우선 소장을 작성하여 제출해야 합니다. 소장의 양식은 각급법원 민원실에 유형별로 견본을 작성하여 비치해 두고 있습니다.
소장의 기재사항, 첨부서류, 송달료 등에 관한 자세한 사항은 서울행정법원 사이트의 <행정소송안내-소장 작성>에서 확인할 수 있습니다.

↓

답변서 제출

피고가 원고의 청구를 다투는 때에는 소장 부본을 송달받은 날로부터 30일 안에 답변서를 제출하여야 합니다.
소장 부본과 함께 동봉되어 온 절차안내서가 있을 경우 답변서 제출기간, 기재사항, 첨부서류 등의 사항에 관하여 안내서를 참조하면 됩니다.

↓

변론준비기일(쟁점정리기일)

쟁점정리를 위한 준비기일에는 통상 소장, 답변서, 준비서면 진술, 쟁점정리, 출석한 당사자 본인 진술 청취, 입증계획을 수립하는 등의 절차가 이루어집니다.
원고가 청구의 근거로 삼고 있는 사실관계와 피고가 항변하는 사실관계를 정리하고, 쌍방이 주장하는 사실관계 중에서 서로 다툼이 없는 부분과 다툼이 있는 부분을 구분하며, 다툼이 있는 사실 가운데 증인신문 등에 의한 입증이 필요한 사항을 정리하는 등의 절차가 진행됩니다.
변론준비기일에는 쌍방의 주장과 함께 증거관계도 정리하게 되는데, 먼저 변론준비기일 이전에 있었던 증거신청 중에서 아직 채택 여부를 결정하지 않았거나, 변론준비기일에 추가로 제기된 증거신청에 대하여 채택 여부를 결정하게 됩니다.

↓

변론기일(집중증거조사)

변론준비기일을 통해 주장과 증거관계의 정리가 완료되면 집중증거조사를 위한 변론기일이 지정되게 됩니다.

집중증거조사기일의 지정은 사건번호와 관계없이 주장과 증거관계의 정리가 완료된 순서대로 지정하게 됩니다.

사건의 성질상 신속한 처리가 요청되는 경우, 법리문제만 쟁점이 되어 변론준비절차에 부칠 필요가 없는 경우 등에는 답변서 제출 후에 바로 변론기일이 지정되기도 합니다.

변론준비기일을 거치지 않았던 사건의 경우에는 주장의 진술, 증거신청, 증거조사 등의 모든 과정이 변론기일에 이루어지게 됩니다.

↓

변론 종결

재판장은 주장의 진술, 증거신청, 증거조사 등의 모든 과정이 종결되고 나면 변론을 종결하고 선고기일을 지정합니다.

변론종결 이후에는 당사자가 준비서면을 제출하거나 서류에 번호를 매겨 제출하더라도 이는 변론에 현출되지 않은 것이기 때문에 재판결과에 반영되지 못합니다. 따라서 그러한 자료를 재판결과에 반영시키기 위해서는 변론 재개를 신청하여 변론기일에 진술, 제출하여야 합니다.

↓

판결 선고

판결은 재판장이 판결원본에 따라 주문을 읽는 방식으로 선고하고, 필요한 때에는 이유를 간략히 설명할 수 있습니다.

판결은 당사자가 출석하지 않아도 선고할 수 있고, 선고에 의해 판결의 효력이 발생합니다.

법원은 판결이 선고된 후 그 정본을 당사자에게 송달하는데, 판결에 불복이 있는 당사자는 판결서가 송달된 날부터 2주 이내에 항소장을 1심 법원에 제출하는 방식으로 항소할 수 있습니다.

2-8. 취소소송 사례

2-8-1. 폐기물처리시설 입지결정 및 고시처분에 대한 취소청구

(대법원 2005. 5. 12. 선고 2004두14229)

※ 1일 처리능력이 100t 이상인 폐기물처리시설을 설치하기 위한 폐기물처리시설 설치계획 입지결정 · 고시처분의 효력을 다투는 소송에 있어서 인근 주민들의 원고적격을 인정한 사례

> 행정처분의 직접 상대방이 아닌 제3자라 하더라도 해당 행정처분으로 인하여 법률상 보호되는 이익을 침해당한 경우에는 취소소송을 제기하여 그 당부의 판단을 받을 자격이 있다 할 것이고, 여기에서 말하는 법률상 보호되는 이익이라 함은 당해 처분의 근거 법규 및 관련 법규에 의하여 보호되는 개별적·직접적·구체적 이익이 있는 경우를 말하는데, 환경·교통·재해등에관한영향평가법(이하 '환경영향평가법'이라 한다), 같은법시행령, 구 「폐기물처리시설설치촉진및주변지역지원등에관한법률」(2004. 2. 9. 법률 제7169호로 개정되기 전의 것, 이하 '폐촉법'이라 한다), 같은법 시행령의 각 관련 규정에 의하면, 폐기물처리시설 설치기관이 1일 처리능력이 100t 이상인 폐기물처리시설을 설치하는 경우에는 폐촉법에 따른 환경상 영향조사 대상에 해당할 뿐만 아니라 「환경영향평가법」에 따른 환경영향평가 대상사업에도 해당하므로 폐촉법령뿐만 아니라 환경영향평가법령도 위와 같은 폐기물처리시설을 설치하기 위한 폐기물소각시설 설치계획 입지결정·고시처분의 근거 법령이 된다고 할 것이고, 따라서 위 폐기물처리시설설치계획입지가 결정·고시된 지역 인근에 거주하는 주민들에게 위 처분의 근거 법규인 「환경영향평가법」 또는 폐촉법에 의하여 보호되는 법률상 이익이 있으면 위 처분의 효력을 다툴 수 있는 원고적격이 있다.

2-8-2. 행정처분의 직접 상대방이 아닌 자로서 그 처분에 의하여 환경상 침해를 받으리라고 예상되는 영향권 범위 내의 주민 및 그 영향권 밖의 주민이 처분의 취소를 구할 원고적격을 인정받기 위한 요건(대법원 2006. 12. 22. 선고 2006두14001)

※ 환경정책기본법령상 사전환경성검토협의 대상지역 내에 포함될 개연성이 충분하다고 보이는 주민들에게 그 협의대상에 해당하는 창업사업계획승인처분과 공장설립승인처분의 취소를 구할 원고적격이 인정된다고 한 사례

행정처분의 직접 상대방이 아닌 자로서 그 처분에 의하여 자신의 환경상 이익이 침해받거나 침해받을 우려가 있다는 이유로 취소소송을 제기하는 제3자는, 자신의 환경상 이익이 그 처분의 근거 법규 또는 관련 법규에 의하여 개별적·직접적·구체적으로 보호되는 이익, 즉 법률상 보호되는 이익임을 입증하여야 원고적격이 인정되고, 다만 그 행정처분의 근거 법규 또는 관련 법규에 그 처분으로써 이루어지는 행위 등 사업으로 인하여 환경상 침해를 받으리라고 예상되는 영향권의 범위가 구체적으로 규정되어 있는 경우에는, 그 영향권 내의 주민들에 대하여는 당해 처분으로 인하여 직접적이고 중대한 환경피해를 입으리라고 예상할 수 있고, 이와 같은 환경상의 이익은 주민 개개인에 대하여 개별적으로 보호되는 직접적·구체적 이익으로서 그들에 대하여는 특단의 사정이 없는 한 환경상 이익에 대한 침해 또는 침해 우려가 있는 것으로 사실상 추정되어 법률상 보호되는 이익으로 인정됨으로써 원고적격이 인정되며, 그 영향권 밖의 주민들은 당해 처분으로 인하여 그 처분 전과 비교하여 수인한도를 넘는 환경피해를 받거나 받을 우려가 있다는 자신의 환경상 이익에 대한 침해 또는 침해 우려가 있음을 증명하여야만 법률상 보호되는 이익으로 인정되어 원고적격이 인정된다.

2-8-3. 온천조성사업시행 허가처분 취소청구(대법원 2001. 7. 27. 선고 99두8589)

※ 온천의 오수처리시설이 설치되더라도 효능이 불확실하여 인근 주민들의 식수 등도 오염되어 주민들의 환경이익 등이 침해되거나 침해될 우려가 있으므로 관광지조성사업시행 허가처분은 위법하다고 본 사례

관광지조성사업시행 허가처분에 오수처리시설의 설치 등을 조건으로 하였으나 그 시설이 설치되더라도 효능이 불확실하여 오수가 확실하게 정화 처리될 수 없어 인접 하천 등의 수질이 오염됨으로써 인근 주민들의 식수 등도 오염되어 주민들의 환경이익 등이 침해되거나 침해될 우려가 있고, 그 환경이익의 침해는 관광지의 개발 전과 비교하여 사회통념상 수인한도를 넘는다고 보이며, 주민들의 환경상의 이익은 관광지조성사업시행 허가처분으로 인하여 사업자나 행락객들이 가지는 영업상의 이익 또는 여가생활향유라는 이익보다 훨씬 우월하다는 이유로, 그 환경적 위해 발생을 고려하지 않은 관광지조성사업시행 허가처분은 사실오인 등에 기초하여 재량권을 일탈·남용한 것으로서 위법하다.

2-9. 무효등확인소송 사례

2-9-1. 새만금간척종합개발사업을 위한 공유수면매립면허 및 사업시행인가처분에 대한 무효확인 청구(대법원 2006. 3. 16. 선고 2006두330)

※ 새만금간척종합개발사업을 위한 공유수면매립면허처분 및 농지개량사업 시행인가처분의 하자인 사업의 경제성 결여, 사업의 필요성 결여, 적법한 환경영향평가의 결여, 담수호의 수질기준 및 사업목적 달성 불능 등의 사유가 새만금간척종합개발사업을 당연무효라고 할 만큼 중대·명백하다고 할 수 없다고 한 원심의 판단을 수긍한 사례

공공사업의 경제성 내지 사업성의 결여로 인하여 행정처분이 무효로 되기 위하여는 공공사업을 시행함으로 인하여 얻는 이익에 비하여 공공사업에 소요되는 비용이 훨씬 커서 이익과 비용이 현저하게 균형을 잃음으로써 사회통념에 비추어 행정처분으로 달성하고자 하는 사업목적을 실질적으로 실현할 수 없는 정도에 이르렀다고 볼 정도로 과다한 비용과 희생이 요구되는 등 그 하자가 중대하여야 할 뿐만 아니라, 그러한 사정이 객관적으로 명백한 경우라야 한다. 그리고 위와 같은 공공사업에 경제성 내지 사업성이 있는지 여부는 공공사업이 그 시행 당시 적용되는 법률의 요건을 모두 충족하고 있는지 여부에 따라 판단되어야 함은 물론, 경제성 내지 사업성 평가와 관련하여서는 그 평가 당시의 모든 관련 법률의 목적과 의미, 내용 그리고 학문적 성과가 반영된 평가기법에 따라 가장 객관적이고 공정한 방법을 사용하여 평가되었는지 여부에 따라 판단되어야 한다.
환경영향평가법령에서 정한 환경영향평가를 거쳐야 할 대상사업에 대하여 그러한 환경영향평가를 거치지 아니하였음에도 승인 등 처분을 하였다면 그 처분은 위법하다 할 것이나, 그러한 절차를 거쳤다면, 비록 그 환경영향평가의 내용이 다소 부실하다 하더라도, 그 부실의 정도가 환경영향평가제도를 둔 입법 취지를 달성할 수 없을 정도이어서 환경영향평가를 하지 아니한 것과 다를 바 없는 정도의 것이 아닌 이상, 그 부실은 당해 승인 등 처분에 재량권 일탈·남용의 위법이 있는지 여부를 판단하는 하나의 요소로 됨에 그칠 뿐, 그 부실로 인하여 당연히 당해 승인 등 처분이 위법하게 되는 것이 아니다.

2-9-2. 폐기물처리시설 설치계획결정 무효확인 및 취소 청구(대구고

등법원 2001. 9. 7. 선고 2001누343)

※ 폐기물처리시설의 입지선정위원회가 주민의 의견이 반영된 전문연구기관의 재
조사결과에 관하여 새로이 공람·공고 절차를 거치지 않고 입지를 선정한
경우, 그 입지선정처분에 대한 무효확인 및 취소 청구를 기각한 사례

「행정소송법」제12조 전문은 취소소송은 처분 등의 취소를 구할 법률
상의 이익이 있는 자가 제기할 수 있다고 규정하고 있고, 같은 법 제
35조는 무효등확인소송은 처분 등의 효력 유무 또는 존재 여부의 확인
을 구할 법률상 이익이 있는 자가 제기할 수 있다고 규정하고 있으므
로, 행정처분의 직접 상대방이 아닌 제3자라도 당해 처분으로 인하여
권리 또는 법률상의 이익을 침해받게 되는 경우에는 그 처분의 취소나
무효확인을 구할 수 있다.

하자 있는 행정처분이 무효가 되기 위해서는 그 하자가 법규의 중요한
부분을 위반한 중대한 것으로서 객관적으로 명백한 것이어야 하고, 하
자가 중대하고 명백한 것인지 여부를 판별함에 있어서는 그 법규의 목
적, 의미, 기능 등을 목적론적으로 고찰함과 동시에 구체적 사안 자체
의 특수성에 관하여도 합리적으로 고찰함을 요한다고 할 것인바, 앞서
본 바와 같이 제2차 입지타당성조사결과의 개요에 대한 공람·공고가
누락된 것은 객관적으로 명백하기는 하나 이 사건 처분을 당연 무효로
할 만큼 중대하다고는 볼 수 없으므로, 이 사건 처분의 무효확인을 구
하는 원고들의 주위적 청구는 이유 없다고 할 것이다.

(관련판례)

행정처분의 직접 상대방이 아닌 제3자라 하더라도 당해 행정처분으로 인하여
법률상 보호되는 이익을 침해당한 경우에는 그 처분의 무효확인을 구하는 행
정소송을 제기하여 그 당부의 판단을 받을 자격이 있다 할 것이며, 여기에서
말하는 법률상 보호되는 이익이라 함은 당해 처분의 근거 법규 및 관련 법규
에 의하여 보호되는 개별적·직접적·구체적 이익이 있는 경우를 말하고, 공익보
호의 결과로 국민 일반이 공통적으로 가지는 일반적·간접적·추상적 이익이 생
기는 경우에는 법률상 보호되는 이익이 있다고 할 수 없다(대법원 2006. 3.
16. 선고 2006두330 전원합의체 판결).

(관련판례)

공유수면매립면허처분과 농지개량사업 시행인가처분의 근거 법규 또는 관련 법규가 되는 구 공유수면매립법(1997. 4. 10. 법률 제5337호로 개정되기 전의 것), 구 농촌근대화촉진법(1994. 12. 22. 법률 제4823호로 개정되기 전의 것), 구 「환경보전법」(1990. 8. 1. 법률 제4257호로 폐지), 구 「환경보전법 시행령」(1991. 2. 2. 대통령령 제13303호로 폐지), 구 「환경정책기본법」(1993. 6. 11. 법률 제4567호로 개정되기 전의 것), 구 「환경정책기본법 시행령」(1992. 8. 22. 대통령령 제13715호로 개정되기 전의 것)의 각 관련 규정의 취지는, 공유수면매립과 농지개량사업시행으로 인하여 직접적이고 중대한 환경피해를 입으리라고 예상되는 환경영향평가 대상지역 안의 주민들이 전과 비교하여 수인한도를 넘는 환경침해를 받지 아니하고 쾌적한 환경에서 생활할 수 있는 개별적 이익까지도 이를 보호하려는 데에 있다고 할 것이므로, 위 주민들이 공유수면매립면허처분 등과 관련하여 갖고 있는 위와 같은 환경상의 이익은 주민 개개인에 대하여 개별적으로 보호되는 직접적·구체적 이익으로서 그들에 대하여는 특단의 사정이 없는 한 환경상의 이익에 대한 침해 또는 침해우려가 있는 것으로 사실상 추정되어 공유수면매립면허처분 등의 무효확인을 구할 원고적격이 인정된다. 한편, 환경영향평가 대상지역 밖의 주민이라 할지라도 공유수면매립면허처분 등으로 인하여 그 처분 전과 비교하여 수인한도를 넘는 환경피해를 받거나 받을 우려가 있는 경우에는, 공유수면매립면허처분 등으로 인하여 환경상 이익에 대한 침해 또는 침해우려가 있다는 것을 입증함으로써 그 처분 등의 무효확인을 구할 원고적격을 인정받을 수 있다(대법원 2006. 3. 16. 선고 2006두330 전원합의체 판결).

(관련판례)

행정처분의 직접 상대방이 아닌 제3자라 하더라도 당해 행정처분으로 인하여 법률상 보호되는 이익을 침해당한 경우에는 취소소송을 제기하여 그 당부의 판단을 받을 자격이 있다 할 것이고, 여기에서 말하는 법률상 보호되는 이익이라 함은 당해 처분의 근거 법규 및 관련 법규에 의하여 보호되는 개별적·직접적·구체적 이익이 있는 경우를 말하는데, 구 「환경·교통·재해등에관한영향평가법」(이하 '환경영향평가법'이라 한다), 같은법 시행령, 구 「폐기물처리시설 설치촉진 및 주변지역 지원 등에 관한 법률」(2004. 2. 9. 법률 제7169호로 개정되기 전의 것, 이하 '폐촉법'이라 한다), 같은법 시행령의 각 관련 규정에 의하면, 폐기물처리시설 설치기관이 1일 처리능력이 100t 이상인 폐기물처리시설을 설치하는 경우에는 폐촉법에 따른 환경상 영향조사 대상에 해당할 뿐만 아니라 환경영향평가법에 따른 환경영향평가 대상사업에도 해당하므로 폐촉법령뿐만 아니라 환경영향평가법령도 위와 같은 폐기물처리시설을 설치하기 위한 폐기물소각시설 설치계획 입지결정·고시처분의 근거 법령이 된다고 할 것이고, 따라서 위 폐기물처리시설설치계획입지가 결정·고시된 지역 인근에 거주하는 주민들에게 위 처분의 근거 법규인 환경영향평가법 또는 폐촉법에 의하여 보호되는 법률상 이익이 있으면 위 처분의 효력을 다툴 수 있는 원고적격이 있다(대법원 2005. 5. 12. 선고 2004두14229).

(관련판례)

관광지조성사업시행 허가처분에 오수처리시설의 설치 등을 조건으로 하였으나 그 시설이 설치되더라도 효능이 불확실하여 오수가 확실하게 정화 처리될 수 없어 인접 하천 등의 수질이 오염됨으로써 인근 주민들의 식수 등도 오염되어 주민들의 환경이익 등이 침해되거나 침해될 우려가 있고, 그 환경이익의 침해는 관광지의 개발 전과 비교하여 사회통념상 수인한도를 넘는다고 보이며, 주민들의 환경상의 이익은 관광지조성사업시행 허가처분으로 인하여 사업자나 행락객들이 가지는 영업상의 이익 또는 여가생활향유라는 이익보다 훨씬 우월하다는 이유로, 그 환경적 위해 발생을 고려하지 않은 관광지조성사업시행 허가처분은 사실오인 등에 기초하여 재량권을 일탈·남용한 것으로서 위법하다(대법원 2001. 7. 27. 선고 99두8589).

(관련판례)

행정처분의 직접 상대방이 아닌 제3자라 하더라도 당해 행정처분으로 인하여 법률상 보호되는 이익을 침해당한 경우에는 그 처분의 취소나 무효확인을 구하는 행정소송을 제기하여 그 당부의 판단을 받을 자격이 있다 할 것이며, 여기에서 말하는 법률상 보호되는 이익이라 함은 당해 처분의 근거 법규 및 관련 법규에 의하여 보호되는 개별적·직접적·구체적 이익이 있는 경우를 말하고, 공익보호의 결과로 국민 일반이 공통적으로 가지는 일반적·간접적·추상적 이익이 생기는 경우에는 법률상 보호되는 이익이 있다고 할 수 없다(대법원 2006. 12. 22. 선고 2006두14001).

(관련판례)

행정처분의 직접 상대방이 아닌 자로서 그 처분에 의하여 자신의 환경상 이익이 침해받거나 침해받을 우려가 있다는 이유로 취소소송을 제기하는 제3자는, 자신의 환경상 이익이 그 처분의 근거 법규 또는 관련 법규에 의하여 개별적·직접적·구체적으로 보호되는 이익, 즉 법률상 보호되는 이익임을 입증하여야 원고적격이 인정되고, 다만 그 행정처분의 근거 법규 또는 관련 법규에 그 처분으로써 이루어지는 행위 등 사업으로 인하여 환경상 침해를 받으리라고 예상되는 영향권의 범위가 구체적으로 규정되어 있는 경우에는, 그 영향권 내의 주민들에 대하여는 당해 처분으로 인하여 직접적이고 중대한 환경피해를 입으리라고 예상할 수 있고, 이와 같은 환경상의 이익은 주민 개개인에 대하여 개별적으로 보호되는 직접적·구체적 이익으로서 그들에 대하여는 특단의 사정이 없는 한 환경상 이익에 대한 침해 또는 침해 우려가 있는 것으로 사실상 추정되어 법률상 보호되는 이익으로 인정됨으로써 원고적격이 인정되며, 그 영향권 밖의 주민들은 당해 처분으로 인하여 그 처분 전과 비교하여 수인한도를 넘는 환경피해를 받거나 받을 우려가 있다는 자신의 환경상 이익에 대한 침해 또는 침해 우려가 있음을 증명하여야만 법률상 보호되는 이익으로 인정되어 원고적격이 인정된다(대법원 2006. 12. 22. 선고 2006두14001).

3. 집행정지 등

3-1. 집행정지

① 행정쟁송법은 행정심판을 청구하거나 취소소송을 제기하더라도 원칙적으로는 처분 등의 효력이나 그 집행 또는 절차의 속행에 영향을 주지 않는다는 집행부정지 원칙을 규정하고 있습니다(행정심판법 제30조제1항 및 행정소송법 제23조제1항).

② 집행정지제도란 행정쟁송이 진행되는 동안 청구인의 손해를 예방하기 위해 예외적으로 행정쟁송의 대상인 처분 등의 효력이나 그 집행 또는 절차의 속행의 전부 또는 일부를 정지하는 제도입니다(행정심판법 제30조제2항 및 행정소송법 제23조제2항).

③ 다만, 처분의 효력정지는 처분 등의 집행 또는 절차의 속행을 정지함으로써 목적을 달성할 수 있는 경우에는 허용되지 않습니다(행정심판법 제30조제2항 단서 및 행정소송법 제23조제2항 단서).

④ 집행정지를 하기 위해서는 일반적으로 다음과 같은 요건이 요구됩니다(행정심판법 제30조제2항, 제3항, 행정소송법 제23조제2항 및 제3항).

  1) 본안이 계속 중일 것
  2) 처분 등이 존재할 것
  3) 회복하기 어려운 손해를 예방하기 위한 것일 것
  4) 긴급한 필요가 있을 것
  5) 집행정지가 공공복리에 중대한 영향을 미칠 우려가 없을 것
  6) 본안청구의 이유 없음이 명백하지 않을 것

Q 행정심판의 집행정지란 무엇이고 어떻게 신청하면 되나요?

A 행정처분은 행정심판을 청구하여도 원칙적으로 그 집행이나 효력이
정지되지 않습니다. 집행정지제도란 행정심판이 진행되는 동안 청구
인의 손해를 예방하기 위해 긴급한 필요가 있는 때에 심판청구의
대상인 처분 또는 후속절차 등의 효력이나 집행을 정지하는 제도입
니다. 행정처분에 대한 집행정지를 하고자 하는 경우, 청구인은 심
판제기와 동시 또는 심판진행 중에 행정심판위원회에 집행정지신청
을 하여야 합니다.
집행정지를 신청하려면 집행정지신청서를 작성하고, 집행정지신청이
필요한 이유에 대한 소명자료, 심판청구서 사본 및 접수증명서 등
을 첨부하여 행정심판위원회에 제출하면 됩니다.
심판청구서의 경우 처분청이나 재결청에 제출하는데 비해, 집행정지
신청서는 신속한 결정을 위해 처분청이나 재결청을 거치지 않고 곧
바로 행정심판위원회에 제출합니다.
청구인의 집행정지신청이 있으면, 행정심판위원회는 청구인의 손해
예방을 위한 긴급한 필요가 있는 지, 집행정지결정이 공공복리에
중대한 영향을 미칠 우려는 없는 지 등을 종합적으로 고려하여 집
행정지 여부에 대한 결정을 하게 됩니다.
행정심판위원회가 집행정지결정을 하면 해당 처분의 효력이나 집행
은 행정심판의 결과인 재결이 있을 때까지 정지되며, 재결이 있으면
집행정지 결정의 효력은 자동적으로 소멸하게 됩니다.
집행정지란 심판이 진행되는 동안 현재의 상태를 유지하는데 그 목
적이 있을 뿐 적극적으로 새로운 처분을 하도록 하는 것이 아니므
로 거부처분을 정지하고 허가를 하라는 식의 집행정지는 인정되지
않는 것입니다. 또한, 집행정지는 행정심판의 부수적인 절차이므로
행정심판은 청구하지 않고 집행정지만을 신청할 수는 없습니다.

Q 행정소송에서 집행정지신청은 어떤 경우에 하는 것인가요?

A 행정처분의 효력은 행정소송이 제기되더라도 정지되지 않기 때문에 본안판결이 나기 전에 이미 집행이 완료되어 버리면 본안소송에서 원고가 승소하더라도 회복하기 어려운 손해가 발생하여 실효성 있는 권리구제를 받을 수 없는 경우가 발생하기 때문에 행정처분의 효력을 잠정적으로 정지시킬 필요가 있는데, 이렇게 행정처분의 효력을 잠정적으로 정지시키기 위해 신청하는 것이 집행정지신청입니다. 이 경우 원고들이 본안 소송 제기와 동시에 (또는 본안의 소제기 후) 하는 경우가 많은데, 위 신청 후 일반적으로 심문절차를 거쳐 집행정지결정이 나고, 그 결정이 고지되면 행정청의 별도의 절차가 없더라도 집행정지결정에 표시된 대로 잠정적으로 행정처분이 없었던 것과 동일한 상태가 됩니다(대법원 1961.11.23자 4294행상3 결정).

■ 행정소송에서 집행정지신청을 하여 집행정지결정을 받았습니다. 집행정지의 효력은 상소심에서도 계속되나요?

Q 행정소송에서 집행정지신청을 하여 집행정지결정을 받았습니다. 집행정지의 효력은 상소심에서도 계속되나요?

A 결정 주문에 집행정지의 종기(終期)가 판결선고시까지로 기재되어 있는 경우 (원고승소판결이라 하더라도) 본안판결의 선고로써 당연히 집행정지결정의 효력은 소멸하고 동시에 당초 처분의 효력이 부활하게 되어 본안판결 확정시까지 사이에 집행될 수 있으므로, 추가로 상소심 판결선고시까지 집행을 정지시키는 (신청 또는 직권에 의한) 집행정지결정을 받아야 합니다.

3-2. 임시처분

① 임시처분이란 행정심판 절차가 진행되는 동안 청구인에게 생길 중대한 불이익이나 급박한 위험을 막기 위해 임시로 법적 지위를 정하는 제도입니다(행정심판법 제31조).

② 행정심판위원회는 처분 또는 부작위가 위법·부당하다고 상당히 의심되는 경우로서 처분 또는 부작위 때문에 당사자가 받을 우려가 있는 중대한 불이익이나 당사자에게 생길 급박한 위험을 막기 위해 임시지위를 정해야 할 필요가 있는 경우에는 직권으로 또는 당사자의 신청에 의해 임시처분을 결정할 수 있습니다(행정심판법 제31조제1항).

③ 임시처분은 집행정지로 목적을 달성할 수 있는 경우에는 허용되지 않습니다(행정심판법 제31조제3항).

④ 임시처분은 공공복리에 중대한 영향을 미칠 우려가 있을 때에는 허용되지 않습니다(행정심판법 제31조제2항 및 제30조제3항).

⑤ 임시처분 신청은 심판청구와 동시에 또는 심판청구에 대한 행정심판위원회나 소위원회의 의결이 있기 전까지, 임시처분의 취소신청은 심판청구에 대한 행정심판위원회나 소위원회의 의결이 있기 전까지 신청의 취지와 원인을 적은 서면을 행정심판위원회에 제출해야 합니다.

⑥ 다만, 심판청구서를 피청구인에게 제출한 경우로서 심판청구와 동시에 임시처분 신청을 할 때에는 심판청구서 사본과 접수증명서를 함께 제출해야 합니다(행정심판법 제31조제2항 및 제30조제5항).

⑦ 행정심판위원회는 임시처분 또는 임시처분의 취소에 관해 심리·결정하면 지체 없이 당사자에게 결정서 정본을 송달해야 합니다(행정심판법 제31조제2항 및 제30조제7항).

3-3. 집행정지 사례

3-3-1. 집행정지의 신청요건

※ 국토해양부장관 등이 4대강 정비사업과 관련하여 고시로 한 '한강살리기 사업 실시계획승인 등'에 대하여 사업구간 인근에 거주하는 주민들이 수용으로 인한 손해와 식수 오염 등 환경상 이익 관련 손해 등을 이유로 그 집행정지를 신청한 사안에서, 집행정지의 요건인 회복하기 어려운 손해가 있거나 이를 예방하기 위한 긴급한 필요가 있다고 보기 어려워 신청인의 주장이 이유 없다고 한 사례(서울행법 2010.3.12. 선고 2009아3749)

「행정소송법」상의 집행정지는 형식적 요건으로 그 대상인 처분 등이 존재하고, 적법한 본안소송이 법원에 계속 중이어야 하며, 실체적 요건으로 회복하기 어려운 손해를 예방하기 위하여 긴급한 필요가 있고, 공공복리에 중대한 영향을 미칠 우려가 없으며, 본안청구의 이유 없음이 명백하지 않아야 한다.

「행정소송법」 제23조제2항에서 정하고 있는 집행정지 요건인 '회복하기 어려운 손해'란 특별한 사정이 없는 한 금전으로 보상할 수 없는 손해로서 이는 금전보상이 불능인 경우 내지는 금전보상으로는 사회 관념상 행정처분을 받은 당사자가 참고 견딜 수 없거나 또는 참고 견디기가 현저히 곤란한 경우의 유형, 무형의 손해를 말하고, '긴급한 필요'란 회복하기 어려운 손해의 발생이 시간적으로 절박하여 손해를 회피하기 위하여 본안판결을 기다릴 여유가 없는 것을 말하는바, 이러한 집행정지의 적극적 요건에 관한 주장·소명책임은 원칙적으로 신청인 측에 있다. 한편, 회복하기 어려운 손해는 신청인의 개인적 손해에 한정되고, 공익상 손해 또는 신청인 외에 제3자가 입은 손해는 포함되지 않는다.

3-3-2. 산림을 개간하여 아파트단지를 조성하는 주택건설사업계획 승인처분에 대한 효력집행정지 청구(서울고법 2006. 9. 11. 선고 2006루122)

※ 대규모 아파트단지를 조성하기 위한 주택건설사업계획승인처분의 집행을 정지할 긴급한 필요성이 인정된다고 한 사례

주택건설사업계획승인처분의 근거 법규 또는 관련 법규가 되는 「주택법」 및 「환경·교통·재해 등에 관한 영향평가법」 같은 법 시행령의 각 관련 규정의 내용을 종합하면, 일정규모 이상의 대지조성을 수반하는 주택건설사업 시행으로 인하여 직접적이고 중대한 환경피해를 입으리라고 예상되는 환경영향평가 대상지역 안의 주민들이 전과 비교하여 수인한도를 넘는 환경침해를 받지 아니하고 쾌적한 환경에서 생활할 수 있는 개별적 이익까지도 보호하려는 데 이들 법규의 취지가 있다고 판단되므로 주민들이 주택건설사업계획승인처분 등과 관련하여 갖고 있는 위와 같은 환경상의 이익은 주민 개개인에게 개별적으로 부여되는 직접적·구체적 이익으로서, 그들에 대하여는 특단의 사정이 없는 한 환경상의 이익에 대한 침해 또는 침해우려가 있는 것으로 사실상 추정되고, 따라서 위 주민들은 위 처분의 취소를 구할 원고적격이 있다.

대규모 아파트단지를 조성하는 주택건설사업의 성격과 규모에 비추어, 만약 행정처분의 외형적인 효력에 의하여 주택건설사업이 상당기간 그대로 진행되고 만다면 나중에 주택건설사업계획승인처분이 취소된다 하더라도 원래의 상태대로 회복하기가 어렵고, 그와 같은 손해는 행정처분의 집행정지로 인하여 사업이 중단됨으로 인한 손해보다 훨씬 크고 중요하며 거의 영구적이므로 위 사업계획승인처분의 집행을 정지할 긴급한 필요성이 인정된다.

Q 행정청이 진행하는 공사로 발생한 극심한 먼지 때문에 행정심판을 제기하였습니다. 심판 중에도 공사가 계속 진행되고 있어 너무 고통스러운데, 공사를 일시적으로라도 중지시킬 수 있나요?

A 네. 피해자는 법원에 공사 집행정지를 신청할 수 있고, 법원이 집행정지결정을 하면 공사는 중단됩니다.

◇ 집행정지

① 행정심판을 청구하거나 취소소송을 제기하더라도 원칙적으로는 행정처분 등의 효력이나 그 집행 또는 절차는 이에 영향을 받지 않고 속행됩니다.

② 집행정지제도란 행정쟁송이 진행되는 동안 청구인의 손해를 예방하기 위해 예외적으로 행정쟁송의 대상인 처분 등의 효력이나 그 집행 또는 절차의 속행의 전부 또는 일부를 정지하는 제도입니다.

③ 다만, 처분의 효력정지는 처분 등의 집행 또는 절차의 속행을 정지함으로써 목적을 달성할 수 있는 경우에는 허용되지 않습니다.

◇ 집행정지의 요건

집행정지를 하기 위해서는 일반적으로 다음과 같은 요건이 요구됩니다.

1. 본안이 계속 중일 것
2. 처분 등이 존재할 것
3. 회복하기 어려운 손해를 예방하기 위한 것일 것
4. 긴급한 필요가 있을 것
5. 집행정지가 공공복리에 중대한 영향을 미칠 우려가 없을 것
6. 본안청구의 이유 없음이 명백하지 않을 것

(관련판례)

주택건설사업계획승인처분의 근거 법규 또는 관련 법규가 되는 「주택법」 및 구 「환경·교통·재해 등에 관한 영향평가법」, 같은 법 시행령의 각 관련 규정의 내용을 종합하면, 일정규모 이상의 대지조성을 수반하는 주택건설사업 시행으로 인하여 직접적이고 중대한 환경피해를 입으리라고 예상되는 환경영향평가 대상지역 안의 주민들이 전과 비교하여 수인한도를 넘는 환경침해를 받지 아니하고 쾌적한 환경에서 생활할 수 있는 개별적 이익까지도 보호하려는 데 이들 법규의 취지가 있다고 판단되므로 주민들이 주택건설사업계획승인처분 등과 관련하여 갖고 있는 위와 같은 환경상의 이익은 주민 개개인에게 개별적으로 부여되는 직접적·구체적 이익으로서, 그들에 대하여는 특단의 사정이 없는 한 환경상의 이익에 대한 침해 또는 침해우려가 있는 것으로 사실상 추정되고, 따라서 위 주민들은 위 처분의 취소를 구할 원고적격이 있다(서울고법 2006.9.11. 자 2006루122 결정).

(관련판례)

대규모 아파트단지를 조성하는 주택건설사업의 성격과 규모에 비추어, 만약 행정처분의 외형적인 효력에 의하여 주택건설사업이 상당기간 그대로 진행되고 만다면 나중에 주택건설사업계획승인처분이 취소된다 하더라도 원래의 상태대로 회복하기가 어렵고, 그와 같은 손해는 행정처분의 집행정지로 인하여 사업이 중단됨으로 인한 손해보다 훨씬 크고 중요하며 거의 영구적이므로 위 사업계획승인처분의 집행을 정지할 긴급한 필요성이 인정된다(서울고법 2006.9.11. 자 2006루122 결정).

(관련판례)

「행정소송법」 제23조제2항에서 정하고 있는 집행정지 요건인 '회복하기 어려운 손해'란 특별한 사정이 없는 한 금전으로 보상할 수 없는 손해로서 이는 금전보상이 불능인 경우 내지는 금전보상으로는 사회 관념상 행정처분을 받은 당사자가 참고 견딜 수 없거나 또는 참고 견디기가 현저히 곤란한 경우의 유형, 무형의 손해를 말하고, '긴급한 필요'란 회복하기 어려운 손해의 발생이 시간적으로 절박하여 손해를 회피하기 위하여 본안판결을 기다릴 여유가 없는 것을 말하는바, 이러한 집행정지의 적극적 요건에 관한 주장·소명책임은 원칙

적으로 신청인 측에 있다. 한편, 회복하기 어려운 손해는 신청인의 개인적 손해
에 한정되고, 공익상 손해 또는 신청인 외에 제3자가 입은 손해는 포함되지
않는다(서울행법 2010. 3. 12. 자 2009아3749 결정).

(관련판례)

국토해양부장관 등이 4대강 정비사업과 관련하여 고시로 한 '한강살리기 사업
실시계획승인 등'에 대하여 사업구간 인근에 거주하는 주민들이 수용으로 인
한 손해와 식수 오염 등 환경상 이익 관련 손해 등을 이유로 그 집행정지를
신청한 사안에서, 토지 소유권 기타 권리의 수용으로 인한 손해는 통상적인
금전보상이 불능인 경우 내지는 금전보상으로는 사회관념상 행정처분을 받은
당사자가 참고 견딜 수 없거나 참고 견디기가 현저히 곤란한 경우의 손해라고
볼 수 없고, 시급히 위 처분의 효력을 정지하지 않을 경우 곧 한강 유역의 상
수원을 식수원 등으로 사용할 수 없을 정도로 수질이 오염되거나 취수가 부족
하게 되고 홍수 등 침수피해가 발생한다는 점에 대한 소명이 충분히 이루어졌
다고 보기 어려우며, 수생태계에 미치는 악영향, 자연환경의 파괴, 미래 세대의
환경권 침해, 우리 민족의 역사와 문화의 부정 또는 파괴 등의 손해는 신청인
의 개인적 손해가 아니라 공익상 손해 또는 제3자가 입는 손해라 할 것이므
로, 집행정지의 요건인 회복하기 어려운 손해가 있거나 이를 예방하기 위한 긴
급한 필요가 있다고 보기 어려워 신청인의 주장이 이유 없다(서울행법 2010.
3. 12. 자 2009아3749 결정).

제4절 국가배상청구

1. 국가배상청구 개요

1-1. 국가배상청구란

① 국가배상청구란 공무원의 직무상 불법행위나 도로·하천과 같은 영조물의 설치·관리의 잘못으로 손해를 입은 국민이 국가 또는 지방자치단체를 상대로 손해배상을 청구하는 것을 말합니다(국가배상법 제2조 및 제5조).

② 여기서 영조물이란 행정주체에 의해 공적 목적에 공용된 인적·물적종합시설을 말합니다. 영조물에는 관용차와 같은 개개의 유체물 뿐만 아니라 도로·하천·항만·지하수도·관공서청사·국공립학교교사·도서관 등 물건의 집합체인 유체적인 설비도 포함됩니다. 영조물의 설치관리의 하자로 인하여 타인에게 손해를 발생하게 한 때에는 국가는 손해를 배상해야 합니다.

③ 국가나 지방자치단체가 설치·운영하는 배출시설이나 폐기물처리시설, 도로 등에 의해 환경오염피해를 입은 자는 국가 또는 지방자치단체를 상대로 손해배상을 청구할 수 있습니다.

1-2. 배상신청의 방법

1-2-1. 배상심의회에 배상 신청

① 배상금의 지급을 받고자 하는 사람은 그 사람의 주소지·소재지 또는 배상원인 발생지를 관할하는 지구심의회에 배상신청을 해야 합니다(국가배상법 제12조제1항).

② 배상심의회에는 본부배상심의회(법무부)와 그 소속 지구배상심의회(전국 14개)가 있습니다.

1-2-2. 민사법원에 소 제기

① 「국가배상법」에 따른 손해배상의 소송은 배상심의회에 배상신청을 하지 않고도 제기할 수 있으므로, 당사자는 곧바로 법원에 국가배상청구 소

송을 제기할 수 있습니다(국가배상법 제9조)

② 국가를 상대로 하는 손해배상청구소송도 일반 손해배상청구소송과 동일한 절차로 진행됩니다. 따라서 국가배상을 민사법원에서 관할하는 우리의 현행법 현실에서는 일반 민사사건과 마찬가지의 절차로 진행된다고 보면 됩니다.

③ 「환경분쟁조정법」에 따른 분쟁조정절차(알선·조정·재정)를 거친 경우(「환경분쟁조정법」 제34조 및 제35조 포함)에는 「국가배상법」에 따른 배상심의회의 심의·의결을 거친 것으로 보기 때문에 국가배상을 청구하려면 곧바로 법원에 소송을 제기해야 합니다(환경분쟁조정법 제62조).

④ 국가배상청구권은 피해자나 그 법정대리인이 손해 및 가해자를 안 날부터 3년이 지나면 시효로 인해 소멸합니다(국가배상법 제8조 및 민법 제766조제1항).

⑤ 또한 통상 일반적인 불법행위로 인한 손해배상청구권은 불법행위를 한 날부터 10년이 지나면 시효로 인하여 소멸하나, 국가 또는 지방자치단체에 대한 손해배상청구권은 불법행위를 한 날부터 5년이 지나면 시효로 인하여 소멸합니다(국가재정법 제96조제2항 및 지방재정법 제82조제2항).

⑥ 배상결정을 받은 신청인은 지체 없이 그 결정에 대한 동의서를 첨부하여 국가나 지방자치단체에 배상금 지급을 청구해야 하며, 배상결정을 받은 신청인이 배상금 지급을 청구하지 않은 경우에는 그 결정에 동의하지 않은 것으로 봅니다(국가배상법 제15조).

■ **국가배상을 받으려면 어떤 방법이 있나요? 그리고 반드시 법원에 소를 제기하기 전에 배상심의회에 배상신청을 해야 하나요?**

Q 국가배상을 받으려면 어떤 방법이 있나요? 그리고 반드시 법원에 소를 제기하기 전에 배상심의회에 배상신청을 하여야 하나요?

A 2000년 12월 29일 이전에는 법원에 국가를 상대로 손해배상청구의 소를 제기하기 위해서는 먼저 국가배상심의회에 배상신청을 제기하였어야 하나(필요적 전치주의), 현재는 반드시 국가배상심의회에 배상신청을 제기하지 않고도 법원에 소를 제기할 수 있습니다(임의적전치주의, 국가배상법 제9조).

즉, 피해에 대한 구제를 받는 방법은 ① 국가배상심의회에 국가배상신청을 하거나, ② 위 신청 제기 여부와 상관없이 법원에 곧바로 국가배상청구의 소를 제기할 수 있습니다.

■ 국가배상 신청 시 구비해야 할 서류는 어떤 것이 있나요?

Q 국가배상 신청 시 구비해야 할 서류는 어떤 것이 있나요?

A 국가배상 신청 시 필요한 구비서류는 다음과 같습니다.
  ① 필요적 구비서류
    1. 배상신청서(「국가배상법 시행규칙」 별지 제8호 서식)
    2. 신청인 및 법정대리인의 주민등록표 등본(법인등기부 등본)
    3. 대리인이 배상 신청 시 신청인의 인감증명이 첨부된 위임장
  ② 추가적 구비서류
    1. 사망 시: 호적 등본, 사망진단서, 월 수입액 증명서, 치료비 영수증 등
    2. 상해 장해 시: 상해(장해) 진단서, 치료비 영수증, 월 수입액 증명서, 향후 치료비 추정서
    3. 차량(항공기) 피해, 건물(선박) 피해, 토지 피해: 차량(항공기)등록 원부, 건물(선박, 토지)등기부, 토지(임야)대장등본 등, 수리비 영수증(명세서), 월 수입 증명서
    4. 그 밖에 손해의 사실을 증명할 수 있는 자료

Q 국가배상금을 지급받으려면 어떻게 해야 하나요?

A 신청인이 배상심의회의 배상결정에 동의하면서 배상금을 지급받고
자 하는 경우 배상결정통지서에 기재된 배상금 지급 행정청에 다음
의 서류를 구비하여 배상금 청구를 하시기 바랍니다.

   ① 신청인이 직접 청구하는 경우

   1. 동의 및 청구서 2통

   2. 배상결정서 정본 1통

   ② 대리인이 청구하는 경우

   1. 위 1호에 규정된 서류

   2. 신청인의 인감증명서 2통

   3. 신청인이 미성년자인 경우 : 법정대리인의 인감증명서 2통

   4. 대리권을 증명하는 위임장 2통

   ③ 기타

   예금계좌에 입금을 원하는 경우에는 은행명 계좌번호 예금주 등 필요
   한 사항을 동의 및 청구서 또는 별지에 기재하여 제출하여야 합니다.
   동일한 내용으로 손해배상의 소송을 제기하여 배상금 지급의 확정판
   결을 받거나 이에 준하는 화해 인낙 조정 등이 있는 경우에는 확정판
   결 정본이나 화해 인낙 조정조서 정본 등을 함께 제출하여야 합니다.

Q 국가배상신청을 하려고 하는데 언제까지 행사할 수 있나요?

A 국가배상청구권은 피해자나 그 법정대리인이 손해 및 가해자를 안 날부터 3년이 지나면 시효로 인하여 소멸합니다(국가배상법 제8조, 민법 제766조 제1항). 가해자에 대한 형사판결이 확정된 때부터가 아닌 점을 주의하시기 바랍니다.

또한 통상 불법행위로 인한 손해배상청구권은 불법행위를 한 날부터 10년이 지나면 시효로 인하여 소멸하나, 국가에 대한 손해배상청구권은 불법행위를 한 날부터 5년이 지나면 시효로 인하여 소멸합니다(국가재정법 제96조 제2항).

따라서 피해자나 그 법정대리인이 손해 및 가해자를 안 날로부터 3년이 경과하거나 불법행위가 있던 날부터 5년이 경과하여 시효가 완성되면 국가배상신청은 기각된다는 점을 유념하시길 바랍니다.

참고로 지방자치단체에 대한 손해배상청구권의 소멸시효도 피해자나 그 법정대리인이 손해 및 가해자를 안 날부터 3년(「국가배상법」 제8조, 민법 제766조 제1항), 불법행위 한 날부터 5년이 지나면 시효로 소멸합니다(「지방재정법」 제82조 제2항).

Q 국가배상신청에 대하여 불복할 수 있는 방법이 있나요?

A 신청인은 지구심의회의 배상 결정에 대하여 이의가 있을 때에는 지구심의회의 배상결정서 정본이 신청인에게 도착된 날부터 2주일 이내에 해당 지구배상심의회를 거쳐 본부배상심의회에 재심을 신청할 수 있고, 또는 법원에 손해배상청구소송을 할 수 있습니다.

참고로 국가배상을 배상심의회에 신청하는 것은 채무자인 국가 및 지방자치단체에 대하여 손해배상채무의 이행을 최고한 것에 불과하므로(그러나 「민법」 제174조 소정의 6개월의 기간은 위 배상심의회의 결정이 있을 때까지 진행하지 않음), 국가배상청구권이 시효완성으로 소멸되는 것을 방지하기 위하여 신청인은 배상심의회로부터 배상결정서를 송달받은 날부터 6개월 이내에 재판상의 청구(소 제기)를 하지 않으면 시효중단의 효력이 없으므로 이 점을 유의하시기 바랍니다(대법원 1975. 7. 8. 선고 74다178 판결 참조).

1-3. 국가배상청구 사례

1-3-1. 항공기 소음피해에 대한 국가배상청구

① 청주공항에 민간항공기가 취항한 후 그 공항 주변에 입주한 사람들은 항공기 소음피해를 인식하거나 과실로 이를 인식하지 못하고 입주한 것으로 보이나, 그러한 사정만으로 위 입주자들이 소음피해를 용인하였다고 볼 수 없어 국가배상책임이 면제되지 않는다고 한 사례(서울중앙지방법원 2008. 1. 22. 선고 2004가합106508)

「국가배상법」제5조제1항 소정의 '영조물의 설치 또는 관리의 하자'라 함은 공공의 목적에 공여된 영조물이 그 용도에 따라 갖추어야 할 안전성을 갖추지 못한 상태에 있음을 말하고, 여기서 안전성을 갖추지 못한 상태, 즉 타인에게 위해를 끼칠 위험성이 있는 상태라 함은 당해 영조물을 구성하는 물적 시설 그 자체에 있는 물리적·외형적 흠결이나 불비로 인하여 그 이용자에게 위해를 끼칠 위험성이 있는 경우뿐만 아니라, 그 영조물이 공공의 목적에 이용됨에 있어 그 이용상태 및 정도가 일정한 한도를 초과하여 제3자에게 사회통념상 수인할 것이 기대되는 한도를 넘는 피해를 입히는 경우까지 포함된다.
'영조물의 설치 또는 관리의 하자'에 관한 수인한도의 기준을 정함에 있어서는 일반적으로 침해되는 권리나 이익의 성질과 침해의 정도뿐만 아니라, 침해행위가 갖는 공공성의 내용과 정도, 그 지역 환경의 특수성, 공법적인 규제에 의하여 확보하려고 하는 환경기준, 침해를 방지 또는 경감시키거나 손해를 회피할 방안의 유무 및 그 난이 정도 등 여러 사정을 종합적으로 고려하여 구체적인 사정에 따라 개별적으로 결정하여야 한다.
이 사건에서 청주공항에 민간항공기가 취항한 후 그 공항 주변에 입주한 사람들은 항공기 소음피해를 인식하거나 과실로 이를 인식하지 못하고 입주한 것으로 보이나, 소음으로 인한 위해상태를 이용하기 위하여 이주하였다는 등의 특별히 비난할 사유가 없는 한, 그러한 사정만으로 위 입주자들이 소음피해를 용인하였다고 볼 수 없어 국가배상책임이 면제되지 않는다.

② 김포공항에서 발생하는 소음 등으로 인근 주민들이 입은 피해는 사회통념상 수인한도를 넘는 것으로서 김포공항의 설치·관리에 하자가 있다고 본 사례(대법원 2005. 1. 27. 선고 2003다49566)

소음 등을 포함한 공해 등의 위험지역으로 이주하여 들어가서 거주하는 경우와 같이 위험의 존재를 인식하면서 그로 인한 피해를 용인하며 접근한 것으로 볼 수 있는 경우에, 그 피해가 직접 생명이나 신체에 관련된 것이 아니라 정신적 고통이나 생활방해의 정도에 그치고 그 침해행위에 고도의 공공성이 인정되는 때에는, 위험에 접근한 후 실제로 입은 피해 정도가 위험에 접근할 당시에 인식하고 있었던 위험의 정도를 초과하는 것이거나 위험에 접근한 후에 그 위험이 특별히 증대하였다는 등의 특별한 사정이 없는 한 가해자의 면책을 인정하여야 하는 경우도 있을 수 있을 것이나, 일반인이 공해 등의 위험지역으로 이주하여 거주하는 경우라고 하더라도 위험에 접근할 당시에 그러한 위험이 존재하는 사실을 정확하게 알 수 없는 경우가 많고, 그 밖에 위험에 접근하게 된 경위와 동기 등의 여러 가지 사정을 종합하여 그와 같은 위험의 존재를 인식하면서 굳이 위험으로 인한 피해를 용인하였다고 볼 수 없는 경우에는 손해배상액의 산정에 있어 형평의 원칙상 과실상계에 준하여 감액사유로 고려하는 것이 상당하다.

피고가 김포공항을 설치·관리함에 있어 항공법령에 따른 항공기 소음기준 및 소음대책을 준수하려는 노력을 경주하였다고 하더라도, 김포공항이 항공기 운항이라는 공공의 목적에 이용됨에 있어 그와 관련하여 배출하는 소음 등의 침해가 인근 주민인 선정자들에게 통상의 수인한도를 넘는 피해를 발생하게 하였다면 김포공항의 설치·관리상에 하자가 있다고 보아야 할 것이라고 전제한 다음, 그 판시와 같은 여러 사정을 종합적으로 고려하면 이 사건 김포공항 주변지역의 소음과 관련하여서는 규제「항공법 시행규칙」제271조상의 공항소음피해예상지역(제3종구역)으로 분류되는 지역 중 85 WECPNL 이상의 소음이 발생하는 경우에는 사회생활상 통상의 수인한도를 넘는 것으로서 위법성을 띠는 것으로 봄이 상당하다고 할 것인데, 이 사건 선정자들의 거주지역이 이에 해당하므로 김포공항을 설치·관리하는 국가는 이에 대하여 손해를 배상할 책임이 있다.

1-3-2. 군 사격장 소음으로 주민들이 피해를 입은 경우

① 매향리 사격장에서 발생하는 소음 등으로 지역 주민들이 입은 피해는 사회통념상 참을 수 있는 정도를 넘는 것으로서 사격장의 설치 또는 관리에 하자가 있었다고 본 사례(대법원 2004. 3. 12. 선고 2002다14242)

> 매향리 사격장이 국가안보를 위하여 고도의 공익성을 가진 시설이지만 원고들이 거주하는 농어촌지역과 충분한 완충지대를 두지 아니하고 설치되어 주거지역 상공으로 전투기 등이 낮은 고도로 비행하면서 폭탄 투하와 기관총 사격 훈련 등을 실시함으로써 「환경정책기본법」상 주거지역 환경소음기준인 50dB 내지 65dB을 훨씬 넘는 날카롭고 충격적인 소음이 주말이나 공휴일을 제외하고 매일 발생하여 원고들이 신체적·정신적으로 피해를 입었고, 텔레비전 시청이나 전화통화 및 일상대화 또는 자녀교육 등 일상생활에 커다란 방해를 받고 있는데도 불구하고, 미국 공군이 2000. 8. 18. 사격훈련 방법을 변경할 때까지 원고들의 피해를 줄이기 위한 노력을 충분히 하지 아니한 점 등에 비추어 볼 때, 2000. 8. 18. 이전까지 매향리 사격장에서 발생하는 소음 등으로 인하여 원고들이 입은 피해는 사회생활상 통상 참을 수 있는 정도를 넘는 것이므로 매향리 사격장의 설치 또는 관리에 하자가 있었다고 보아야 하고, 따라서 피고는 「대한민국과아메리카합중국간의상호방위조약제4조에의한시설과구역및대한민국에서의합중국군대의지위에관한협정의시행에관한민사특별법」 제2조제2항, 「국가배상법」 제5조제1항에 따라 원고들이 입은 손해를 배상할 책임이 있다.

(관련판례)

소음 등을 포함한 공해 등의 위험지역으로 이주하여 들어가서 거주하는 경우와 같이 위험의 존재를 인식하면서 그로 인한 피해를 용인하며 접근한 것으로 볼 수 있는 경우에, 그 피해가 직접 생명이나 신체에 관련된 것이 아니라 정신적 고통이나 생활방해의 정도에 그치고 그 침해행위에 고도의 공공성이 인정되는 때에는, 위험에 접근한 후 실제로 입은 피해 정도가 위험에 접근할 당시에 인식하고 있었던 위험의 정도를 초과하는 것이거나 위험에 접근한 후에 그 위험이 특별히 증대하였다는 등의 특별한 사정이 없는 한 가해자의 면책을 인정하여야 하는 경우도 있을 수 있을 것이나, 일반인이 공해 등의 위험지역으로 이주하여 거주하는 경우라고 하더라도 위험에 접근할 당시에 그러한 위험이 존재하는 사실을 정확하게 알 수 없는 경우가 많고, 그 밖에 위험에 접근하게 된 경위와 동기 등의 여러 가지 사정을 종합하여 그와 같은 위험의 존재를 인식하면서 굳이 위험으로 인한 피해를 용인하였다고 볼 수 없는 경우에는 손해배상액의 산정에 있어 형평의 원칙상 과실상계에 준하여 감액사유로 고려하는 것이 상당하다(대법원 2003다49566, 선고, 2005. 1. 27, 판결).

(관련판례)

「국가배상법」 제5조제1항에 정하여진 '영조물의 설치 또는 관리의 하자'라 함은 공공의 목적에 공여된 영조물이 그 용도에 따라 갖추어야 할 안전성을 갖추지 못한 상태에 있음을 말하고, 여기서 안전성을 갖추지 못한 상태, 즉 타인에게 위해를 끼칠 위험성이 있는 상태라 함은 당해 영조물을 구성하는 물적 시설 그 자체에 있는 물리적·외형적 흠결이나 불비로 인하여 그 이용자에게 위해를 끼칠 위험성이 있는 경우뿐만 아니라 그 영조물이 공공의 목적에 이용됨에 있어 그 이용상태 및 정도가 일정한 한도를 초과하여 제3자에게 사회통념상 참을 수 없는 피해를 입히는 경우까지 포함된다고 보아야 할 것이고, 사회통념상 참을 수 있는 피해인지의 여부는 그 영조물의 공공성, 피해의 내용과 정도, 이를 방지하기 위하여 노력한 정도 등을 종합적으로 고려하여 판단하여야 한다(대법원 2002다14242, 선고, 2004. 3. 12, 판결).

(관련판례)

매향리 사격장에서 발생하는 소음 등으로 지역 주민들이 입은 피해는 사회통념상 참을 수 있는 정도를 넘는 것으로서 사격장의 설치 또는 관리에 하자가 있었다고 본 사례(대법원 2002다14242, 선고, 2004. 3. 12, 판결).

(관련판례)

소음 등을 포함한 공해 등의 위험지역으로 이주하여 들어가서 거주하는 경우와 같이 위험의 존재를 인식하면서 그로 인한 피해를 용인하며 접근한 것으로 볼 수 있는 경우에 그 피해가 직접 생명이나 신체에 관련된 것이 아니라 정신적 고통이나 생활방해의 정도에 그치고, 그 침해행위에 상당한 고도의 공공성이 인정되는 때에는 위험에 접근한 후 실제로 입은 피해 정도가 위험에 접근할 당시에 인식하고 있었던 위험의 정도를 초과하는 것이거나 위험에 접근한 후에 그 위험이 특별히 증대하였다는 등의 특별한 사정이 없는 한 가해자의 면책을 인정하여야 하는 경우도 있을 수 있을 것이나, 일반인이 공해 등의 위험지역으로 이주하여 거주하는 경우라고 하더라도 위험에 접근할 당시에 그러한 위험이 문제가 되고 있지 아니하였고, 그러한 위험이 존재하는 사실을 정확하게 알 수 없었으며, 그 밖에 위험에 접근하게 된 경위와 동기 등의 여러 가지 사정을 종합하여 그와 같은 위험의 존재를 인식하면서 굳이 위험으로 인한 피해를 용인하였다고 볼 수 없는 경우에는 그 책임이 감면되지 아니한다고 봄이 상당하다(대법원 2002다14242, 선고, 2004. 3. 12, 판결).

제8장
환경분쟁조정사례

제1절 소음·진동분쟁사례

1. 환경분쟁조정 사례

1-1. 도로·철도 소음

1-1-1. 경기 용인시 도로·철도차량 소음으로 인한 방음대책 및 정신적 피해 분쟁사건(환조 07-3-178)

※ 경기 ○○시 ○○아파트에 거주하는 주민들이 국가지원지방도 23호선 통행차량과 인근 철도기지에서 발생하는 소음으로 인한 정신적 피해에 대하여, (주)○○개발, ○○시청, 한국○○공사 및 한국○○공단을 상대로 요구한 소음피해 방지대책의 필요성을 인정한 사례

1. '소음으로 인한 피해의 인과관계 검토 및 피해액 산정방법에 관한 연구보고서(1997년)' 등 관련 문헌에 의하면 야간 등가소음도가 65dB(A) 이상인 경우 수면장애를 발생시키는 등 피해를 줄 수 있다고 제시하고 있어 이를 초과하는 신청인은 정신적 피해를 입었을 개연성이 있다고 인정된다.
2. 국지도 23호선 및 철도차량기지와 인접하여 있는 신청인 아파트 소

음측정결과의 최고치가 주간 70dB(A), 야간 68dB(A)로 105세대가 소음으로 인하여 수인한도를 넘는 피해를 입고 있으므로 이에 대한 적정한 방음대책이 필요한 것으로 판단된다.

1-1-2. 전북 익산시 철도소음 방음대책 및 정신적 피해 분쟁사건
(환조 07-3-119)

※ 전북 익산시 ○○아파트에 거주하는 주민들이 철도 운행 시 발생되는 소음으로 인한 정신적 피해에 대해, ○○시설공단을 상대로 요구한 방음대책의 필요성을 인정하고 피해배상을 일부 인정한 사례

1. OO시설공단은 철도시설의 건설 및 관리 등을 효율적으로 시행하기 위하여 철도산업발전기본법 및 한국철도시설공단법에 의거 설립된 법인으로서 「철도산업발전기본법」제3조 제9호의 규정에서 정하는 '철도시설관리자'이므로, 동 공단에서 관리하는 철도시설에서 발생되는 소음에 대한 원인자라고 할 수 있다. 따라서 신청인들은 철도시설에서 발생되는 사회통념상 일반적으로 인정되는 수인한도[야간 65dB(A)]를 넘는 소음으로 인해 지속적인 피해를 입었다 할 것이고, 피신청인은 열차운행 횟수가 지속적으로 증가하고 있음에도 이에 대한 별다른 조치를 취하고 있지 않았다는 점 등을 감안하면 비록 신청인들이 철도 개통 이후에 입주하였다 하더라도 「환경정책기본법」제7조(오염원인자 책임원칙) 및 제31조(환경오염의 피해에 대한 무과실책임), 「민법」제758조(공작물 등의 점유자, 소유자의 책임)의 규정에 의거 신청인들에게 정신적 피해배상 및 방음대책을 강구하여 필요한 조치를 이행할 책임이 인정된다.
2. 신청인들은 호남선 철도가 이미 운행되고 있는 상태에서 입주하였기 때문에 입주 당시 이미 호남선 철도로 인한 소음피해를 어느 정도 인지하고 이를 수인한 것으로 볼 수 있으므로 이에 대한 상당한 책임이 인정되므로, 피해배상금액의 70%를 감액하는 것이 타당할 것으로 판단된다.

1-1-3. 경북 성주군 도로 차량 소음 및 진동으로 인한 가축피해 분쟁사건(환조 06-3-121)

※ 경북 ○○군에서 육우와 한우를 사육하고 있는 주민이 인근 ○○고속도로의 차량운행으로 발생하는 소음으로 인해 체중 감소 등의 가축 피해를 입었다며, ○○공사를 상대로 요구한 피해 배상을 인정하지 않은 사례

> 신청인의 목장은 고속도로가 개통되어 차량이 운행될 경우 도로 소음으로 인한 영향을 다소 받기 쉬운 지역으로 신청인 목장에서 소음을 측정한 결과 소음도가 55.9dB(A)로 나타났다. '소음에 의한 가축피해 평가방안에 관한 연구(2001년)'에서 한우 등의 경우에 등가소음도 60.0dB(A) 정도의 소음 수준에서 가축 피해가 발생할 가능성이 있는 것으로 제시하고 있다. 따라서 피신청인의 도로에서 발생하는 소음으로 인하여 한우 및 육우가 피해를 입었을 개연성이 없는 것으로 판단된다.

1-2. 공사장 소음

1-2-1. 경기 성남시 아파트공사장 소음·진동으로 인한 건물 및 재산피해 분쟁사건(환조 07-3-114)

※ 경기 ○○시에 거주하는 주민들이 인근 아파트 공사장에서 발생한 소음·진동으로 인하여 건물 및 재산 피해를 입었다고 주장하며 시공사인 (주)○○건설을 상대로 요구한 피해배상을 일부 인정한 사례

> 피신청의 공사현장에서의 발파작업으로 인해 각 건물에 가해질 수 있는 최대 진동속도를 추정한 결과 추정진동속도는 0.27~0.87cm/s 으로 평가되었다. 관련 문헌자료('02. 4월 진동으로 인한 건축물 피해 평가방안에 관한 연구)에서 취약건물, 문화재 등 민감한 건축의 경우 진동속도가 0.3cm/s 이상인 경우에 진동으로 인한 피해 발생이 가능한 것으로 나타나 있어 신청인의 건물현황(공사장과의 이격거리, 구조, 노후도 등)에 따라 일부 피해의 개연성이 인정된다.

1-2-2. 서울 성동구 아파트공사장 소음·진동으로 인한 정신적 피해 분쟁사건(환조 07-3-126)

※ 서울 ○○에 거주하는 주민들이 인접한 아파트 공사장에서 발생하는 소음·진동·먼지로 인한 정신적 피해를 주장하며, 시공사인 (주)○○건설을 상대로 요구한 피해배상을 일부 인정한 사례

> 평가소음도가 57~82dB(A)로 평가되었고 철거 및 터파기 공사중 발파작업은 없었으나 굴삭기, 덤프트럭, 어스오거작업 등을 종합해 볼 때 소음피해 인정수준인 70dB(A)를 초과하는 경우가 있어, 신청인 중 일부는 사회통념상 수인의 한계를 넘는 정신적 피해를 입었을 개연성이 인정된다. 아울러, 신청인 중 1(72, 77, 78호)~2(76, 79호)라인 등 일부를 제외한 나머지 세대의 소음도는 51~69dB(A)로 평가되어 수인한도 이내인 것으로 판단된다. 또한, 건설장비를 사용한 공사 시 최대 진동도는 0~54dB(V)로 나타나 연속진동에 의한 피해 인정 기준인 73dB(V)를 초과하지 않아 정신적 피해를 입었을 개연성이 인정되지 아니한다.

1-2-3. 서울 영등포구 아파트공사장 소음 및 진동으로 인한 정신적, 재산적 피해 분쟁사건(환조 07-3-113)

※ 서울시 ○○아파트에 거주하는 주민들이 인접한 아파트 공사장 좌측과 우측에서 발생하는 소음·진동·먼지로 인한 정신적 피해를 주장하며 시공사를 상대로 요구한 피해배상을 인정한 사례

> 공사현장의 최고 평가소음도는 74dB(A)로 나타났고, 민원인의 제기로 인한 관할관청 소음측정결과에서도 소음피해 인정기준인 70dB(A)를 초과한 사실이 있어, 공사현장과 직각배치되어 있는 신청인 아파트 세대 중 일부는 사회통념상 수인의 한계를 넘는 정신적 피해를 입었을 개연성이 인정된다.

1-2-4. 충남 예산군 철탑 공사장 헬기소음으로 인한 한우 피해 분
쟁사건(환조 07-3-124)

※ 충남 ○○군에 거주하는 주민 3인이 2007. 6. 1. 송전탑 설치공사로 인한
헬기소음으로 한우피해를 입었다며, 송전탑공사의 시공사인 (주)○○을 상
대로 요구한 피해배상을 인정한 사례

피신청인이 '07. 6. 1. 송전탑 5호기 연선공사 시 헬기소음도는 한우
축사 위 고도 10 ~ 60m에서 최대 87.4 ~ 110.1dB(A)로 나타났다. '소
음에 의한 가축피해 평가방안에 관한 연구(중앙환경분쟁조정위원회,
2001년)' 보고서에 의하면, 가축의 피해인정수준인 70dB(A) 이상에서는
유·사산, 폐사, 번식효율 저하, 성장지연 등의 손실이 일어날 수 있다고
밝히고 있으며, 한우의 질병에 관한 발생내역을 국립수의과학검역원에
조회한 결과('08. 3. 6.), 2002년도에 경기도 및 충북 진천에서 구제역
이 발생한 이후 현재까지 전국적으로 한우의 질병이 발생되지 않은 것
으로 조사되었다. 따라서 위와 같은 수준의 헬기소음은 가축의 피해인
정수준을 훨씬 초과하고 있을 뿐만 아니라, 현장을 조사한 관계전문가
도 헬기소음으로 인한 유산 등의 질병발생을 인정하고 있고, 한우의 유
산 등이 헬기소음 외에는 특이한 질병에 의한 것도 아니므로, 피신청인
의 공사를 위한 헬기의 소음으로 인하여 신청인들이 사육하고 있는 한
우의 일부가 유산 및 폐사하였을 개연성이 있는 것으로 판단된다.

1-3. 항공기 소음
1-3-1. 양천구 김포공항 소음 피해사건(환조 02-3-295)

※ 영조물(김포공항)의 하자있는 운영으로 소음피해를 입었다며 공항 주변의
주민들이 요구한 피해배상을 인정한 사례

신청인들이 거주하는 SOS어린이 마을의 소음은 동 마을과 가장 가까
운 신월동 항공기 소음측정소(경인지방청 관리)의 측정소음도가 89웨
클(일반적으로 적용되는 소음도로 환산할 경우 약 76dB(A)에 해당됨)
로 나타나 있어 신청인들의 마을도 89웨클(범위: 87.7~90.7)로 추정할
수 있다. 이 정도의 소음은 '소음으로 인한 피해의 인과관계 검토 및
피해액 산정방법에 관한 연구보고서(중앙환경분쟁조정위원회, 1997)'
등 참고 문헌에 의하면 70dB(A)를 초과하는 경우 정신집중력이 떨어

지고 대화방해, 휴식에 지장이 있다는 연구결과 및 유사사건(서울지방 법원 2000가합 6945호 손해배상(공) 등)의 판례에서도 85웨클이상 지역에 대하여 피해를 인정한 사실 등에 따라 김포공항에서 발생하는 소음은 OO마을에 거주하는 신청인들에게 집중력 저하(일, 공부 등의 방해), TV시청 및 대화방해, 수면 및 휴식방해 등 정신적 피해를 입혔을 개연성이 인정되며, 항공기 소음의 특성상 소음대책의 곤란성, 항공법에 의한 소음피해지역의 지정 및 피해방지대책의 추진 등을 종합적으로 고려한다 하더라도 신청인들에 대하여 수인한도를 초과하여 피해를 입힌 것으로 판단된다.

1-3-2. 항공학교 헬기훈련 소음 사슴피해(환조 00-3-58)

※ 신청인이 육군항공학교가 인근지역으로 이주하여 헬기훈련을 시작한 후부터 그 소음으로 사슴 폐사, 유·사산, 녹용 생산량 저하 및 성장 지연 등의 피해를 입고 있다며 요구한 정신적 및 재산상 피해배상을 인정한 사례

전문가에 의하면, 사슴은 다른 가축보다 야생습성이 많이 남아 있어서 낯선 소음이나 물체 등에 민감하게 반응을 보여 사슴장을 뛰어 다니거나 사슴장 주위를 배회하며 흥분하는 특징을 가지고 있다. 이런 점을 감안할 때, 1~2분 간격으로 헬기가 사슴목장 상공을 지나가고 있고, 때때로 야간비행도 하고 있으므로, 항공학교 비행 훈련 시 발생하는 소음으로 사슴사육에 나쁜 영향을 미쳤을 개연성이 있다. 또한, 3차례에 걸친 수의사 검진 또는 부검에서 지속적인 스트레스에 의한 소화기 장애 등을 기술하고 있고, 항공학교 인근의 돼지사육농가에 대해 국가배상책임이 인정된 사례가 있음을 볼 때, 헬기소음이 사슴 폐사에 영향을 주었을 개연성은 더욱 확실해진다. 아울러, 신청인은 사슴을 넓은 야산에 방목하고 사료도 충분히 주는 등 사양관리에 문제점을 발견할 수 없었고, 헬기 소음 이외에 사슴에게 안 좋은 영향을 미칠 다른 요인을 발견할 수 없었다. 결론적으로, 위에 열거한 정황으로 보아 헬기 훈련 소음으로 인한 사슴 피해의 개연성은 충분히 있다.

1-4. 아파트 층간 소음

1-4-1. 부산시 아파트 층간소음으로 인한 정신적 피해(출처: 중앙환경분쟁조정위원회, 분쟁조정사례)

※ ○○시 ○○구 ○○아파트에 입주한 신청인이 아파트 층간 바닥 및 천장 구조의 하자로 인해 아래층에서 발생하는 소음과 위층으로의 사생활 노출로 정신적 피해 및 재산 피해를 입었다며, 시행사인 (주)○○건설을 상대로 요구한 피해배상을 인정한 사례

'08. 2월 신청인이 거주하는 ○○아파트 ○동 ○호의 바닥충격음을 측정한 결과, 경량충격음이 최고 61dB로서 우리 위원회의 층간소음 피해인정기준의 경량바닥충격음 58dB를 초과하고 있어, 바닥충격음을 충분히 차단하지 않은 채 신청인에게 아파트를 분양하였다고 할 수 있으므로, 아파트 층간소음 수인한도 이내로 차단할 수 있는 차음시설을 설치할 필요성이 있다고 판단된다.
따라서 피신청인 (주)○○건설은 ○○아파트의 시행사로서 신청인에게 분양한 아파트의 바닥충격음이 공동주택 거주자의 피해인정수준(경량충격음 58dB)을 초과한 부분에 대해 차음공사비와 층간소음 측정비를 합한 금액을 배상하여야 한다.

1-4-2. 아파트 층간소음으로 인한 피해

※ 아파트 입주자들이 층간소음으로 인하여 피해를 입었다며, 아파트 분양사, 시행사 등을 상대로 요구한 피해배상(차음공사비)을 인정한 사례

○○아파트의 바닥충격음 측정결과, 경량충격음이 61 ~ 69dB로서 『공동주택 바닥충격음 차단성능 기준설정 연구(대한주택공사 주택도시연구원, 2001년)』보고서에서 제시하는 공동주택 거주자의 피해인정기준인 58dB을 크게 초과하는 것으로 나타났는데, 이는 아파트분양자가 바닥충격음을 충분히 차단하지 아니한 채 신청인들에게 주택을 건축·분양함으로써 의자 끄는 소리, 걷는 소리 등의 소음으로 인하여 신청인들이 수인한계를 초과하는 피해를 입었을 개연성이 충분히 인정되므로, 아파트 층간소음을 수인한계 이내로 차단할 수 있는 차음시설 설치의 필요성이 있다고 판단된다.

2. 환경소송 사례

2-1. 도로 소음

2-1-1. [민사소송] 고속도로에서 발생하는 소음피해(대법원 2007. 6. 15. 선고 2004다37904 판결)

※ 고속도로에서 발생하는 소음이 주민들의 주택을 기준으로 「환경정책기본법」이 정하는 도로변 소음 환경기준인 65㏈(A)를 넘지 않도록 방음시설을 보강해야 한다고 인정한 사례

원고가 관리하는 이 사건 고속도로의 공공적 기능, 원고가 이 사건 고속도로를 설치, 관리함에 있어서 소음 피해를 줄이기 위한 노력을 경주한 면이 있다고 하더라도, 원고가 이 사건 고속도로의 확장공사 착공 후 이 사건 빌라 부지를 매도하여 이 OO빌라가 신축되었다는 사정을 고려한다면, 이 OO빌라의 각 주택의 소음과 관련하여 「환경정책기본법」상 소음환경기준인 65dB 이상의 소음이 발생하는 경우에는 사회생활상 통상의 수인한도를 넘는 것으로서 위법하다고 할 것이고, 이러한 사실관계 하에서는 피고 주민들이 이 사건 고속도로의 확장공사 이후 입주하였다는 사정만으로 피고 주민들의 원고에 대한 유지청구가 신의칙에 반하여 허용될 수 없는 경우라고 볼 수도 없다.

따라서 원심이 1일 평균 소음이 65dB 이상인 주택에 거주하는 피고 주민들의 유지청구 및 손해배상청구에 대하여 이 사건 고속도로를 설치, 관리하는 원고는 그 설치, 관리상의 하자로 인한 손해배상책임 및 이 사건 고속도로에서 유입되는 소음이 65dB을 넘지 않도록 해야 할 책임이 있다고 판단한 것은 정당하고, 거기에 상고이유에서 주장하는 바와 같이 소음피해로 인한 수인한도에 관한 법리오해 및 유지청구와 관련한 신의칙 위반 여부의 판단에 관한 법리오해 등의 위법이 있다고 할 수 없다.

2-1-2. [민사소송] 고속도로 확장공사 및 차량통행에 따른 소음·진동으로 인한 피해(대법원 2003. 9. 5. 선고 2001다68358 판결)

※ 고속도로 확장공사 및 차량통행에 따른 소음·진동으로 인하여 종전사업장에서 더 이상 양돈업을 할 수 없게 된 경우 손해의 범위는 그 손해기간에 종전 양돈장과 유사한 정도의 시설물 건설 및 양돈상태 조성에 드는 기간을 더한 기간이라고 한 사례

> 고속도로 확장공사 및 차량통행에 따른 소음·진동으로 인하여 종전 사업장에서 더 이상 양돈업을 할 수 없게 된 경우, 양돈업자들이 입은 소극적 손해는 그 곳에서의 양돈장을 폐업, 이전함으로 인하여 상실하게 된 수입이라고 할 것인바, 그 손해기간은 차량통행으로 인한 소음·진동으로 양돈장의 정상적인 영업이 불가능하여 이를 폐업한 때부터 위 양돈장과 유사한 정도의 시설물 건설 및 양돈상태 조성에 드는 기간에 정상적인 노력으로 위 양돈장을 위한 대체지와 양돈 영업시설을 확보하는데 소요되는 통상의 기간을 더한 기간이다.

2-1-3. [국가배상] 도로에서 유입되는 소음 때문에 인근 주택 거주자에게 사회통념상 수인한도를 넘는 침해가 있는지 여부를 판단하는 경우, 「주택법」상 주택건설기준보다 「환경정책기본법」상 환경기준을 우선해서 고려해야 하는지 여부

(대법원 2008.8.21. 선고 2008다9358,9365 판결)

※ 차량이 통행하는 도로에서 유입되는 소음 때문에 인근 주택의 거주자에게 사회통념상 일반적으로 수인할 정도를 넘어서는 침해가 있는지 여부는, 「주택법」 등에서 제시하는 주택건설기준보다는 「환경정책기본법」에서 설정하고 있는 환경기준을 우선적으로 고려해야 된다고 한 사례

> 수인한도의 기준을 결정함에 있어서는 일반적으로 침해되는 권리나 이익의 성질과 침해의 정도뿐만 아니라 침해행위가 갖는 공공성의 내용과 정도, 그 지역환경의 특수성, 공법적인 규제에 의하여 확보하려는 환경기준, 침해를 방지 또는 경감시키거나 손해를 회피할 방안의 유무 및 그 난이 정도 등 여러 사정을 종합적으로 고려하여 구체적 사건에 따라 개별적으로 결정하여야 하는바, 특히 차량이 통행하는 도로에서 유입되는 소음으로 인하여 인근 공동주택의 거주자에게 사회통념상 일반적으

로 수인할 정도를 넘어서는 침해가 있는지 여부는 「주택법」 등에서 제시하는 주택건설기준보다는 「환경정책기본법」 등에서 설정하고 있는 환경기준을 우선적으로 고려하여 판단하여야 한다.

원심판결 이유에 의하면, 원심은, 이 사건 도로의 하루 통행 차량이 약 86,361대에 이르는 등 공공도로인 점과 피고들이 이 사건 도로가 개통된 이후에 건축된 이 사건 아파트에 입주한 점 등을 감안하더라도, 피고들이 거주하는 세대의 야간 등가소음도가 65dB 이상으로 「환경정책기본법」이 요구하는 도로변 주거지역의 야간 소음기준(55dB)을 훨씬 초과함으로써 피고들에게 통상의 수인한도를 넘는 피해를 발생하게 하였다면 원고 부산광역시의 이 사건 도로 설치·관리상에 하자가 있다고 판단하였는바, 앞서 본 법리에 비추어 보면 원심의 위와 같은 판단은 정당한 것으로서 수긍이 가고, 거기에 상고이유에서 주장하는 바와 같이 공공영조물 설치·관리상의 하자에 관한 법리오해, 소음피해로 인한 수인한도에 관한 법리오해, 심리미진 등의 위법이 있다고 할 수 없다.

2-2. 공사장 소음

2-2-1. [민사소송] 주변 아파트 공사로 인해 발생한 소음·진동 피해
(서울고등법원 2004. 9. 1. 선고 2003나82275)

※ 피고들이 ○○아파트를 신축하면서 그 공사 도중 법률이 허용하는 한도를 초과하는 소음을 배출하였으므로 피고들은 각자 원고 등이 입은 정식적 손해를 배상할 의무가 있다고 본 사례

○○아파트가 신축 중이던 2000. 7. 7. 리바뷰아파트에서 공사로 인한 소음을 측정한 결과 「소음·진동규제법」 소정의 생활소음 규제기준인 70.0dB을 초과하는 70.2dB이 측정되었고, 원고 등은 공사장의 굉음으로 인한 고통으로 피고들에게 공사기간 중 이주시켜 줄 것을 요구할 정도였으며, 일부 리바뷰아파트 입주민들은 병원을 찾기까지 하는 등 ○○아파트의 신축공사 중 소음, 진동, 분진으로 생활상 큰 불편을 겪었다. 피고들이 ○○아파트를 신축하면서 그 공사 도중 법률이 허용하는 한도를 초과하는 소음을 배출한 것은 앞서 본 바와 같고, 원고 등이 입은 소음, 진동, 분진으로 인한 고통 정도가 현저하게 커 수인한도를 넘었다고 보이므로, 피고들은 각자 원고 등이 입은 정신적 손해를 배상할 의무가 있다 할 것이다.

2-2-2. [민사소송] 학교 인근 재건축공사로 인한 소음·진동 피해
(서울중앙지법 2006.3.9. 자 2006카합246 결정)

※ 학교 인근 대지상의 재건축공사로 인하여 위 학교 학생들의 적절한 환경에서 교육을 받을 권리가 수인한도를 초과하는 정도로 침해되고 있다고 판단하여 위 학교 학생들의 공사중지가처분신청을 일부 인용한 사례

이 사건 공사가 개시된 이후에도 임시교사의 신축을 포함하여 다양한 침해의 예방을 위한 대안이 제시된 바 있고, 전체 공사의 규모 및 이익에 비추어 과도하다거나 불가능하지 아니한 대안을 마련할 여지가 적지 아니하다고 보이는 상황임에도 불구하고, 기존 학교시설에 방음벽, 이중창, 공기청정기 등을 설치하는 등의 조치만이 이행된 점 등의 제반 사정을 고려할 때, 결국 이 사건 공사로 인하여 신청인들의 적절한 환경에서 교육을 받을 권리가 수인한도를 초과하는 정도로 침해되고 있다고 보지 아니할 수 없고, 피신청인들이 이 사건 공사의 지연으로 인한 경제적 손실을 이유로 공사를 강행할 예정임을 명백히 하고 있는 점, 신청인들의 적절한 환경에서 교육을 받을 권리가 침해되는 경우 이를 금전배상으로 전보하는 것도 그 시기적 특성상 한계가 있다고 보이는 점에 비추어 보전의 필요성도 인정된다고 할 것이므로, 피신청인들에게 이 사건 공사의 중지를 명하기로 하되, 이 사건 가처분으로써 공사를 금지할 범위에 관하여는, 위에서 본 제반 사정 및 학교시설에 관한 공법상 제반 규정에 비추어 피신청인들은 서울 서초구 반포동 20-1 외 28필지 지상에서 반포주공3단지 재건축공사를 진행함에, 같은 동 22 소재 서울원촌중학교의 방학 기간을 제외한 기간 동안 평일 08:00부터 16:00까지, 토요일 08:00부터 14:00까지 위 서울원촌중학교의 학교부지 경계선으로부터 50m 이내의 장소에서 위 공사를 진행하여서는 아니 된다.

2-3. 항공기 소음

2-3-1. [국가배상] 항공기 소음으로 인한 국가배상 청구

(대법원 2005. 1. 27. 선고 2003다49566 판결)

※ 김포공항에서 발생하는 소음 등으로 인근 주민들이 입은 피해는 사회통념 상 수인한도를 넘는 것으로서 김포공항의 설치·관리에 하자가 있다고 본 사례

> 설령 피고가 김포공항을 설치·관리함에 있어 항공법령에 따른 항공 기 소음기준 및 소음대책을 준수하려는 노력을 경주하였다고 하더라 도, 김포공항이 항공기 운항이라는 공공의 목적에 이용됨에 있어 그 와 관련하여 배출하는 소음 등의 침해가 인근 주민인 선정자들에게 통상의 수인한도를 넘는 피해를 발생하게 하였다면 김포공항의 설 치·관리상에 하자가 있다고 보아야 할 것이며, 여러 사정을 종합적으 로 고려하면 이 사건 김포공항 주변지역의 소음과 관련하여서는 규 제「항공법 시행규칙」제271조상의 공항소음피해예상지역(제3종구역) 으로 분류되는 지역 중 85 WECPNL 이상의 소음이 발생하는 경우 에는 사회생활상 통상의 수인한도를 넘는 것으로서 위법성을 띠는 것으로 봄이 상당하다고 할 것인데, 이 사건 선정자들의 거주지역이 이에 해당하므로 김포공항을 설치·관리하는 국가는 이에 대하여 손 해를 배상할 책임이 있다.

2-4. 사격장 소음

2-4-1. [국가배상] 매향리사격장 소음으로 인한 국가배상 청구

(대법원 2004. 3. 12. 선고 2002다14242 판결)

※ 매향리 사격장에서 발생하는 소음 등으로 지역 주민들이 입은 피해는 「환 경정책기본법」상 환경소음기준을 고려할 때 사회통념상 참을 수 있는 정도 를 넘는 것으로서 사격장의 설치 또는 관리에 하자가 있었다고 본 사례

> 매향리 사격장이 국가안보를 위하여 고도의 공익성을 가진 시설이지 만 원고들이 거주하는 농어촌지역과 충분한 완충지대를 두지 아니하 고 설치되어 주거지역 상공으로 전투기 등이 낮은 고도로 비행하면 서 폭탄 투하와 기관총 사격 훈련 등을 실시함으로써 「환경정책기본 법」상 주거지역 환경소음기준인 50dB 내지 65dB을 훨씬 넘는 날카

롭고 충격적인 소음이 주말이나 공휴일을 제외하고 매일 발생하여 원고들이 신체적·정신적으로 피해를 입었고, 텔레비전 시청이나 전화 통화 및 일상대화 또는 자녀교육 등 일상생활에 커다란 방해를 받고 있는데도 불구하고, 미국 공군이 2000. 8. 18. 사격훈련 방법을 변경할 때까지 원고들의 피해를 줄이기 위한 노력을 충분히 하지 아니한 점 등에 비추어 볼 때, 2000. 8. 18. 이전까지 매향리 사격장에서 발생하는 소음 등으로 인하여 원고들이 입은 피해는 사회생활상 통상 참을 수 있는 정도를 넘는 것이므로 매향리 사격장의 설치 또는 관리에 하자가 있었다고 보아야 하고, 따라서 피고는 「대한민국과아메리카합중국간의상호방위조약제4조에의한시설과구역및대한민국에서의합중국군대의지위에관한협정의시행에관한민사특별법」 제2조제2항, 「국가배상법」 제5조제1항에 따라 원고들이 입은 손해를 배상할 책임이 있다.

(관련판례)

차량이 통행하는 도로에서 유입되는 소음 때문에 인근 주택의 거주자에게 사회통념상 일반적으로 수인할 정도를 넘어서는 침해가 있는지 여부는, 「주택법」 등에서 제시하는 주택건설기준보다는 「환경정책기본법」 등에서 설정하고 있는 환경기준을 우선적으로 고려하여 판단하여야 한다(대법원 2008. 8. 21. 선고 2008다9358,9365 판결).

(관련판례)

고속도로로부터 발생하는 소음이 피해 주민들 주택을 기준으로 일정 한도를 초과하여 유입되지 않도록 하라는 취지의 유지청구는 소음발생원을 특정하여 일정한 종류의 생활방해를 일정 한도 이상 미치게 하는 것을 금지하는 것으로 청구가 특정되지 않은 것이라고 할 수 없고, 이러한 내용의 판결이 확정될 경우 「민사집행법」 제261조제1항에 따라 간접강제의 방법으로 집행을 할 수 있으므로, 이러한 청구가 내용이 특정되지 않거나 강제집행이 불가능하여 부적법하다고 볼 수는 없다(대법원 2007.6.15. 선고 2004다37904,37911 판결).

(관련판례)

구 「주택건설기준 등에 관한 규정」(1992. 12. 31. 대통령령 제13811호로 개정되기 전의 것) 제9조제1항, 제3조, 구 「주택건설촉진법」(1992. 12. 8. 법률 제

4530호로 개정되기 전의 것) 제3조제5호, 제6조제1항, 제33조제1항, 구「주택건설촉진법 시행령」(1992. 12. 21. 대통령령 제13782호로 개정되기 전의 것) 제9조제1항, 제32조제1항 등 관계 규정을 살펴보면, 구「주택건설기준 등에 관한 규정」제9조제1항에 따라 주택건설사업계획 승인을 얻어 공동주택을 건설하기 위하여, 방음벽 등의 방음시설을 설치하여 공동주택 건설지점의 소음도가 65dB 미만이 되도록 조치하여야 하는 공동주택은 20세대 이상으로서 건설부장관의 사업계획승인을 얻어 건설한 공동주택을 의미한다(대법원 2007.6.15. 선고 2004다37904,37911 판결).

(관련판례)

인근 고속도로에서 유입되는 소음으로 인하여 입은 환경 등 생활이익의 침해를 이유로 일정 한도를 초과하는 소음이 유입되지 않도록 하라는 내용의 유지청구 소송에서 그 침해가 사회통념상 일반적으로 수인할 정도를 넘어서는지의 여부는 피해의 성질 및 정도, 피해이익의 공공성, 가해행위의 태양, 가해행위의 공공성, 가해자의 방지조치 또는 손해회피의 가능성, 인·허가 관계 등 공법상 기준에의 적합 여부, 지역성, 토지이용의 선후관계 등 모든 사정을 종합적으로 고려하여 판단하여야 한다(대법원 2007.6.15. 선고 2004다37904,37911 판결).

(관련판례)

소음 등을 포함한 공해 등의 위험지역으로 이주하여 들어가서 거주하는 경우와 같이 위험의 존재를 인식하면서 그로 인한 피해를 용인하며 접근한 것으로 볼 수 있는 경우에, 그 피해가 직접 생명이나 신체에 관련된 것이 아니라 정신적 고통이나 생활방해의 정도에 그치고 그 침해행위에 고도의 공공성이 인정되는 때에는, 위험에 접근한 후 실제로 입은 피해 정도가 위험에 접근할 당시에 인식하고 있었던 위험의 정도를 초과하는 것이거나 위험에 접근한 후에 그 위험이 특별히 증대하였다는 등의 특별한 사정이 없는 한 가해자의 면책을 인정하여야 하는 경우도 있을 수 있을 것이나, 일반인이 공해 등의 위험지역으로 이주하여 거주하는 경우라고 하더라도 위험에 접근할 당시에 그러한 위험이 존재하는 사실을 정확하게 알 수 없는 경우가 많고, 그 밖에 위험에 접근하게 된 경위와 동기 등의 여러 가지 사정을 종합하여 그와 같은 위험의 존재를 인식하면서 굳이 위험으로 인한 피해를 용인하였다고 볼 수 없는 경우에는 손해배상액의 산정에 있어 형평의 원칙상 과실상계에 준하여 감액사유로 고려하는 것이 상당하다(대법원 2003다49566, 선고, 2005. 1. 27, 판결).

(관련판례)

「국가배상법」 제5조제1항에 정하여진 '영조물의 설치 또는 관리의 하자'라 함은 공공의 목적에 공여된 영조물이 그 용도에 따라 갖추어야 할 안전성을 갖추지 못한 상태에 있음을 말하고, 여기서 안전성을 갖추지 못한 상태, 즉 타인에게 위해를 끼칠 위험성이 있는 상태라 함은 당해 영조물을 구성하는 물적 시설 그 자체에 있는 물리적·외형적 흠결이나 불비로 인하여 그 이용자에게 위해를 끼칠 위험성이 있는 경우뿐만 아니라 그 영조물이 공공의 목적에 이용됨에 있어 그 이용상태 및 정도가 일정한 한도를 초과하여 제3자에게 사회통념상 참을 수 없는 피해를 입히는 경우까지 포함된다고 보아야 할 것이고, 사회통념상 참을 수 있는 피해인지의 여부는 그 영조물의 공공성, 피해의 내용과 정도, 이를 방지하기 위하여 노력한 정도 등을 종합적으로 고려하여 판단하여야 한다(대법원 2002다14242, 선고, 2004. 3. 12, 판결).

(관련판례)

소음 등을 포함한 공해 등의 위험지역으로 이주하여 들어가서 거주하는 경우와 같이 위험의 존재를 인식하면서 그로 인한 피해를 용인하며 접근한 것으로 볼 수 있는 경우에 그 피해가 직접 생명이나 신체에 관련된 것이 아니라 정신적 고통이나 생활방해의 정도에 그치고, 그 침해행위에 상당한 고도의 공공성이 인정되는 때에는 위험에 접근한 후 실제로 입은 피해 정도가 위험에 접근할 당시에 인식하고 있었던 위험의 정도를 초과하는 것이거나 위험에 접근한 후에 그 위험이 특별히 증대하였다는 등의 특별한 사정이 없는 한 가해자의 면책을 인정하여야 하는 경우도 있을 수 있을 것이나, 일반인이 공해 등의 위험지역으로 이주하여 거주하는 경우라고 하더라도 위험에 접근할 당시에 그러한 위험이 문제가 되고 있지 아니하였고, 그러한 위험이 존재하는 사실을 정확하게 알수 없었으며, 그 밖에 위험에 접근하게 된 경위와 동기 등의 여러 가지 사정을 종합하여 그와 같은 위험의 존재를 인식하면서 굳이 위험으로 인한 피해를 용인하였다고 볼 수 없는 경우에는 그 책임이 감면되지 아니한다고 봄이 상당하다(대법원 2002다14242, 선고, 2004. 3. 12, 판결).

(관련판례)

고속도로 확장공사 및 차량통행에 따른 소음·진동으로 인하여 종전 사업장에서 더 이상 양돈업을 할 수 없게 된 경우, 양돈업자들이 입은 소극적 손해는 그 곳에서의 양돈장을 폐업, 이전함으로 인하여 상실하게 된 수입이라고 할 것인바, 그 손해기간은 차량통행으로 인한 소음·진동으로 양돈장의 정상적인 영업이 불가능하여 이를 폐업한 때부터 위 양돈장과 유사한 정도의 시설물 건설 및 양돈상태 조성에 드는 기간에 정상적인 노력으로 위 양돈장을 위한 대체지와 양돈 영업시설을 확보하는 데 소요되는 통상의 기간을 더한 기간이다(대법원 2001다68358, 선고, 2003. 9. 5, 판결).

(관련판례)

고속도로 확장공사 및 차량통행에 따른 소음·진동으로 인하여 종전 사업장에서 더 이상 양돈업을 할 수 없게 된 경우의 소극적 손해의 범위를 산정함에 있어 그 손해기간에 종전 양돈장과 유사한 정도의 시설물 건설 및 양돈 상태 조성에 드는 기간 외에 양돈장 폐업일 다음날부터 원심 변론종결일까지의 기간을 포함시킨 원심을 파기한 사례(대법원 2001다68358, 선고, 2003. 9. 5, 판결).

제2절 대기오염피해사례

1. 환경분쟁조정 사례

1-1. 비산 먼지 등으로 인한 피해

1-1-1. 송파구 거여동 공동주택 신축공사장 소음·진동·먼지로 인한 정신적 피해(서울환조 03-3-3)

※ 송파구 거여동 공동주택 신축공사장에서 발생하는 소음 · 진동 · 먼지로 인한 정신적 피해를 입었다고 주장하며 공사장 인근에 거주하는 주민들이 시공회사에 요구한 피해배상을 인정한 사례

> 피신청인은 신청인 빌라 방향에 방음벽을 설치하였고 살수시설을 앞뒤로 각 1개씩 설치하여 수시로 살수하였으며, 건축외벽에 방진막을 설치하여 비산먼지를 줄이기 위해 노력하였으나, 방음벽의 높이가 약 2.1m로 3층 및 4층인 신청인 빌라로 전달되는 먼지를 차단하기에는 그 역할이 미흡하였을 것이며, 관할 구청의 현장 점검시 2회에 걸쳐 분진망을 보강토록 현장 지도 받았고 건축공사 잔재물을 먼지저감을 위한 보호시설 없이 지상으로 낙하하여 분진 발생에 따른 행정지도를 받았던 사례가 있었음을 감안할 때, 신청인들은 사회 통념상 수인한도를 넘는 먼지피해를 일부 입었을 개연성이 있는 것으로 판단된다.

1-1-2. 부산 사하구 공장 비산분진으로 인한 재산 및 정신적 피해 분쟁사건(환조 07-3-90)

※ 부산 (주)○○개발 ○○ 및 ○○해양개발 등 5명이 인접한 조선소 작업장에서 도장작업 시 비산분진으로 인하여 재산 및 정신적 피해를 입었다고 주장하면서 (주)○○조선, (주)○○중공업, (주)한국○○에 요구한 피해배상을 인정한 사례

> 신청인 사업장 주변이 선박 도장 등과 관련된 사업장들이 밀집한 곳이기는 하지만, 신청인의 주장, 피신청인이 제출한 작업 상황, 비산먼지 방지조치, 주변 다른 도장작업 사업장의 위치, 그동안 피신청인 사업장에 대한 민원발생 및 피신청인이 야외 도장작업을 하는 경우에

신청인의 차량에 차량커버 실시, 현지조사 시 피신청인 사업장 경계 부위에서 작업 중인 선박 블록 구조물이 방진망의 높이 보다 높은 것으로 나타나 「대기환경보전법」상 비산먼지 방지조치 규정에 미흡한 점 등을 종합적으로 감안해 볼 때, 신청인의 차량이나 건물외벽 유리창에 페인트 오염 피해는 피신청인의 사업장에서 선박 도장작업 시 관리소홀 등으로 인하여 비산된 페인트로 인한 개연성이 인정된다.

1-1-3. 인천 옹진군 화력발전소 비산먼지로 인한 재산 및 정신적 피해 분쟁사건(환조 06-3-134)

※ 인천시광역시에 거주하고 있는 ○○○ 등 5인이 ○○화력발전소에서 발생하는 석탄재 등이 식수로 사용하는 지하수에 스며들어 흑회색의 부유물질이 발생하고, 또한 발전소에서 발생하는 먼지로 공기가 오염되었다며 피신청인 ○○화력발전소를 상대로 요구한 피해 배상을 인정하지 않은 사례

2002년 1월부터 피신청인이 발전소 가동으로 인해 주변지역의 대기질 환경에 미치는 영향을 실시간으로 측정하는 자동측정설비(TMS)의 운영 결과에 따르면 2006년도의 경우 신청인이 거주하는 지역의 미세먼지 등 5개 측정항목이 대기환경 기준치 이내로 측정되었고, 우리 위원회의 요청으로 2007. 1. 10. ~ 2007. 1. 11.(2일간) 신청인 거주지 인근 지역에서 미세먼지를 포함한 3개 항목 대기질을 측정한 결과도 기준치 이내인 점, 피신청인이 석탄 저탄장과 석탄재 매립지의 비산물질 발생을 최소화하기 위하여 살수설비, 방진마운드, 세륜시설 등을 설치·운영하였고, 관할 행정기관의 피신청인에 대한 지도점검을 실시한 결과 위반사항이 없었던 점 등을 고려할 때, 신청인이 사회통념상 수인의 한계를 넘는 대기오염 피해를 입었을 개연성은 인정되지 아니한다.

1-1-4. 강원 원주시 공장 대기오염으로 인한 건물 및 정신적 피해 분쟁사건(환조 07-3-60)

※ 강원시 농공단지 내 신청인 공장건물에 인접해 있는 ○○정밀화학에서 황산화물을 배출하여 신청인 공장의 천정 등에 부식이 발생하는 재산적 피해 및 정신적 피해를 입었다며, ○○정밀화학을 상대로 요구한 피해배상을 인정하지 않은 사례

신청인의 공장 내부의 도장 관련 작업실을 경계로 하여 부식상태가 도장 관련 작업실 내에만 집중되어 있고, 그 외 작업실에는 피해가 미미한 것으로 나타나며, 신청인의 주장대로 피신청인 공장에서 발생되는 황산화물에 의한 부식이라면 공장 내부보다 공장 외부가 더 부식이 심하여야 할 것이나 신청인의 공장지붕 위에는 공장 내부에 비하여 훨씬 깨끗하고 양호한 것으로 보이고 있다. 또한 신청인 공장 내부 및 외부에서 시료를 채취하여 분석해 본 결과에서도 황산화물(SOx)의 응축에 의한 노점부식 혹은 황화물을 핵으로 한 부식 등 황에 의한 부식과는 관련이 없는 것으로 전문가의 의견이 제출됨에 따라 피신청인의 공장에서 배출되는 대기오염물질(황산화물 등)로 인한 재산피해의 개연성은 인정되지 아니한다.

2. 환경소송 사례

2-1. 공해(公害) 소송에서의 입증책임

2-1-1. [민사소송] 공해 소송에서 인과관계의 입증책임의 분배

(대법원 2009. 10. 29. 선고 2009다42666 판결)

※ 공해로 인한 손해배상을 청구하는 소송에 있어서는 가해자인 기업이 인과관계의 입증책임을 진다고 한 사례

일반적으로 불법행위로 인한 손해배상청구사건에 있어서 가해행위와 손해발생 간의 인과관계의 입증책임은 청구자인 피해자가 부담하나, 대기오염이나 수질오염에 의한 공해로 인한 손해배상을 청구하는 소송에 있어서는 기업이 배출한 원인물질이 대기나 물을 매체로 하여 간접적으로 손해를 끼치는 수가 많고 공해문제에 관하여는 현재의 과학수준으로도 해명할 수 없는 분야가 있기 때문에 가해행위와 손해의 발생 사이의 인과관계를 구성하는 하나, 하나의 고리를 자연과학적으로 증명한다는 것이 매우 곤란하거나 불가능한 경우가 많으므로, 이러한 공해소송에 있어서 피해자에게 사실적인 인과관계의 존재에 관하여 과학적으로 엄밀한 증명을 요구한다는 것은 공해로 인한 사법적 구제를 사실상 거부하는 결과가 될 우려가 있는 반면에, 가해기업은 기술적·경제적으로 피해자보다 훨씬 원인조사가 용이한 경우가 많을 뿐만 아니라, 그 원인을 은폐할 염려가 있기 때문에, 가해기업이 어떠한 유해한 원인물질을 배출하고 그것이 피해물건에 도달하여 손해가 발생하였다면 가해자측에서 그것이 무해하다는 것을 입증하지 못하는 한 책임을 면할 수 없다고 보는 것이 사회형평의 관념에 적합하다.

2-1-2. [민사소송] 공해 소송에 있어서 인과관계의 입증정도와 환경오염에 대한 수인한도의 판단기준(서울민사지법 1989. 1. 12. 선고 88가합2897 제13부 판결)

※ 가해공장이 석탄분진을 배출하여 그것이 피해발생(진폐증)에 영향을 미치지 않았다는 것을 입증하지 못하는 한 책임을 면할 수 없다고 본 사례

1. 대기오염으로 인한 공해소송인 이 사건에 있어서는 ① 피고공장에서 대기에 악영향을 줄 수 있는 석탄분진이 생성, 배출되고, ② 그 석탄분진 중의 일부가 대기를 통하여 원고의 거주지 등에 확산

도달되었으며, ③ 그 후 원고에게 진폐증(탄분침착증) 발병이라는 피해가 있었다는 사실이 각 모순없이 증명된다면 피고의 위 석탄 분진의 배출이 원고가 진폐증에 이환된 원인이 되었을 개연성 있음은 일응 입증되었다고 보아야 할 것이고 이러한 사정 아래서는 석탄분진을 배출하고 있는 피고가 ① 피고공장에서의 분진 속에는 원고에게 피해를 끼친 원인물질이 들어 있지 않으며, ② 원인물질이 들어 있다 하더라도 그 혼합율이 원고의 피해발생에는 영향을 미치지 아니한다는 사실을 반증을 들어 인과관계를 부정하지 못하는 이상 그 불이익은 피고에게 돌려 피고의 분진배출과 원고의 진폐증이환 사이에 인과관계의 증명이 있다고 하여야 마땅할 것이며, 만일 이와는 달리 피해자인 원고에게 가해행위와 손해발생 사이의 인과관계를 구성하는 하나하나의 고리를 자연과학적으로 엄격히 증명할 것을 요구한다면 이는 기업이 배출한 원인물질이 공기를 매체로 하여 간접적으로 손해를 끼치는 수가 많은 공해문제에 있어서는 현대의 과학수준으로도 해명할 수 없는 분야가 있는 점에 비추어 극히 곤란하거나 불가능한 요구를 하는 것이 되어 공해로 인한 사법적 구제를 사실상 거부하는 결과가 될 우려가 있는 반면에 가해기업은 기술적, 경제적으로 피해자보다 훨씬 원인조사가 용이한 경우가 많을 뿐만 아니라 그 원인을 은폐할 염려가 있어 형평의 관념에 어긋난다고 할 것이다.

2. 대기오염이 수인한도를 넘은 것으로서 위법성을 띠게 되는 것인지의 여부는 피침해이익의 종류 및 정도, 침해행위의 공공성, 그 지역의 현실적인 토지이용상황, 토지이용의 선후관계, 가해자의 방지시설 설치 여부, 손해의 회피 가능성, 공법적 규제 및 인·허가와의 관계, 환경영향평가 및 민주적 절차의 이행 여부 등을 모두 비교·교량하여 판단하여야 한다.

2-2. 공장 등의 오염물질 배출

2-2-1. [민사소송] 공장에서 배출된 오염물질(아황산가스)의 농도가 구 「환경보전법」에 의해 허용된 기준치 이내인 경우 손해배상책임의 성립 여부(대법원 1991. 7. 23. 선고 89다카1275 판결)

※ 공장에서 배출된 오염물질(아황산가스)의 농도가 구 「환경보전법」에 따라 허용된 기준치 이내라 하더라도 그 유해의 정도가 통상의 수인한도를 넘어 인근 농장의 관상수를 고사케하는 한 원인이 되었다면 공장주는 그 배출행위로 인한 손해배상책임을 진다고 한 사례

---

1. 원고농장의 관상수들이 고사하게 된 직접 원인은 한파로 인한 동해이고 피고공장에서 배출된 아황산가스로 인한 것은 아니지만, 피고공장에서 수목의 생육에 악영향을 줄 수 있는 아황산가스가 배출되고 그 아황산가스의 일부가 대기를 통하여 이 사건 원고의 농장에 도달되었으며 그로 인하여 유황이 잎 내에 축적되어 수목의 성장에 장해가 됨으로써 한파로 인한 동해에 상조작용을 하였다는 사실인정을 하고 그러한 사실관계에 터잡아 피고공장에서 배출한 위 아황산가스와 원고농장의 관상수들의 동해와 사이에 인과관계를 인정한 조치는 위 설시와 같은 공해소송에 있어서의 인과관계에 관한 개연성이론에 입각하여 볼 때 정당하고 거기에 논지가 지적하는 바와 같은 채증법칙 위배 및 심리미진으로 인한 사실오인이나 인과관계의 법리를 오해한 위법 또는 석명권불행사의 위법이 없다.

2. 피고공장에서 배출된 아황산가스의 농도가 구 「환경보전법」에 의하여 허용된 기준치 이내라 하더라도 원심이 적법하게 확정하고 있는 바와 같이 그 유해의 정도가 통상의 수인한도를 넘어 원고농장의 관상수를 고사케하는 한 원인이 된 이상 그 배출행위로 인한 손해배상책임을 면치 못한다 할 것이다.

2-2-2. [민사소송] 자동차배출가스로 인한 천식 등의 건강피해에 대한 손해배상 청구(서울중앙지방법원 2010. 2. 3. 선고 2007가합 16309)

※ 대한민국, 서울특별시, 자동차 제조·판매 회사들을 상대로 서울의 대기오염으로 인한 호흡기질환 등을 이유로 손해배상을 청구한 사안에서, 제반 사정상 자동차배출가스와 위 호흡기질환의 발병 사이에 인과관계를 추단할 수 없다고 본 사례

> 서울특별시 지역에서 거주 또는 근무하면서 호흡기질환 등으로 진단을 받거나 치료를 받은 사람들이 대한민국, 서울특별시, 자동차 제조·판매 회사들을 상대로 서울의 대기오염으로 인한 건강피해를 이유로 손해배상을 청구한 사안에서, 자동차배출가스로 인하여 위 호흡기질환이 발병 또는 악화되었다고 볼 직접적인 자료가 없을 뿐만 아니라 원고들이 제출한 각종 자료와 연구 결과만으로는 자동차배출가스의 성분과 호흡기질환 사이의 역학적 인과관계가 있다고 보기 어렵고, 자동차가 대기 중의 미세먼지, 이산화질소 등의 주요 배출원이라고 단정할 수 없으므로, 자동차배출가스와 위 호흡기질환의 발병 사이에 인과관계를 추단할 수 없다.

(관련판례)

피해자 측에서 자동차배출가스와 호흡기질환 발병 사이의 인과관계의 고리를 모두 자연과학적으로 증명하는 것은 곤란하거나 불가능하고, 개인인 피해자 측에 비해 국가, 지방자치단체 및 자동차 제조·판매 회사들이 보다 적은 노력과 비용으로 보다 합리적인 인과관계를 입증할 가능성이 월등히 큰 점 등을 고려할 때, 공해소송에서의 증명책임 완화의 법리를 자동차배출가스와 호흡기질환 발병 사이의 인과관계의 증명에 적용할 수 있다(서울중앙지법 2010.2.3. 선고 2007가합16309 판결).

(관련판례)

일반적으로 불법행위로 인한 손해배상청구사건에 있어서 가해행위와 손해발생 간의 인과관계의 입증책임은 청구자인 피해자가 부담하나, 대기오염에 의한 공해를 원인으로 하는 손해배상청구소송에 있어서는 기업이 배출한 원인물질이

대기를 매개로 간접적으로 손해를 끼치는 경우가 많고 공해문제에 관하여는 현재의 과학수준으로 해명할 수 없는 분야가 있기 때문에 가해행위와 손해발생 간의 인과관계의 과정을 모두 자연과학적으로 증명하는 것은 극난 내지 불가능한 경우가 대부분인 점 등에 비추어 가해기업이 배출한 어떤 유해한 원인물질이 피해물건에 도달하여 손해가 발생하였다면 가해자측에서 그 무해함을 입증하지 못하는 한 책임을 면할 수 없다고 봄이 사회형평의 관념에 적합하다(대법원 1991. 7. 23. 선고 89다카1275 판결).

(관련판례)

일반적으로 불법행위로 인한 손해배상청구사건에 있어서 가해행위와 손해발생 간의 인과관계의 입증책임은 청구자인 피해자가 부담하나, 대기오염이나 수질오염에 의한 공해로 인한 손해배상을 청구하는 소송에 있어서는 기업이 배출한 원인물질이 대기나 물을 매체로 하여 간접적으로 손해를 끼치는 수가 많고 공해문제에 관하여는 현재의 과학수준으로도 해명할 수 없는 분야가 있기 때문에 가해행위와 손해의 발생 사이의 인과관계를 구성하는 하나 하나의 고리를 자연과학적으로 증명한다는 것이 매우 곤란하거나 불가능한 경우가 많으므로, 이러한 공해소송에 있어서 피해자에게 사실적인 인과관계의 존재에 관하여 과학적으로 엄밀한 증명을 요구한다는 것은 공해로 인한 사법적 구제를 사실상 거부하는 결과가 될 우려가 있는 반면에, 가해기업은 기술적·경제적으로 피해자보다 훨씬 원인조사가 용이한 경우가 많을 뿐만 아니라, 그 원인을 은폐할 염려가 있기 때문에, 가해기업이 어떠한 유해한 원인물질을 배출하고 그것이 피해물건에 도달하여 손해가 발생하였다면 가해자측에서 그것이 무해하다는 것을 입증하지 못하는 한 책임을 면할 수 없다고 보는 것이 사회형평의 관념에 적합하다(대법원 2009. 10. 29. 선고 2009다42666 판결).

(관련판례)

대한민국과 아메리카합중국 간의 상호방위조약 제4조에 의한 시설과 구역 및 대한민국에서의 합중국군대의 지위에 관한 협정 제5조 제2항은 '대한민국은, 미합중국에 부담을 과하지 아니하고, 본 협정의 유효기간 동안 제2조 및 제3조에 규정된 비행장과 항구에 있는 시설과 구역처럼 공동으로 사용하는 시설과 구역을 포함한 모든 시설, 구역 및 통행권을 제공하고, 상당한 경우에는 그들의 소유자와 제공자에게 보상하기로 합의한다. 대한민국 정부는 이러한 시설과 구역에 대한 미합중국 정부의 사용을 보장하고, 또한 미합중국 정부 및 기관과 직원이 이러한 사용과 관련하여 제기할 수 있는 제3자의 청구권으로부터 해를 받지 않도록 한다'라고 규정하고 있다. 위 규정의 취지와 위 협정 제23조 제5항, 제6항의 내용 등을 종합하여 보면, 위 제5조 제2항은 대한민국의 주한미군에 대한 시설제공 의무와 주한미군의 시설 등 사용과 관련된 제3자의 청구권에 대한 대한민국과 미합중국 사이의 관계를 규정한 것에 불과하고, 주한미군의 시설 등 사용과 관련된 불법행위의 피해자에 대한 대한민국의 면책의 근거 규정이 될 수는 없다(대법원 2009. 10. 29. 선고 2009다42666 판결).

제3절 일조·조망 피해사례

1. 환경분쟁조정 사례

1-1. 일조권 침해

1-1-1. 의정부시 일조권 피해 분쟁조정 사례(중앙환경분쟁조정위원회 분쟁조정 사례)

※ 신청인들 소유의 토지 남쪽에 인접한 지상에 주식회사 ○○가 25층의 아파트를 건축함에 따라 입게 된 일조 피해에 대해 신청인들이 요구한 배상을 인정한 사례

> 피신청인은 위 아파트를 신축함에 있어 건축법 등 관계법령에서 정한 이격거리 이상을 확보하는 등 법규를 위반한 것이 전혀 없어 비록 신청인들이 주장하는 일조방해가 발생하였다 하더라도 피신청인은 그 결과에 대하여 책임을 질 수 없다는 취지의 주장을 하고 있으므로 살피건대, 건축법 등 관계 법령에 일조방해에 관한 직접적인 단속법규가 있다면 동 법규에 적합한지 여부가 사법(私法)상 위법성을 판단함에 있어서 중요한 판단자료가 되는 것은 사실이다. 하지만, 이와 같은 공법적 규제에 의하여 확보하고자 하는 일조는 원래 사법상 보호되는 일조권을 공법적인 면에서도 가능한 한 보증하려는 것으로서 특별한 사정이 없는 한 일조권 보호를 위한 최소한도의 기준인 것이다. 따라서 구체적인 경우에 있어서는 어떠한 건물신축이 건축 당시의 공법적 규제에 형식적으로 적합하다고 하더라도 현실적인 일조방해의 정도가 현저하게 커 사회통념상 수인한도를 넘은 경우에는 위법행위로 평가될 수 있다.
>
> 위와 같은 기준에 비추어 보면, 신청인들이 입고 있는 정도의 일조방해는 (주)○○의 아파트 신축으로 인하여 수인한도를 넘는 일조권 침해에 해당한다고 인정되며, 피신청인은 위와 같은 불법행위로 인하여 신청인들이 입은 재산적 손해와 정신적 손해를 배상할 책임이 있다 할 것이다.

1-1-2. 경산시 철도공사장 일조방해(중앙환경분쟁조정위원회 분쟁조정사례)

※ 고속철도 교각공사에 따른 일조 방해 피해를 입은 주민들이 한국철도시설 공단을 상대로 요구한 손해배상을 인정한 사례

> 피신청인의 교량이 신청건물의 정남향에 위치하고, 방음벽 상부와 신청인건물 거실창문의 경사각도(33.62~42.08°)가 해당 지역의 동짓날 정오기준 태양고도각(30.8°)보다 현저히 커서 일조가 완전히 차단되므로 신청인이 사회통념상 수인의 한도를 초과하는 일조피해를 입었을 개연성이 인정된다.
> 따라서 철도시설 설치·운영자인 한국철도시설공단은 「환경정책기본법」 제7조(오염원인자 책임원칙) 및 동법 제31조(무과실책임) 규정에 따라 일조침해에 대한 피해를 배상해야 한다.

1-1-3. 경북 성주군 도로교각 일조방해로 인한 참외피해 분쟁사건
(환조 06-3-179, 07-3-11)

※ 경북에 거주하는 ○○ 등 2명이 고속국도 간 건설공사 제○공구 도로공사 장의 교량(○○교) 설치에 따른 일조방해로 참외 피해를 입었다며 한국도로 공사를 상대로 요구한 피해 배상을 인정한 사례

> 신청인들이 재배하는 참외에 대하여 전문가의 현지조사와 교량 설치에 따른 일조량 시뮬레이션(simulation) 모델링 등을 통한 분석 결과 교량 설치 후에는 설치 전보다 일조량이 감소하였고, 작물생육에 필수요소인 햇빛이 차단될 경우 생육장애 유발로 수량이 감소되는 등 정상적인 재배가 이루어질 수 없다는 전문가의 의견에 따라 교량 설치로 인하여 발생한 일조방해는 재배하는 작물에 생육피해를 주었을 것으로 판단된다.
> 따라서 한국도로공사는 교량의 설치로 인한 일조량 감소로 경작물의 피해가 예상되는 ○○-○○간 고속국도 제○○호선 건설사업을 수립·추진하면서 신청인의 경작지에 피해를 주지 않도록 도로를 변경하거나 피해가 예상되는 경작지를 사전 매입 또는 보상할 수도 있음에도 일조방해에 대한 예방대책을 강구·시행함이 없이 교량을 설치함으로서 일조방해로 신청인의 참외 경작에 피해를 입힌 책임이 인정되므로 피해배상을 하여야 할 책임이 있다고 판단된다.

1-1-4. 부산 강서구 지하철 교량 일조방해로 인한 농작물 피해

(환조04-3-11)

※ 부산시 강서구 ○○동 인근 농민들이 부산지하철 3호선 지상구간의 교량건설로 인한 일조량 부족으로 농작물 피해를 입었다고 주장하며 지상구조물 발주기관인 ○○공단에 요구한 배상을 인정한 사례

> 신청인들이 재배하는 농작물인 토마토, 파, 상추, 배추, 고추, 쑥갓, 아이리스 및 리시안사스, 벼 등에 대하여 전문가의 현지조사와 지상구조물 설치에 따른 일조량 시뮬레이션(simulation) 모델링 등을 통한 분석 결과 지상구조물 설치 후에는 설치 전보다 일조량이 매우 감소하였고, 작물생육에 필수요소인 햇빛이 차단될 경우 생육장애 유발로 수량감소 및 재배곤란이 발생할 수 있는 등 정상적인 재배가 이루어질 수 없다는 전문가의 의견에 따라 지상구조물의 설치로 인하여 발생한 일조방해는 재배하는 작물에 생육피해를 주었을 것으로 판단된다.
>
> ○○공단은 지상구조물의 설치로 일조량의 변화에 따른 농작물의 피해가 예상되는 부산지하철 3호선 수영선 도시철도 건설사업을 수립하면서 신청인의 농지에 피해를 주지 않도록 지하철 노선을 변경하거나 또는 피해가 예상되는 농지는 사전에 매입 또는 보상을 하였어야 할 것이나, 사전에 지상구조물의 설치에 따른 일조방해대책을 강구·시행함이 없이 지상구조물을 설치함으로써 신청인들의 비닐하우스 등 경작지에 일조방해로 피해를 입힌 책임이 인정되므로 피해를 배상하여야 할 책임이 있다고 판단된다.

1-2. 조망 저해

1-2-1. 강원 춘천시 아파트공사장 소음·진동·먼지, 일조, 조망방해로 인한 건물 및 정신적 피해 분쟁사건(환조 07-3-93,94,95)

※ 강원 춘천시에 거주하는 ○○ 등 275명이 인근 아파트 공사장에서 발생하는 소음·진동·먼지로 인하여 정신적 피해를 입었고, 일조 및 조망저해, 주택 균열 등 물질적 피해가 있다며, 시공사 등을 상대로 요구한 피해 배상을 일부 인정한 사례

> 조망권은 통상적으로 주변에 조망할 가치가 있는 강, 산, 공원 등 자

연경관의 존재 여부에 대하여 조망권의 법적 보호요건에 따라 조망피해를 판단하고 있으나, 아파트 재건축으로 인하여 고층건물이 들어섬에 따라 주거지 내에서 하늘이나 땅 및 자연경관을 볼 수 있는 개방비율이 감소할 경우 답답함과 폐쇄감을 느낄 수 있으며, 이로 인해 심리적인 불안감 및 압박감을 느낄 수 있음을 고려할 때, 피신청인이 제출한 용역 결과 분석자료 중 개방율이 20% 이상 감소하는 세대는 조망 피해에 대한 개연성이 있는 것으로 판단된다.

※ 개방율: (천공율+대지율+경관율)-건물율

1-2-2. 경남 사천시 도로공사장 소음·진동·먼지·조망저해로 인한 건물 및 재산 피해 분쟁사건(환조 08-3-159)

※ 경남에서 횟집을 경영하고 있는 ○○이 인근 도로 공사장의 공사차량에서 발생하는 진동으로 인하여 건물균열과 도로 완공시 조망저해에 따른 재산가치 하락의 피해를 입었다며 (주)○○건설 및 ○○지방국토관리청을 상대로 요구한 피해배상을 인정하지 않은 사례

신청인 건물은 'OO횟집'이란 이름으로 바닷가 조망을 중요한 영업포인트로 하여 특별한 가치가 있었을 것으로 추정되고, 건설예정인 교량은 1층 횟집 좌석에 앉아서 보이는 창의 조망면적의 최소 20% 이상을 가릴 것으로 추정되며 교량 건설 후에는 교량이 바다의 수평선과 조망의 포인트가 되는 앞쪽 바닷가 섬 등을 가리게 되어 이에 따른 폐쇄감이 느껴질 것으로 생각되어 조망피해가 인정될 것이다.
그러나 현재는 도로 노반의 성토가 이루어지지 않았고 조망을 저해하고 있지 아니하는 상태이므로 신청인의 조망피해가 있다고 볼 수 없다. 또한, 향후 도로공사가 완공됨으로 인한 신청인의 조망피해 여부는 주변 OO관광지 개발계획과의 연계 검토가 필요한 사안이므로 현재상태에서는 판단하지 아니한다.

1-2-3. 경남 김해시 공장 신축공사장 소음, 진동, 통풍, 조망저해로 인한 건물 및 정신적 피해 분쟁사건(환조 07-3-111)

※ 경남에 거주하는 신청인 ○○ 등 25명이 인접한 피신청인의 공장 신축 공사시 소음·진동·통풍·조망저해로 인해 건물 균열 및 정신적 피해를 입었다고 주장하면서 시행사인 (주)○○ 및 시공사인 (주)○○종합건설에 요구한 피해 배상을 인정하지 않은 사례

> 피신청인의 공장 건물 높이가 신청인의 주택보다 약 3~4m 정도 높아서 신청인은 주생활 공간인 2층에서의 개방감이 공장신축에 의해 상실되는 부분이 있기는 하나, 신청인 건물의 입지조건을 고려하면 공장신축 전의 조망이 생활이익으로서 특별한 가치가 있었던 것으로 인정하기는 어렵고, 공장과 피해주장 건물 사이에 신축건물이 존재하고 공장신축에 따른 조망저해는 거의 발생하지 않을 것이라는 전문가 의견에 따라 조망저해로 인한 정신적 피해의 개연성을 인정하지 아니한다.

1-3. 수질오염

1-3-1. 전북 정읍시 하수처리장 오폐수로 인한 농작물 피해

(환조04-3-36)

※ 전북 정읍시 주민이 정읍시에서 제1산업단지의 오·폐수를 하수처리장으로 유입하던 중 중계펌프의 고장으로 오·폐수가 월류되어 농작물에 피해를 입혔다며 정읍시에 요구한 배상을 인정한 사례

2003.12. ~ 2004.1월 당시 피신청인인 정읍시가 관리하고 있는 제4중계펌프장의 펌프고장으로 압송하던 오·폐수가 월류되어 인근 농업용수로에 유입됨으로서 그 물을 용수로 사용한 사실을 피신청인이 직접 목격하지 못하였다고 할지라도 피신청인이 제4중계펌프장의 펌프고장 사실과 이로 인하여 오·폐수가 월류하여 인근 농업용수로에 유입되었을 가능성을 인정하고 있고, 전문가 의견에서 유출된 오·폐수는 수질분석 결과 BOD가 최대 95.6mg/ℓ으로「환경정책기본법」수질환경기준의 농업용수기준 8mg/ℓ을 훨씬 초과하여 농업용수로는 매우 부적합한 상태로서 수박·호박과 같은 원예작물에 이와 같은 오염된 용수를 사용하였을 경우 미발아·고사하거나 생육이 저조하여 상품성이 저하되는 등 유출된 오·폐수로 인하여 농작물이 피해를 입었을 개연성이 있다고 판단하고 있으므로 정읍시에서 관리하고 있는 제4중계펌프장의 펌프고장으로 유출된 오·폐수로 인한 농작물 피해가 인정된다.

1-3-2. 전남 고흥군 득량만바다 정화작업 시 발생한 해양오염으로 인한 양식장 및 정신적 피해(환조 03-3-173)

※ 전남 고흥군 주민 3인(3세대)이 득량만 특별관리어장 정화사업 시 발생한 해양오염으로 어류 집단폐사 및 정신적 피해를 입었다며 시행자인 ○○도와 시공사인 (주)○○종합건설에게 요구한 피해배상을 인정한 사례

현지조사 결과, 전문가의 의견, 관련문헌자료 등을 종합적으로 판단할 때 2001. 8. 21. ~ 8. 25.에 걸쳐 고흥군 득량만 넙치가두리 양식장과 육상수조양어장에서 발생한 어류대량폐사는 여름철 고수온기에 어장정화사업 시행으로 발생된 퇴적물 재부유와 부유입자물질의 증가로 인해 폐사되었을 개연성이 있는 것으로 판단된다. 따라서 득량만 어장정화사업으로 인한 양식장 어류집단 폐사는 인과관계가 인정되므

로 어업면허(허가)가 있고 고흥군에서 피해조사를 한 이〇〇(〇〇수산)와 김〇〇(〇〇수산) 양식장의 어류피해는 배상을 하고, 무허가 양식장이면서 피해신고가 되지 않은 이〇〇 양식장의 어류피해는 배상에서 제외한다.

1-3-3. 강원 양양군 도로공사장 수질오염 양식장 피해(중앙환경분쟁조정위원회 분쟁조정사례)

※ 강원 양양군에서 해상양식업을 영위하는 주민이 고속국도 건설 공사장에서 발생한 흙탕물의 연안 유입으로 인하여 양식 중인 가리비와 멍게의 폐사 피해가 발생하였다며, 시공사인 (주)〇〇공영과 발주처인 한국도로공사를 상대로 요구한 배상을 인정한 사례

2006년과 2008년 우기에 다량의 강우가 있었고, 이 시기에 이 공사장의 절·성토 공사가 집중적으로 시행되었으며, 현지조사 시 일부 미녹화구간에 침사지가 설치되지 않았거나 미흡한 것으로 확인되었다는 점, 오산천 등에서 발생한 흙탕물이 하절기 북상하는 난류의 영향을 받아 신청인의 양식장으로 유입될 개연성이 크고, 다량의 강우시에는 양양남대천 물의 영향을 받아 상당기간 정체할 개연성이 큰 지역적인 특성, 양식장으로 유입된 흙탕물의 부유물질 농도가 500~3,000mg/ℓ 정도로 예상되고, 180mg/ℓ 이상의 부유물질 농도에서는 가리비의 아가미에 심각한 손상을 주며, 흙탕물 유입 등 복합적인 시공간적 변화가 가리비 및 멍게의 대량 폐사에 직·간접적인 영향을 미쳤을 것으로 추정된다는 전문가의 의견 등을 종합적으로 고려할 때 피신청인 공사장에서 발생한 흙탕물이 신청인의 가리비 및 멍게 폐사에 상당한 영향을 주었을 개연성이 인정된다.

1-3-4. 전북 부안군 새만금 해수오염으로 인한 영업손실 피해 분쟁사건(환조 07-3-6)

※ 전북 부안군에 거주하는 ○○ 등 15명이 ○○ 배수관문의 방류수로 인한 해수오염으로 영업손실 피해를 입었다며 요구한 피해 배상을 인정하지 않은 사례

해양전문가의 자문 및 환경영향조사보고서를 종합하여 볼 때 ○○호소수가 방조제의 가력배수관문을 통하여 배수될 시 기포 또는 거품이 발생하여 ○○해수욕장까지 일부 이동하여 기포 또는 거품의 발생으로 해수욕객 감소에 영향을 주었을 가능성이 있을 수는 있을 것이나 기포 또는 거품 발생시점(2006. 2. 3. 또는 2006. 8. 15.)이 성수기가 아닌 시기임을 감안할 때 해수욕객 감소에 큰 영향이 있었다고 보기는 어렵고 ○○호의 끝막이 공사 전·후의 수질조사 결과 2005년도보다 2006년도에 화학적산소요구량이 상승하였으나 그 외의 오염물질의 오염도는 비슷하거나 또는 감소한 것으로 나타났고 해수오염과 관련하여 양당사자에게 입증자료를 제시토록 요구(전문기관의 조사 권고)한 바 있으나 이를 수용하지 아니하여 신청인 주장의 타당성을 검증할 수 없었다. 그러나 ○○해수욕장의 입욕객 년도별 추이가 2006년도에는 2005년도보다 70% 감소하였으나 2005년도에는 당시 KBS-TV의 인기 주말연속극(○○ 장군)의 촬영지(○○해변)로서의 특수에 따라 일시적인 현상에 의해 2004년보다 입욕객이 488%로 폭발적으로 증가한 것이고 2006년도에 입욕객이 2003년도와 2004년보다는 각각 32% 및 77%가 증가된 점을 감안할 때 신청인이 주장하는 해수오염으로 인한 해수욕객 감소로 영업 손실 피해를 입었다는 개연성을 인정하기 어렵다.

1-3-5. 고흥군 쓰레기매립지 해양오염 양식장 피해 사건

(환조 02-3-262)

※ 바닷물을 취수하여 육상 양식장을 운영하는 주민이 ㅇㅇ군의 쓰레기매립지 침출수 유출로 인하여 신청인이 양식 중이던 어류가 폐사하는 피해를 입었다며 요구한 배상을 인정한 사례

비위생매립지 정비사업이 태풍 라마순 내습 전인 2002. 7. 2. 완료되었으나 쓰레기와 함께 매립되어 있던 복토재가 매립지 하단에 방치되어 호우에 유실된 흔적이 있고, 정비사업 시 파헤쳐진 토양이 원상복구되지 않은 상태였으며, 위생매립지 상단 및 사면부의 빗물 유입을 차단하기 위해서 농업용 비닐을 피복하였으나 찢기어져 있어 집중호우로 인한 다량의 토사가 유출되어 해양오염을 야기시켰을 개연성이 인정된다.

동 사건과 관련하여 ㅇㅇ군 환경보호과 출장직원의 복명서에서도 집중호우 시 복토재 등의 유실로 인한 해양오염 사실을 인정하고, 복토재의 이적, 토사류 주변 배수로 설치, 농업용 비닐을 차수 효과가 높은 시트(Sheet)로 대체 등 보완대책을 강구할 필요성이 있다고 보고하고 있으며, 현장조사한 전문가도 다량의 토사유출로 인한 해양오염의 가능성과 양식장 내 부유물의 농도 상승으로 인해 신청인 양식어의 폐사 피해 개연성을 인정하고 있다. 현장조사 결과와 전문가의 의견 등을 종합적으로 판단할 때 2002. 7. 5. 태풍 라마순 내습 시 집중호우로 피신청인이 관리하는 쓰레기 매립지에서 다량의 토사유실로 인한 해양오염과 이로 인한 신청인의 양식장 내 부유물 농도가 상승하여 양식어가 폐사되었을 개연성이 있는 것으로 판단된다.

2. 환경소송 사례

2-1. 일조권 침해

2-1-1. [민사소송] 초등학교 학생들이 학교 건물에 대해 일조권을 보호받을 수 있는지 여부(대법원 2008.12.24. 선고 2008다41499 판결)

※ 초등학교 학생들은 공공시설인 학교시설을 방학기간이나 휴일을 제외한 개학기간 중, 그것도 학교에 머무르는 시간 동안 일시적으로 이용하는 지위에 있을 뿐이고, 학교를 점유하면서 지속적으로 거주하고 있다고 할 수 없어서 생활이익으로서의 일조권을 법적으로 보호받을 수 있는 지위에 있지 않다고 한 사례

토지의 소유자 등이 종전부터 향유하던 일조이익(日照利益)이 객관적인 생활이익으로서 가치가 있다고 인정되면 법적인 보호의 대상이 될 수 있는데, 그 인근에서 건물이나 구조물 등이 신축됨으로 인하여 햇빛이 차단되어 생기는 그늘, 즉 일영(日映)이 증가함으로써 해당 토지에서 종래 향유하던 일조량이 감소하는 일조방해가 발생한 경우, 그 일조방해의 정도, 피해이익의 법적 성질, 가해 건물의 용도, 지역성, 토지이용의 선후관계, 가해 방지 및 피해 회피의 가능성, 공법적 규제의 위반 여부, 교섭 경과 등 모든 사정을 종합적으로 고려하여 사회통념상 일반적으로 해당 토지 소유자의 수인한도를 넘게 되면 그 건축행위는 정당한 권리행사의 범위를 벗어나 사법상 위법한 가해행위로 평가된다(대법원 2008. 4. 17. 선고 2006다35865 전원합의체 판결 등 참조). 여기에서 객관적인 생활이익으로서 일조이익을 향유하는 '토지의 소유자 등'이란 토지소유자, 건물소유자, 지상권자, 전세권자 또는 임차인 등의 거주자를 말하는 것으로서, 당해 토지·건물을 일시적으로 이용하는 것에 불과한 사람은 이러한 일조이익을 향유하는 주체가 될 수 없다.

2-1-2. [민사소송] 일조 침해의 판단 기준(대법원 2010.4.29. 선고 2007다9139 판결)

※ 건축물의 높이와 건축물 사이의 거리가 구 「건축법 시행령」 제86조 제2호 (나)목 전단에서 규정하는 기준에 부합하는 경우, 해당 건축물은 동지일의 연속 일조시간에 관계없이 위 조항에 적합하게 건축된 것으로 보아야 한다고 한 사례

> 구 「건축법 시행령」(1999. 4. 30. 대통령령 제16284호로 개정되기 전의 것) 제86조 제2호 (나)목은, 공동주택의 일조 등의 확보를 위한 건축물의 높이 제한에 관하여 '동일 대지 안에서 2동 이상의 건축물이 서로 마주보고 있는 경우에는 건축물의 각 부분의 높이는 각각 서로 마주보는 외벽의 각 부분으로부터 다른 쪽의 외벽의 각 부분까지의 거리의 1.25배 이하 또는 당해 대지 안의 모든 세대가 동지일을 기준으로 9시에서 15시 사이에 건축조례가 정하는 시간 이상을 연속하여 일조를 확보할 수 있는 높이 이하'로 규정하였는바, 건축물의 높이와 건축물 사이의 거리가 위 조항의 전단에서 정하는 기준에 부합하는 경우에는 해당 건축물은 동지일의 연속 일조시간에 관계없이 위 조항에 적합하게 건축된 것이라고 해석하여야 한다.

2-1-3. [민사소송] 건물 신축으로 인한 일조방해행위가 사법상 위법한 가해행위로 평가되는 경우 및 일조방해행위가 사회통념상 수인한도를 넘었는지 여부의 판단 기준(대법원 2007.9.7. 선고 2005다72485 판결)

※ 아파트와 같은 공동주택의 경우 동지를 기준으로 오전 9시부터 오후 3시까지 사이의 6시간 중 일조시간이 연속해서 2시간 이상 확보되는 경우 또는 동지를 기준으로 오전 8시부터 오후 4시까지 사이의 8시간 중 일조시간이 통틀어 4시간 이상 확보되는 경우에는 수인한도를 넘지 않는 것으로 보아야 한다고 판단한 사례

> 건물의 신축으로 인하여 그 이웃 토지 상의 거주자가 직사광선이 차단되는 불이익을 받은 경우에 그 신축행위가 정당한 권리행사로서의 범위를 벗어나 사법상 위법한 가해행위로 평가되기 위해서는 그 일조방해의 정도가 사회통념상 일반적으로 인용하는 수인한도를 넘어야

하고, 일조방해행위가 사회통념상 수인한도를 넘었는지 여부는 피해의 정도, 피해이익의 성질 및 그에 대한 사회적 평가, 가해 건물의 용도, 지역성, 토지이용의 선후관계, 가해 방지 및 피해 회피의 가능성, 공법적 규제의 위반 여부, 교섭 경과 등 모든 사정을 종합적으로 고려하여 판단하여야 한다(대법원 2004. 9. 13. 선고 2003다64602 판결 등 참조).

원심판결 이유에 의하면, 원심은 대도시 인구의 과밀화 및 토지의 효율적 이용을 위한 건물의 고층화 경향 등을 고려할 때 아파트와 같은 공동주택의 경우 동지를 기준으로 오전 9시부터 오후 3시까지 사이의 6시간 중 일조시간이 연속하여 2시간 이상 확보되는 경우 또는 동지를 기준으로 오전 8시부터 오후 4시까지 사이의 8시간 중 일조시간이 통틀어 4시간 이상 확보되는 경우에는 일응 수인한도를 넘지 않는 것으로 보아야 한다고 전제한 다음, 제1심 감정인 이영규의 감정 결과(각 세대별 동지일 기준 연속일조시간 및 총 일조시간)에 따라 이 사건 아파트의 건축으로 인한 일조침해의 정도가 위 수인한도의 범위 안에 있는 원고들에 대하여는 일조침해로 인한 손해배상청구를 기각하였다.

앞서 본 법리에 의하면, 원심의 이 부분에 관한 이유설시에 다소 부적절한 점은 있으나, 일조방해행위가 사회통념상 수인한도를 넘었는지 여부를 판단함에 있어서 가해건물의 신축 후 피해건물의 각 세대별 일조시간의 감소가 가장 중요한 기준임은 분명하고, 나아가 이 사건 기록에 나타난 그 밖의 모든 사정을 종합적으로 고려하여 보더라도 각 세대별 수인한도 초과 여부에 관한 원심의 결론은 정당한 것으로 수긍할 수 있으므로, 거기에 일조권 침해로 인한 불법행위에 있어서 수인의무의 범위에 관한 법리를 오해하여 판결에 영향을 미치는 등의 위법이 없다.

2-1-4. [민사소송] 건물 신축으로 인한 일조방해행위가 사법상 위법한 가해행위로 평가되는 경우 및 일조방해행위가 사회통념상 수인한도를 넘었는지 여부의 판단 기준(대법원 2007. 6. 28. 선고 2004다54282 판결)

※ 가해건물 신축 후 피해건물의 일조시간이 감소하였으나 그 피해건물이 서향인데다가 종전부터 다른 기존 건물로 인하여 일조를 방해받고 있던 점,

가해건물 신축으로 인하여 추가된 일조방해시간이 전체 일조방해시간의 1/4
에 미달하고, 종전부터 있던 일조방해시간의 1/3에 미달하는 점 등에 비추
어, 가해건물의 신축으로 인한 일조 침해의 정도가 수인한도를 초과한다고
보기 어렵다고 한 사례

건물의 신축으로 인하여 그 이웃 토지상의 거주자가 직사광선이 차단
되는 불이익을 받은 경우에 그 신축 행위가 정당한 권리행사로서의
범위를 벗어나 사법상 위법한 가해행위로 평가되기 위해서는 그 일조
방해의 정도가 사회통념상 일반적으로 인용하는 수인한도를 넘어야
하고, 일조방해행위가 사회통념상 수인한도를 넘었는지 여부는 피해
의 정도, 피해이익의 성질 및 그에 대한 사회적 평가, 가해건물의 용
도, 지역성, 토지이용의 선후관계, 가해 방지 및 피해 회피의 가능성,
공법적 규제의 위반 여부, 교섭 경과 등 모든 사정을 종합적으로 고
려하여 판단하여야 한다. 또한, 가해건물의 신축으로 인하여 일조피
해를 받게 되는 건물이 이미 다른 기존 건물에 의하여 일조방해를 받
고 있는 경우 또는 피해건물이 남향이 아니거나 처마가 돌출되어 있
는 등 그 구조 자체가 충분한 일조를 확보하기 어렵게 되어 있는 경
우에는, 가해건물 신축 결과 피해건물이 동짓날 08시부터 16시 사이
에 합계 4시간 이상 그리고 동짓날 09시부터 15시 사이에 연속하여
2시간 이상의 일조를 확보하지 못하게 되더라도 언제나 수인한도를
초과하는 일조피해가 있다고 단정할 수는 없고(한편, 피해건물이 종
전부터 위와 같은 정도의 일조를 확보하지 못하고 있었던 경우라도
그 일조의 이익이 항상 보호의 대상에서 제외되는 것은 아니다), 가
해건물이 신축되기 전부터 있었던 일조방해의 정도, 신축 건물에 의
하여 발생하는 일조방해의 정도, 가해건물 신축 후 위 두 개의 원인
이 결합하여 피해건물에 끼치는 전체 일조방해의 정도, 종전의 원인
에 의한 일조방해와 신축 건물에 의한 일조방해가 겹치는 정도, 신축
건물에 의하여 발생하는 일조방해시간이 전체 일조방해시간 중 차지
하는 비율, 종전의 원인만으로 발생하는 일조방해시간과 신축 건물만
에 의하여 발생하는 일조방해시간 중 어느 것이 더 긴 것인지 등을
종합적으로 고려하여 신축 건물에 의한 일조방해가 수인한도를 넘었
는지 여부를 판단하여야 한다.

2-1-5. [민사소송] 일조방해 등을 이유로 분양계약상의 채무불이행 책임 또는 하자담보책임을 물을 수 있는지 여부

(대법원 2010.4.29. 선고 2007다9139 판결)

※ 분양 아파트가 건축관계법령 및 주택법상의 주택건설기준 등에 적합하고, 분양계약 체결 당시 수분양자에게 알려진 기본적인 건축 계획대로 건축된 경우, 특별한 사정이 없는 한 일조방해 등을 이유로 분양계약상의 채무불이행책임이나 하자담보책임을 물을 수 없다고 한 사례

분양계약을 체결하는 과정에서 일조나 조망, 사생활의 노출 차단 등에 관한 상황에 대하여 일정한 기준에 이르도록 하기로 약정이 이루어졌다거나, 수분양자가 일조나 조망, 사생활의 노출 차단 등이 일정한 기준에 미치지 아니하는 사정을 알았더라면 그 분양계약을 체결하지 않았을 것임이 경험칙상 명백하여 분양자가 신의성실의 원칙상 사전에 수분양자에게 그와 같은 사정을 설명하거나 고지할 의무가 있음에도 이를 설명·고지하지 아니함에 따라 일조나 조망, 사생활의 노출 차단 등이 일정한 기준에 이를 것이라는 신뢰를 부여하였다고 인정할 만한 특별한 사정이 없는 한, 아파트 각 동·세대의 배치 및 구조, 아파트의 층수, 아파트 각 동·세대 사이의 거리 등에 관한 기본적인 계획(이하 '기본적인 건축 계획'이라 한다)에 의하여 결정되는 일조나 조망, 사생활의 노출 등에 관한 상황에 대하여 수분양자가 이를 예상하고 받아들여 분양계약에 이르렀다고 봄이 상당하다. 따라서 분양된 아파트가 건축관계법령 및 「주택법」상의 주택건설기준 등에 적합할 뿐만 아니라, 분양계약 체결 당시 수분양자에게 알려진 기본적인 건축 계획대로 건축된 경우에는 아파트 각 동·세대의 방위나 높이, 구조 또는 다른 동과의 인접 거리 등으로 인하여 일정 시간 이상의 일조가 확보되지 아니하고 조망이 가려지며 사생활이 노출된다고 하더라도, 위에서 본 바와 같은 특별한 사정이 있지 않는 한, 이를 가지고 위 아파트가 그 분양계약 당시 수분양자에게 제공된 기본적인 건축 계획에 관한 정보에 의하여 예상할 수 있었던 범위를 벗어나 분양계약의 목적물로서 거래상 통상 갖추어야 하거나 당사자의 특약에 의하여 보유하여야 할 품질이나 성질을 갖추지 못한 경우에 해당된다고 할 수 없다.

2-1-6. [민사소송] 건물 건축공사의 수급인이 일조방해에 대하여 손해배상책임을 지는 경우(대법원 2005. 3. 24. 선고 2004다 38792 판결)

※ 공사도급계약의 내용 등에 비추어 볼 때, 아파트 신축공사의 수급인인 건설회사가 단순한 수급인이 아닌 사실상 공동 사업주체로서 도급인인 주택재개발조합과 이해관계를 같이하면서 아파트를 건축하였다고 볼 여지가 많다고 하여, 이와 달리 사실상 공동 사업주체의 지위에 있는 것으로 보기 어렵다는 이유로 일조방해에 대한 수급인의 손해배상책임을 부정한 원심판결을 파기한 사례

건물 건축공사의 수급인은 도급계약에 기한 의무이행으로서 건물을 건축하는 것이므로 원칙적으로 일조방해에 대하여 손해배상책임이 없다고 할 것이지만, 수급인이 스스로 또는 도급인과 서로 의사를 같이하여 타인이 향수하는 일조를 방해하려는 목적으로 건물을 건축한 경우, 당해 건물이 건축법규에 위반되었고 그로 인하여 타인이 향수하는 일조를 방해하게 된다는 것을 알거나 알 수 있었는데도 과실로 이를 모른 채 건물을 건축한 경우, 도급인과 사실상 공동 사업주체로서 이해관계를 같이하면서 건물을 건축한 경우 등 특별한 사정이 있는 때에는 수급인도 일조방해에 대하여 손해배상책임을 진다고 할 것이다.

2-2. 조망 저해

2-2-1. [민사소송] 조망이익이 법적인 보호의 대상이 되기 위한 요건(대법원 2007.9.7. 선고 2005다72485 판결)

※ 원고들 소유의 현대아파트는 도심의 일반주거지역에 위치한 아파트로서 그 부지는 원래부터 이 사건 아파트 부지보다 약 8m 정도 낮은 지대에 위치해 있어 한강을 조망하기에 적합한 장소가 아니었는데 고층의 현대아파트가 건축됨으로써 비로소 원고들이 조망의 이익을 누릴 수 있게 된 사실을 인정한 다음, 보통의 지역에 인공적으로 고층의 아파트를 축조하여 비로소 누릴 수 있게 된 조망의 이익은 법적으로 보호받을 수 없다고 한 사례

> 어느 토지나 건물의 소유자가 종전부터 향유하고 있던 경관이나 조망이 그에게 하나의 생활이익으로서의 가치를 가지고 있다고 객관적으로 인정된다면 법적인 보호의 대상이 될 수 있는 것인바, 이와 같은 조망이익은 원칙적으로 특정의 장소가 그 장소로부터 외부를 조망함에 있어 특별한 가치를 가지고 있고, 그와 같은 조망이익의 향유를 하나의 중요한 목적으로 하여 그 장소에 건물이 건축된 경우와 같이 당해 건물의 소유자나 점유자가 그 건물로부터 향유하는 조망이익이 사회통념상 독자의 이익으로 승인되어야 할 정도로 중요성을 갖는다고 인정되는 경우에 비로소 법적인 보호의 대상이 되는 것이고, 그와 같은 정도에 이르지 못하는 조망이익의 경우에는 특별한 사정이 없는 한 법적인 보호의 대상이 될 수 없다.
>
> 원고들 소유의 현대아파트는 도심의 일반주거지역에 위치한 아파트로서 그 부지는 원래부터 이 사건 아파트 부지보다 약 8m 정도 낮은 지대에 위치해 있어 한강을 조망하기에 적합한 장소가 아니었는데 고층의 현대아파트가 건축됨으로써 비로소 원고들이 조망의 이익을 누릴 수 있게 된 사실을 인정한 다음, 보통의 지역에 인공적으로 고층의 아파트를 축조하여 비로소 누릴 수 있게 된 조망의 이익은 법적으로 보호받을 수 없으며, 결국 원고들이 구분소유하는 현대아파트가 그 장소로부터 한강을 조망함에 있어 특별한 가치를 가지고 있어 그 조망의 이익이 사회통념상 독자의 이익으로 승인되어야 할 정도로 중요성을 갖는다고 인정하기 어렵다.

2-2-2. [민사소송] 조망이익의 침해행위가 사법상 위법한 가해행위로 평가되기 위한 요건 및 그 판단 기준(대법원 2007. 6. 28. 선고 2004다54282 판결)

※ 5층짜리 아파트의 뒤에 그보다 높은 10층짜리 건물을 세움으로써 한강 조망을 확보한 경우와 같이 보통의 지역에 인공적으로 특별한 시설을 갖춤으로써 누릴 수 있게 된 조망의 이익은 법적으로 보호받을 수 없다고 한 사례

1. 조망이익이 법적인 보호의 대상이 되는 경우에 이를 침해하는 행위가 사법상 위법한 가해행위로 평가되기 위해서는 조망이익의 침해 정도가 사회통념상 일반적으로 인용하는 수인한도를 넘어야 하고, 그 수인한도를 넘었는지 여부는 조망의 대상이 되는 경관의 내용과 피해건물이 입지하고 있는 지역에 있어서 건조물의 전체적 상황 등의 사정을 포함한 넓은 의미에서의 지역성, 피해건물의 위치 및 구조와 조망상황, 특히 조망과의 관계에서의 건물의 건축·사용목적 등 피해건물의 상황, 주관적 성격이 강한 것인지 여부와 여관·식당 등의 영업과 같이 경제적 이익과 밀접하게 결부되어 있는지 여부 등 당해 조망이익의 내용, 가해건물의 위치 및 구조와 조망방해의 상황 및 건축·사용목적 등 가해건물의 상황, 가해건물 건축의 경위, 조망방해를 회피할 수 있는 가능성의 유무, 조망방해에 관하여 가해자측이 해의(害意)를 가졌는지의 유무, 조망이익이 피해이익으로서 보호가 필요한 정도 등 모든 사정을 종합적으로 고려하여 판단하여야 한다.

2. 조망의 대상과 그에 대한 조망의 이익을 누리는 건물 사이에 타인 소유의 토지가 있지만 그 토지 위에 건물이 건축되어 있지 않거나 저층의 건물만이 건축되어 있어 그 결과 타인의 토지를 통한 조망의 향수가 가능하였던 경우 그 타인은 자신의 토지에 대한 소유권을 자유롭게 행사하여 그 토지 위에 건물을 건축할 수 있고 그 건물 신축이 국토의 계획 및 이용에 관한 법률에 의하여 정해진 지역의 용도에 부합하고 건물의 높이나 이격거리에 관한 건축관계법규에 어긋나지 않으며 조망 향수자가 누리던 조망의 이익을 부당하게 침해하려는 해의에 의한 것으로서 권리의 남용에 이를 정도가 아닌 한 인접한 토지에서 조망의 이익을 누리던 자라도 이를 함부로 막을 수는 없으며, 따라서 조망의 이익은 주변에 있는 객관적 상황의 변화에 의하여 저절로 변용 내지 제약을 받을 수밖에 없고, 그 이익의 향수자가 이러한 변화를 당연히 제약할 수 있는 것도 아니다.

2-2-3. [민사소송] 인접 대지의 건물신축으로 인한 환경 등 생활 이익 침해의 수인한도 인정기준(대법원 1997. 7. 22. 선고 96다 56153 판결)

※ 사찰로부터 6m의 이격거리를 둔 채 높이 87.5m의 19층 고층빌딩을 건축 중인 자에 대하여 사찰의 환경이익 침해를 이유로 전체 건물 중 16층부터 19층까지의 공사를 금지시킨 사례

어느 토지나 건물의 소유자가 종전부터 향유하고 있던 경관이나 조망 이 그에게 하나의 생활이익으로서의 가치를 가지고 있다고 객관적으 로 인정된다면 법적인 보호의 대상이 될 수 있는 것인 바, 이와 같은 조망이익은 원칙적으로 특정의 장소가 그 장소로부터 외부를 조망함 에 있어 특별한 가치를 가지고 있고, 그와 같은 조망이익의 향유를 하나의 중요한 목적으로 하여 그 장소에 건물이 건축된 경우와 같이 당해 건물의 소유자나 점유자가 그 건물로부터 향유하는 조망이익이 사회통념상 독자의 이익으로 승인되어야 할 정도로 중요성을 갖는다 고 인정되는 경우에 비로소 법적인 보호의 대상이 되는 것이라고 할 것이고, 그와 같은 정도에 이르지 못하는 조망이익의 경우에는 특별 한 사정이 없는 한 법적인 보호의 대상이 될 수 없다.

OO빌딩이 당초의 예정에 따라 신청인 사찰과 불과 6m의 거리를 둔 채 신청인 사찰 경내 전체를 내려볼 수 있도록 높이 87.5m의 고층으 로 신축하게 되면 신청인 사찰의 일조가 침해되는 외에도 위 건물이 신청인 사찰의 전체 경관과 조화되지 아니하여 신청인 사찰의 경관이 훼손되는 결과로 될 뿐만 아니라 사찰 경내의 시계 차단으로 조망이 침해되고, 그 한편으로 위 사찰에서 수행하는 승려나 불공 등을 위하 여 출입하는 신도들에게도 그들의 일상생활이나 종교활동 등이 감시 되는 듯한 불쾌감과 위압감을 불러일으킴으로써 결국 신청인 사찰이 종래 유지하여 온 조용하고 쾌적한 종교적 환경이 크게 침해될 우려 가 있고, 그 침해의 정도가 사회통념상 일반적으로 수인할 정도를 넘 어선다고 할 것이므로, 신청인이 위 OO빌딩에 관하여 피신청인에 대 하여 신청인 사찰의 사찰로서의 환경 침해를 방지하기 위하여 필요한 한도 내에서 그 건축공사의 금지를 청구할 수 있다.

(관련판례)
일조권 침해에 있어 객관적인 생활이익으로서 일조이익을 향유하는 '토지의 소

유자 등'은 토지소유자, 건물소유자, 지상권자, 전세권자 또는 임차인 등의 거주자를 말하는 것으로서, 당해 토지·건물을 일시적으로 이용하는 것에 불과한 사람은 이러한 일조이익을 향유하는 주체가 될 수 없다(대법원 2008.12.24. 선고 2008다41499 판결).

(관련판례)

건물의 신축으로 인하여 그 이웃 토지상의 거주자가 직사광선이 차단되는 불이익을 받은 경우에 그 신축행위가 정당한 권리행사로서의 범위를 벗어나 사법상 위법한 가해행위로 평가되기 위해서는 그 일조방해의 정도가 사회통념상 일반적으로 인용하는 수인한도를 넘어야 하고, 일조방해행위가 사회통념상 수인한도를 넘었는지 여부는 피해의 정도, 피해이익의 성질 및 그에 대한 사회적 평가, 가해 건물의 용도, 지역성, 토지이용의 선후관계, 가해 방지 및 피해 회피의 가능성, 공법적 규제의 위반 여부, 교섭 경과 등 모든 사정을 종합적으로 고려하여 판단하여야 한다(대법원 2007.9.7. 선고 2005다72485 판결).

(관련판례)

어느 토지나 건물의 소유자가 종전부터 향유하고 있던 경관이나 조망이 그에게 하나의 생활이익으로서의 가치를 가지고 있다고 객관적으로 인정된다면 법적인 보호의 대상이 될 수 있는 것인바, 이와 같은 조망이익은 원칙적으로 특정의 장소가 그 장소로부터 외부를 조망함에 있어 특별한 가치를 가지고 있고, 그와 같은 조망이익의 향유를 하나의 중요한 목적으로 하여 그 장소에 건물이 건축된 경우와 같이 당해 건물의 소유자나 점유자가 그 건물로부터 향유하는 조망이익이 사회통념상 독자의 이익으로 승인되어야 할 정도로 중요성을 갖는다고 인정되는 경우에 비로소 법적인 보호의 대상이 되는 것이고, 그와 같은 정도에 이르지 못하는 조망이익의 경우에는 특별한 사정이 없는 한 법적인 보호의 대상이 될 수 없다(대법원 2007.9.7. 선고 2005다72485 판결).

(관련판례)

건물의 신축으로 인하여 그 이웃 토지상의 주택이나 아파트 소유자가 수인한도를 넘어서는 일조장해를 받고 있음은 물론 시야차단으로 인한 압박감(개방감의 상실) 등도 그 수인한도를 넘어서는 경우에는, 일조장해, 시야차단으로 인한 압박감 등과 같은 생활이익의 침해로 인하여 발생한 재산적 손해의 항목 중 토지·가옥의 가격 저하에 의한 손해를 부동산 감정 등의 방법으로 산정함에 있어서 일조장해 뿐만 아니라 개방감의 상실 등과 상당인과관계가 있는 정상가격의 감소액도 아울러 평가하여야 할 것이다(대법원 2007.9.7. 선고 2005다72485 판결).

(관련판례)

건물 건축공사의 수급인은 도급계약에 기한 의무이행으로서 건물을 건축하는 것이므로 원칙적으로 일조방해에 대하여 손해배상책임이 없다고 할 것이지만, 수급인이 스스로 또는 도급인과 서로 의사를 같이하여 타인이 향수하는 일조를 방해하려는 목적으로 건물을 건축한 경우, 당해 건물이 건축법규에 위반되었고 그로 인하여 타인이 향수하는 일조를 방해하게 된다는 것을 알거나 알수 있었는데도 과실로 이를 모른 채 건물을 건축한 경우, 도급인과 사실상 공동 사업주체로서 이해관계를 같이하면서 건물을 건축한 경우 등 특별한 사정이 있는 때에는 수급인도 일조방해에 대하여 손해배상책임을 진다(대법원 2005. 3. 24. 선고 2004다38792 판결).

(관련판례)

인접 대지에 건물이 건축됨으로 인하여 입는 환경 등 생활이익의 침해를 이유로 건축공사의 금지를 청구하는 경우, 그 침해가 사회통념상 일반적으로 수인할 정도를 넘어서는지의 여부는 피해의 성질 및 정도, 피해이익의 공공성, 가해행위의 태양, 가해행위의 공공성, 가해자의 방지조치 또는 손해회피의 가능성, 인·허가관계 등 공법상 기준에의 적합 여부, 지역성, 토지이용의 선후관계 등 모든 사정을 종합적으로 고려하여 판단하여야 한다(대법원 1997. 7. 22. 선고 96다56153 판결).

(관련판례)

환경권은 명문의 법률규정이나 관계 법령의 규정 취지 및 조리에 비추어 권리의 주체, 대상, 내용, 행사 방법 등이 구체적으로 정립될 수 있어야만 인정되는 것이므로, 사법상의 권리로서의 환경권을 인정하는 명문의 규정이 없는데도 환경권에 기하여 직접 방해배제청구권을 인정할 수 없다(대법원 1997. 7. 22. 선고 96다56153 판결).

(관련판례)

어느 토지나 건물의 소유자가 종전부터 향유하고 있던 경관이나 조망, 조용하고 쾌적한 종교적 환경 등이 그에게 하나의 생활이익으로서의 가치를 가지고 있다고 객관적으로 인정된다면 법적인 보호의 대상이 될 수 있는 것이라 할 것이므로, 인접 대지에 건물을 신축함으로써 그와 같은 생활이익이 침해되고 그 침해가 사회통념상 일반적으로 수인할 정도를 넘어선다고 인정되는 경우에는 토지 등의 소유자는 소유권에 기하여 방해의 제거나 예방을 위하여 필요한 청구를 할 수 있고, 이와 같은 청구를 하기 위한 요건으로서 반드시 건물이 문화재보호법이나 건축법 등의 관계 규정에 위반하여 건축되거나 또는 그 건축으로 인하여 소유자의 토지 안에 있는 문화재 등에 대하여 직접적인 침해가 있거나 그 우려가 있을 것을 요하는 것은 아니다(사찰로부터 6m의 이격거리를 둔 채 높이 87.5m의 19층 고층빌딩을 건축 중인 자에 대하여 사찰의 환경이익 침해를 이유로 전체 건물 중 16층부터 19층까지의 공사를 금지시킨 사례)(대법원 1997. 7. 22. 선고 96다56153 판결).

(관련판례)

구 「건축법 시행령」(1999. 4. 30. 대통령령 제16284호로 개정되기 전의 것) 제86조 제2호 (나)목은, 공동주택의 일조 등의 확보를 위한 건축물의 높이 제한에 관하여 '동일 대지 안에서 2동 이상의 건축물이 서로 마주보고 있는 경우에는 건축물의 각 부분의 높이는 각각 서로 마주보는 외벽의 각 부분으로부터 다른 쪽의 외벽의 각 부분까지의 거리의 1.25배 이하 또는 당해 대지 안의 모든 세대가 동지일을 기준으로 9시에서 15시 사이에 건축조례가 정하는 시간 이상을 연속하여 일조를 확보할 수 있는 높이 이하'로 규정하였는바, 건축물의 높이와 건축물 사이의 거리가 위 조항의 전단에서 정하는 기준에 부합하는 경우에는 해당 건축물은 동지일의 연속 일조시간에 관계없이 위 조항에 적합하게 건축된 것이라고 해석하여야 한다(대법원 2010.4.29. 선고 2007다9139 판결).

(관련판례)

분양계약을 체결하는 과정에서 일조나 조망, 사생활의 노출 차단 등에 관한 상황에 대하여 일정한 기준에 이르도록 하기로 약정이 이루어졌다거나, 수분양자가 일조나 조망, 사생활의 노출 차단 등이 일정한 기준에 미치지 아니하는 사정을 알았더라면 그 분양계약을 체결하지 않았을 것임이 경험칙상 명백하여 분양자가 신의성실의 원칙상 사전에 수분양자에게 그와 같은 사정을 설명하거나 고지할 의무가 있음에도 이를 설명·고지하지 아니함에 따라 일조나 조망, 사생활의 노출 차단 등이 일정한 기준에 이를 것이라는 신뢰를 부여하였다고 인정할 만한 특별한 사정이 없는 한, 아파트 각 동·세대의 배치 및 구조, 아파트의 층수, 아파트 각 동·세대 사이의 거리 등에 관한 기본적인 계획(이하 '기본적인 건축 계획'이라 한다)에 의하여 결정되는 일조나 조망, 사생활의 노출 등에 관한 상황에 대하여 수분양자가 이를 예상하고 받아들여 분양계약에 이르렀다고 봄이 상당하다. 따라서 분양된 아파트가 건축관계법령 및 「주택법」상의 주택건설기준 등에 적합할 뿐만 아니라, 분양계약 체결 당시 수분양자에게 알려진 기본적인 건축 계획대로 건축된 경우에는 아파트 각 동·세대의 방위나 높이, 구조 또는 다른 동과의 인접 거리 등으로 인하여 일정 시간 이상의 일조가 확보되지 아니하고 조망이 가려지며 사생활이 노출된다고 하더라도, 위에서 본 바와 같은 특별한 사정이 있지 않는 한, 이를 가지고 위 아파트가 그 분양계약 당시 수분양자에게 제공된 기본적인 건축 계획에 관한 정보에 의하여 예상할 수 있었던 범위를 벗어나 분양계약의 목적물로서 거래상 통상 갖추어야 하거나 당사자의 특약에 의하여 보유하여야 할 품질이나 성질을 갖추지 못한 경우에 해당된다고 할 수 없다(대법원 2010.4.29. 선고 2007다9139 판결).

(관련판례)

조망이익이 법적인 보호의 대상이 되는 경우에 이를 침해하는 행위가 사법상 위법한 가해행위로 평가되기 위해서는 조망이익의 침해 정도가 사회통념상 일반적으로 인용되는 수인한도를 넘어야 하고, 그 수인한도를 넘었는지 여부는 조망의 대상이 되는 경관의 내용과 피해건물이 입지하고 있는 지역에 있어서 건조물의 전체적 상황 등의 사정을 포함한 넓은 의미에서의 지역성, 피해건물의 위치 및 구조와 조망상황, 특히 조망과의 관계에서의 건물의 건축·사용목적 등 피해건물의 상황, 주관적 성격이 강한 것인지 여부와 여관·식당 등의 영업과 같이 경제적 이익과 밀접하게 결부되어 있는지 여부 등 당해 조망이익의 내용, 가해건물의 위치 및 구조와 조망방해의 상황 및 건축·사용목적 등 가해건물의 상황, 가해건물 건축의 경위, 조망방해를 회피할 수 있는 가능성의 유무, 조망방해에 관하여 가해자측이 해의(害意)를 가졌는지의 유무, 조망이익이 피해이익으로서 보호가 필요한 정도 등 모든 사정을 종합적으로 고려하여 판단하여야 한다(대법원 2007. 6. 28. 선고 2004다54282 판결).

(관련판례)

조망의 대상과 그에 대한 조망의 이익을 누리는 건물 사이에 타인 소유의 토지가 있지만 그 토지 위에 건물이 건축되어 있지 않거나 저층의 건물만이 건축되어 있어 그 결과 타인의 토지를 통한 조망의 향수가 가능하였던 경우, 그 타인은 자신의 토지에 대한 소유권을 자유롭게 행사하여 그 토지 위에 건물을 건축할 수 있고, 그 건물 신축이 국토의 계획 및 이용에 관한 법률에 의하여 정해진 지역의 용도에 부합하고 건물의 높이나 이격거리에 관한 건축관계법규에 어긋나지 않으며 조망 향수자가 누리던 조망의 이익을 부당하게 침해하려는 해의(害意)에 의한 것으로서 권리의 남용에 이를 정도가 아닌 한 인접한 토지에서 조망의 이익을 누리던 자라도 이를 함부로 막을 수는 없으며, 따라서 조망의 이익은 주변에 있는 객관적 상황의 변화에 의하여 저절로 변용 내지 제약을 받을 수밖에 없고, 그 이익의 향수자가 이러한 변화를 당연히 제약할 수 있는 것도 아니다(대법원 2007. 6. 28. 선고 2004다54282 판결).

(관련판례)

건물의 신축으로 인하여 그 이웃 토지상의 거주자가 직사광선이 차단되는 불이익을 받은 경우에 그 신축 행위가 정당한 권리행사로서의 범위를 벗어나 사법상 위법한 가해행위로 평가되기 위해서는 그 일조방해의 정도가 사회통념상 일반적으로 인용하는 수인한도를 넘어야 하고, 일조방해행위가 사회통념상 수인한도를 넘었는지 여부는 피해의 정도, 피해이익의 성질 및 그에 대한 사회적 평가, 가해건물의 용도, 지역성, 토지이용의 선후관계, 가해 방지 및 피해 회피의 가능성, 공법적 규제의 위반 여부, 교섭 경과 등 모든 사정을 종합적으로 고려하여 판단하여야 한다(대법원 2007. 6. 28. 선고 2004다54282 판결).

(관련판례)

가해건물의 신축으로 인하여 일조피해를 받게 되는 건물이 이미 다른 기존 건물에 의하여 일조방해를 받고 있는 경우 또는 피해건물이 남향이 아니거나 처마가 돌출되어 있는 등 그 구조 자체가 충분한 일조를 확보하기 어렵게 되어 있는 경우에는, 가해건물 신축 결과 피해건물이 동짓날 08시부터 16시 사이에 합계 4시간 이상 그리고 동짓날 09시부터 15시 사이에 연속하여 2시간 이상의 일조를 확보하지 못하게 되더라도 언제나 수인한도를 초과하는 일조피해가 있다고 단정할 수는 없고(한편, 피해건물이 종전부터 위와 같은 정도의 일조를 확보하지 못하고 있었던 경우라도 그 일조의 이익이 항상 보호의 대상에서 제외되는 것은 아니다), 가해건물이 신축되기 전부터 있었던 일조방해의 정도, 신축 건물에 의하여 발생하는 일조방해의 정도, 가해건물 신축 후 위 두 개의 원인이 결합하여 피해건물에 끼치는 전체 일조방해의 정도, 종전의 원인에 의한 일조방해와 신축 건물에 의한 일조방해가 겹치는 정도, 신축 건물에 의하여 발생하는 일조방해시간이 전체 일조방해시간 중 차지하는 비율, 종전의 원인만으로 발생하는 일조방해시간과 신축 건물만에 의하여 발생하는 일조방해시간 중 어느 것이 더 긴 것인지 등을 종합적으로 고려하여 신축 건물에 의한 일조방해가 수인한도를 넘었는지 여부를 판단하여야 한다(대법원 2007. 6. 28. 선고 2004다54282 판결).

(관련판례)

일조방해, 사생활 침해, 조망 침해, 시야 차단으로 인한 압박감, 소음, 분진, 진동 등과 같은 생활이익에 대한 침해가 사회통념상의 수인한도를 초과하여 위법한지를 판단하고 그에 따른 재산상 손해를 산정함에 있어서는, 생활이익을 구성하는 요소들을 종합적으로 참작하여 수인한도를 판단하여야만 형평을 기할 수 있는 특별한 사정이 없다면, 원칙적으로 개별적인 생활이익별로 침해의 정도를 고려하여 수인한도 초과 여부를 판단한 후 수인한도를 초과하는 생활이익들에 기초하여 손해배상액을 산정하여야 하며, 수인한도를 초과하지 아니하는 생활이익에 대한 침해를 다른 생활이익 침해로 인한 수인한도 초과 여부 판단이나 손해배상액 산정에 있어서 직접적인 근거 사유로 삼을 수는 없다(대법원 2007. 6. 28. 선고 2004다54282 판결).

제4절 수질오염 피해사례

1. 환경소송 사례

1-1. 공해(公害)소송에서의 입증책임

1-1-1. [민사소송] 공해소송에서 인과관계의 증명책임의 분배(대법원 2009. 10. 29. 선고 2009다42666 판결)

※ 공해로 인한 손해배상을 청구하는 소송에 있어서는 가해자인 기업이 인과 관계의 입증책임을 진다고 한 사례

일반적으로 불법행위로 인한 손해배상청구사건에 있어서 가해행위와 손해발생 간의 인과관계의 입증책임은 청구자인 피해자가 부담하나, 대기오염이나 수질오염에 의한 공해로 인한 손해배상을 청구하는 소송에 있어서는 기업이 배출한 원인물질이 대기나 물을 매체로 하여 간접적으로 손해를 끼치는 수가 많고 공해문제에 관하여는 현재의 과학수준으로도 해명할 수 없는 분야가 있기 때문에 가해행위와 손해의 발생 사이의 인과관계를 구성하는 하나, 하나의 고리를 자연과학적으로 증명한다는 것이 매우 곤란하거나 불가능한 경우가 많으므로, 이러한 공해소송에 있어서 피해자에게 사실적인 인과관계의 존재에 관하여 과학적으로 엄밀한 증명을 요구한다는 것은 공해로 인한 사법적 구제를 사실상 거부하는 결과가 될 우려가 있는 반면에, 가해기업은 기술적·경제적으로 피해자보다 훨씬 원인조사가 용이한 경우가 많을 뿐만 아니라, 그 원인을 은폐할 염려가 있기 때문에, 가해기업이 어떠한 유해한 원인물질을 배출하고 그것이 피해물건에 도달하여 손해가 발생하였다면 가해자측에서 그것이 무해하다는 것을 입증하지 못하는 한 책임을 면할 수 없다고 보는 것이 사회형평의 관념에 적합하다.

1-1-2. [민사소송] 수질오염에 따른 양식어장 피해에 대한 손해배상 청구(대법원 1997. 6. 27. 선고 95다2692 판결)

※ 공사장에서 배출되는 황토 등이 양식어장에 유입되어 농어가 폐사한 경우, 가해자측에서 그것이 무해하다는 것을 입증하지 못한다면 인과관계가 증명되었다고 본 사례

수질오염으로 인한 손해배상을 구하는 이 사건에 있어서는 ㉠ 피고의 주행시험장 설치공사현장에서 농어 양식에 악영향을 줄 수 있는 황토와 폐수를 배출하고, ㉡ 그 황토 등 물질의 일부가 물을 통하여 이 사건 양식어장에 도달되었으며, ㉢ 그 후 양식 농어에 피해가 있었다는 사실이 각 모순 없이 증명되는 이상 피고의 위 황토와 폐수의 배출과 원고가 양식하는 농어가 폐사하여 입은 손해와 사이에 일응 인과관계의 증명이 있다고 보아야 할 것이고, 이러한 사정 아래에서 황토와 폐수를 배출하는 피고로서는 ㉠ 피고의 공사현장에서 배출하는 황토와 폐수 중에는 양식 농어의 생육에 악영향을 끼칠 수 있는 원인 물질이 들어 있지 않고, ㉡ 원인 물질이 들어 있다 하더라도 그 혼합률이 안정농도 범위 내에 속한다는 사실에 관하여 반증을 들어 인과관계를 부정하지 못하는 이상 그 불이익은 피고에게 돌려야 마땅할 것이다.

1-2. 수질오염

1-2-1. [행정소송] 수돗물을 공급받아 마시거나 이용하는 주민들이 환경상 이익의 침해를 이유로 공장설립승인처분의 취소 등을 구할 원고적격을 인정받기 위한 요건(대법원 2010. 4. 15. 선고 2007두16127)

※ 김해시장이 낙동강에 합류하는 하천수주변의 토지에 구 산업집적활성화 및 공장설립에 관한 법률 제13조에 따라 공장설립을 승인하는 처분을 한 사안에서, 공장설립으로 수질오염 등이 발생할 우려가 있는 취수장에서 물을 공급받는 부산광역시 또는 양산시에 거주하는 주민들도 위 처분의 근거 법규 및 관련 법규에 의하여 법률상 보호되는 이익이 침해되거나 침해될 우려가 있는 주민으로서 원고적격이 인정된다고 한 사례

이 사건 공장 설립 예정지인 김해시 상동면 매리 산 140-40토지를 비롯한 그 일대 토지(이하 '이 사건 신청지'라 한다) 주변의 하천수는 소감천을 통해 낙동강에 합류하게 되는데, 상수원인 물금취수장은 소감천이 흘러 내려 낙동강 본류와 합류하는 지점에 근접하여 위치하고 있는 점, 이 사건 공장 설립에 따라 사전환경성검토협의를 위해 제출된 검토서에 물금취수장이 주요보호 대상시설물의 하나로 기재되어 있고, 이 사건 공장설립으로 인한 수질오염 등이 물금취수장에 미치는 영향이 분석되어 있는 점, 사전환경성검토협의를 한 낙동강유역환경청장은 이 사건 공장설립이 물금취수장에 미치는 영향 등을 이유로 '이 사건 신청지를 대상부지로 하는 공장설립은 바람직하지 않다'는 협의의견을 제시한 점 등을 종합하여 보면, 물금취수장은 이 사건 공장설립으로 인하여 그 근거 법규 및 관련 법규가 개별적·구체적·직접적인 환경상 이익으로서 보호하고 있는 '상수원 등 용수이용에 현저한 영향을 미치는 지역'이나 '수질오염에 의한 환경오염이 발생할 우려가 있는 개발행위의 주변 지역'에 위치한다고 볼 여지가 충분하고, 비록 나머지 원고들의 거주지역이 물금취수장으로부터 다소 떨어진 부산광역시 또는 양산시이기는 하나, 수돗물은 수도관 등 급수시설에 의해 공급되는 것이어서 수돗물을 공급받는 주민들이 가지게 되는 수돗물의 수질악화 등으로 인한 환경상 이익의 침해나 침해 우려는 그 거주 지역에 불구하고 그 수돗물을 공급하는 취수시설이 입게 되는 수질오염 등의 피해나 피해 우려와 동일하게 평가될 수 있다고 할 것이다.

1-2-2. [민사소송] 발전소의 온배수 배출로 인한 김양식 피해(대법원
2002. 10. 22. 선고 2000다65666,65673 판결)

※ 불법행위로 인한 손해배상에 관하여 가해자와 피해자 사이에 피해자가 일
정한 금액을 지급받으면서 향후 일체의 청구를 포기하기로 합의하였으나
제반 사정에 비추어 그와 같은 권리포기조항은 그 후에 발생한 손해에는
미치지 않는 것으로 한정적으로 해석함이 당사자의 합리적 의사에 합치한
다고 보아 그 합의 당시 예상하지 못하였던 추가손해의 배상을 인정한 원
심의 판단을 정당하다고 한 사례

피고들이 1987. 11. 24. 원고로부터 손해배상금 1,520,000,000원을
지급받으면서 앞으로 영구히 비인만 해역 김양식 피해를 원인으로 한
일체의 청구권을 포기하기로 합의하였다는 주장에 대하여 피고들 중
일부를 포함한 위 비인만 해역 김양식어민들이 원고 주장과 같은 합
의를 한 사실은 맞지만, 일반적으로 비록 합의서의 권리포기조항이
문언상으로는 나머지 일체의 청구권을 포기한다고 되어 있다 할지라
도, 당사자 쌍방간에 있어 손해의 대체의 범위가 암묵리에 상정되어
있고, 후에 생긴 손해가 위 범위를 현저히 일탈할 정도로 중대하여
당초의 손해금과 비교할 때 심히 균형을 잃고 있으며, 합의의 경위,
내용, 시기 기타 일체의 사정을 고려하더라도 처음의 합의에 의하여
후의 손해 전부를 포함하도록 함이 당사자의 신의, 공평에 반한다고
인정되는 경우에는 먼저의 합의에 있어서 권리포기조항은 그 후에 발
생한 손해에는 미치지 않는 것으로, 즉 합의 당시에 예측하였던 손해
만을 포기한 것으로 한정적으로 해석함이 당사자의 합리적 의사에 합
치한다.

1-2-3. [민사소송] 적법시설이나 공용시설로부터 발생하는 유해배
출물로 인하여 손해가 발생한 경우, 그 위법성의 판단 기준
(대법원 2003. 6. 27. 선고 2001다734 판결)

※ 양식장 운영자가 원자력발전소의 온배수를 이용하기 위하여 온배수 영향권
내에 육상수조식양식장을 설치하였는데 원자력발전소에서 배출된 온배수가
이상고온으로 평소보다 온도가 높아진 상태에서 자연해수와 혼합되어 위
양식장의 어류가 집단 폐사한 경우, 원자력발전소 운영자의 과실에 비하여

양식장 운영자의 과실이 훨씬 중대하다고 판단한 사례

불법행위 성립요건으로서의 위법성은 관련 행위 전체를 일체로만 판단하여 결정하여야 하는 것은 아니고, 문제가 되는 행위마다 개별적·상대적으로 판단하여야 할 것이므로 어느 시설을 적법하게 가동하거나 공용에 제공하는 경우에도 그로부터 발생하는 유해배출물로 인하여 제3자가 손해를 입은 경우에는 그 위법성을 별도로 판단하여야 하고, 이러한 경우의 판단 기준은 그 유해의 정도가 사회생활상 통상의 수인한도를 넘는 것인지 여부라고 할 것이다.

이러한 관점에서 이 사건을 보면, 온배수 영향권 내에서의 양식업을 금지하는 규정이 없는 이상 피고가 먼저 원전을 설치하였다고 하여 온배수 영향권 내의 자연환경을 독점적으로 이용할 권리는 없으므로 원전 설치 후에 후발적으로 온배수 영향권 내에서 양식을 시작하는 것은 위법한 것이 아니고, 따라서 소외 회사의 양식도 보호를 받아야 하는바, 이 사건이 비록 이상고온이라는 특수한 자연환경이 작용하기는 하였지만 피고가 배출한 온배수로 인하여 구체적이고도 사회통념상 용인될 수 없는 피해가 발생한 이상 피고의 이 사건 사고 당시의 온배수 배출행위와 그 결과는 수인한도를 초과하여 위법하다고 할 것이다.

그러나 이 사건 폐사는 특수한 이상고온 상태에서 단기간에 발생한 것이고, 더구나 이 사건은 넙치나 전복의 폐사 당시의 객관적 교환가치에 기초한 손해의 배상을 구하는 것이지 소외 회사가 넙치와 전복의 양식으로 인하여 얻을 수 있는 장래의 수익 상실에 관한 손해의 배상을 구하는 것이 아니므로 이러한 경우에는 피고가 주장하는 통상의 자연폐사율, 즉 치어일 때부터 성어가 되어 출하할 때까지의 전 기간을 관찰하여 얻은 자연폐사율은 의미가 없고, 오로지 이 사건과 같은 특수한 상황에서의 자연폐사율이 얼마냐가 문제될 뿐인데, 이 사건과 같은 특수상황에서의 자연폐사율을 인정할 증거가 없는 이상 이러한 사정은 자연력의 기여도를 참작하여 합리적으로 고려하는 수밖에 없다.

본 사건에서 소외 회사는 발전소 가동 이후에 양식장을 설치하였고, 배수구 부근이 온배수의 확산영역임을 사전에 알고 온배수를 자신의 이익으로 이용하기 위하여 자의로 들어선 것이며, 피고는 소외 회사로부터 온배수 이용에 대한 어떠한 대가를 받은 바 없으므로, 온배수의 악영향을 피하는 것은 일차적으로 소외 회사의 의무라고 할 것이고, 이러한 사정 하에서는 원심이 인정한 피고의 과실과 소외 회사의 과실만을 고려하더라도, 피고의 과실에 비하여 소외 회사의 과실이 훨씬 중대하다.

(관련판례)

　행정처분의 근거 법규 또는 관련 법규에 그 처분으로써 이루어지는 행위 등 사업으로 인하여 환경상 침해를 받으리라고 예상되는 영향권의 범위가 구체적으로 규정되어 있는 경우에는, 그 영향권 내의 주민들에 대하여는 당해 처분으로 인하여 직접적이고 중대한 환경피해를 입으리라고 예상할 수 있고, 이와 같은 환경상의 이익은 주민 개개인에 대하여 개별적으로 보호되는 직접적·구체적 이익으로서 그들에 대하여는 특단의 사정이 없는 한 환경상 이익에 대한 침해 또는 침해 우려가 있는 것으로 사실상 추정되어 법률상 보호되는 이익으로 인정됨으로써 원고적격이 인정되며, 그 영향권 밖의 주민들은 당해 처분으로 인하여 그 처분 전과 비교하여 수인한도를 넘는 환경피해를 받거나 받을 우려가 있다는 자신의 환경상 이익에 대한 침해 또는 침해 우려가 있음을 증명하여야만 법률상 보호되는 이익으로 인정되어 원고적격이 인정된다(대법원 2010. 4. 15. 선고 2007두16127 판결).

(관련판례)

　공장설립승인처분의 근거 법규 및 관련 법규인 구 「산업집적활성화 및 공장설립에 관한 법률」(2006. 3. 3. 법률 제7861호로 개정되기 전의 것) 제8조 제4호가 산업자원부장관으로 하여금 관계 중앙행정기관의 장과 협의하여 '환경오염을 일으킬 수 있는 공장의 입지제한에 관한 사항'을 정하여 고시하도록 규정하고 있고, 이에 따른 산업자원부 장관의 공장입지기준고시(제2004-98호) 제5조 제1호가 '상수원 등 용수이용에 현저한 영향을 미치는 지역의 상류'를 환경오염을 일으킬 수 있는 공장의 입지제한지역으로 정할 수 있다고 규정하고, 국토의 계획 및 이용에 관한 법률 제58조 제3항의 위임에 따른 구 「국토의 계획 및 이용에 관한 법률 시행령」(2006. 8. 17. 대통령령 제19647호로 개정되기 전의 것) 제56조 제1항 [별표 1] 제1호 (라)목 (2)가 '개발행위로 인하여 당해 지역 및 그 주변 지역에 수질오염에 의한 환경오염이 발생할 우려가 없을 것'을 개발사업의 허가기준으로 규정하고 있는 취지는, 공장설립승인처분과 그 후속절차에 따라 공장이 설립되어 가동됨으로써 그 배출수 등으로 인한 수질오염 등으로 직접적이고도 중대한 환경상 피해를 입을 것으로 예상되는 주민들이 환경상 침해를 받지 아니한 채 물을 마시거나 용수를 이용하며 쾌적하고 안전하게 생활할 수 있는 개별적 이익까지도 구체적·직접적으로 보호하려는 데 있다. 따라서 수돗물을 공급받아 이를 마시거나 이용하는 주민들로서는 위 근거 법규 및 관련 법규가 환경상 이익의 침해를 받지 않은 채 깨끗한 수돗물을 마시거나 이용할 수 있는 자신들의 생활환경상의 개별적 이익을 직접적·구체적으로 보호하고 있음을 증명하여 원고적격을 인정받을 수 있다(대법원 2010. 4. 15. 선고 2007두16127 판결).

(관련판례)

김해시장이 소감천을 통해 낙동강에 합류하는 하천수 주변의 토지에 구 「산업집적활성화 및 공장설립에 관한 법률」 제13조에 따라 공장설립을 승인하는 처분을 한 사안에서, 상수원인 물금취수장이 소감천이 흘러 내려 낙동강 본류와 합류하는 지점 근처에 위치하고 있는 점, 수돗물은 수도관 등 급수시설에 의해 공급되는 것이어서 거주지역이 물금취수장으로부터 다소 떨어진 곳이라고 하더라도 수돗물의 수질악화 등으로 주민들이 갖게 되는 환경상 이익의 침해나 그 우려는 그 수돗물을 공급하는 취수시설이 입게 되는 수질오염 등의 피해나 그 우려와 동일하게 평가될 수 있는 점 등에 비추어, 공장설립으로 수질오염 등이 발생할 우려가 있는 물금취수장에서 취수된 물을 공급받는 부산광역시 또는 양산시에 거주하는 주민들도 위 처분의 근거 법규 및 관련 법규에 의하여 개별적·구체적·직접적으로 보호되는 환경상 이익, 즉 법률상 보호되는 이익이 침해되거나 침해될 우려가 있는 주민으로서 원고적격이 인정된다(대법원 2010. 4. 15. 선고 2007두16127 판결).

(관련판례)

일반적으로 불법행위로 인한 손해배상청구사건에 있어서 가해행위와 손해발생 간의 인과관계의 입증책임은 청구자인 피해자가 부담하나, 대기오염이나 수질오염에 의한 공해로 인한 손해배상을 청구하는 소송에 있어서는 기업이 배출한 원인물질이 물을 매체로 하여 간접적으로 손해를 끼치는 수가 많고 공해문제에 관하여는 현재의 과학수준으로도 해명할 수 없는 분야가 있기 때문에 가해행위와 손해의 발생 사이의 인과관계를 구성하는 하나 하나의 고리를 자연과학적으로 증명한다는 것은 극히 곤란하거나 불가능한 경우가 대부분이므로, 이러한 공해소송에 있어서 피해자에게 사실적인 인과관계의 존재에 관하여 과학적으로 엄밀한 증명을 요구한다는 것은 공해로 인한 사법적 구제를 사실상 거부하는 결과가 될 우려가 있는 반면에, 가해기업은 기술적·경제적으로 피해자보다 훨씬 원인조사가 용이한 경우가 많을 뿐만 아니라, 그 원인을 은폐할 염려가 있고 가해기업이 어떠한 유해한 원인물질을 배출하고 그것이 피해물건에 도달하여 손해가 발생하였다면 가해자측에서 그것이 무해하다는 것을 입증하지 못하는 한 책임을 면할 수 없다고 보는 것이 사회형평의 관념에 적합하다(대법원 2002. 10. 22. 선고 2000다65666,65673 판결).

(관련판례)

불법행위로 인한 손해배상에 관하여 가해자와 피해자 사이에 피해자가 일정한 금액을 지급받으면서 향후 일체의 청구를 포기하기로 합의하였으나, 일반적으로 비록 합의서의 권리포기조항이 문언상으로는 나머지 일체의 청구권을 포기한다고 되어 있다 할지라도, 당사자 쌍방간에 있어 손해의 대체의 범위가 암묵리에 상정되어 있고, 후에 생긴 손해가 위 범위를 현저히 일탈할 정도로 중대하여 당초의 손해금과 비교할 때 심히 균형을 잃고 있으며, 합의의 경위, 내용, 시기 기타 일체의 사정을 고려하더라도 처음의 합의에 의하여 후의 손해 전부를 포함하도록 함이 당사자의 신의, 공평에 반한다고 인정되는 경우에는 먼저의 합의에 있어서 권리포기조항은 그 후에 발생한 손해에는 미치지 않는 것으로, 즉 합의 당시에 예측하였던 손해만을 포기한 것으로 한정적으로 해석함이 당사자의 합리적 의사에 합치한다고 보아 그 합의 당시 예상하지 못하였던 추가손해의 배상을 인정한 원심의 판단을 정당하다(대법원 2002. 10. 22. 선고 2000다65666,65673 판결).

(관련판례)

「환경정책기본법」 제3조제4호는 "환경오염이라 함은 사업활동 기타 사람의 활동에 따라 발생되는 대기오염, 수질오염, 토양오염, 해양오염, 방사능오염, 소음·진동, 악취 등으로서 사람의 건강이나 환경에 피해를 주는 상태를 말한다."고 규정하고 있으므로, 원전냉각수순환시 발생되는 온배수의 배출은 사람의 활동에 의하여 자연환경에 영향을 주는 수질오염 또는 해양오염으로서 환경오염에 해당한다(대법원 2003. 6. 27. 선고 2001다734 판결).

(관련판례)

불법행위 성립요건으로서의 위법성은 관련 행위 전체를 일체로만 판단하여 결정하여야 하는 것은 아니고, 문제가 되는 행위마다 개별적·상대적으로 판단하여야 할 것이므로 어느 시설을 적법하게 가동하거나 공용에 제공하는 경우에도 그로부터 발생하는 유해배출물로 인하여 제3자가 손해를 입은 경우에는 그 위법성을 별도로 판단하여야 하고, 이러한 경우의 판단 기준은 그 유해의 정도가 사회생활상 통상의 수인한도를 넘는 것인지 여부이다(대법원 2003. 6. 27. 선고 2001다734 판결).

(관련판례)

양식장 운영자가 원자력발전소의 온배수를 이용하기 위하여 온배수 영향권 내에 육상수조식양식장을 설치하였는데 원자력발전소에서 배출된 온배수가 이상고온으로 평소보다 온도가 높아진 상태에서 자연해수와 혼합되어 위 양식장의 어류가 집단 폐사한 경우, 원자력발전소 운영자의 과실에 비하여 양식장 운영자의 과실이 훨씬 중대하다(대법원 2003. 6. 27. 선고 2001다734 판결).

(관련판례)

오염물질인 폐수를 배출하는 등의 공해로 인한 손해배상을 청구하는 소송에 있어서는 기업이 배출한 원인물질이 물을 매체로 하여 간접적으로 손해를 끼치는 수가 많고 공해문제에 관하여는 현재의 과학수준으로도 해명할 수 없는 분야가 있기 때문에 가해행위와 손해의 발생 사이의 인과관계를 구성하는 하나 하나의 고리를 자연과학적으로 증명한다는 것은 극히 곤란하거나 불가능한 경우가 대부분이므로, 이러한 공해소송에 있어서 피해자에게 사실적인 인과관계의 존재에 관하여 과학적으로 엄밀한 증명을 요구한다는 것은 공해로 인한 사법적 구제를 사실상 거부하는 결과가 될 우려가 있는 반면에 가해기업은 기술적, 경제적으로 피해자보다 훨씬 원인조사가 용이한 경우가 많을 뿐만 아니라 그 원인을 은폐할 염려가 있고 가해기업이 어떠한 유해한 원인물질을 배출하고 그것이 피해물건에 도달하여 손해가 발생하였다면 가해자측에서 그것이 무해하다는 것을 입증하지 못하는 한 책임을 면할 수 없다고 보는 것이 사회형평의 관념에 적합하다고 할 것이다(대법원 1997. 6. 27. 선고 95다2692 판결).

제5절 폐기물 처리시설 관련 피해사례

1. 환경분쟁조정 사례

1-1. 폐기물 처리시설 오염물질 배출로 인한 피해

1-1-1. 마산시 덕동동 하수 및 분뇨종말처리장 악취로 인한 정신적 및 물질적 피해 분쟁조정사건(환조 OO-3-27)

※ 마을 인근에 위치한 하수처리시설 및 분뇨처리시설에서 발생되는 악취로 인하여 수년간 고통을 겪었을 뿐만 아니라, 주택매매가 되지 않고 관광객이 오지 않는다며 마을 주민들이 시설관리기관인 OO시에 요구한 피해배상을 일부 인정한 사례

1. 신청인 마을에서 측정된 암모니아와 황화수소 농도가 상당히 높고, 황화수소의 경우 그 냄새가 부패한 계란냄새와 유사하여 불쾌감을 더욱 심하게 느낄 수 있는 점 등을 감안하면 악취로 인한 정신적 피해의 개연성이 인정되며, 그 피해의 수인한도를 판단해 보건대, 2000. 4. 7. 재정 이후 탈취시설 설치, 악취발생시설의 밀폐화 및 농축조 체류시간 단축 등 피신청인이 악취제거를 위하여 노력한 결과 다소간의 악취저감효과도 있었던 점은 인정될 수 있으나, 피신청인의 하수처리시설은 시설이 노후화되고 1차 처리시설만을 갖춘 상태에서 악취가스의 발생을 방지 내지 저감하기 위한 설비를 충분히 갖추지 않았으며, 피신청인이 탈취제 살포 등의 악취제거 조치도 소홀히 하였던 점이 인정되므로 신청인이 악취로 인해 입은 정신적 피해는 사회통념상 수인한도를 넘는 것이라고 인정된다.

2. 하수 및 분뇨처리장의 영향으로 주택매매가 이루어지지 않아 부동산 가격이 하락하였다는 신청인 주장을 검토한 바, 신청인 마을에서는 그동안 전·출입이 적어 주택수요가 많지 않았으며, 하수 및 분뇨처리시설 가동 이후의 관광객 감소 및 관광객의 감소로 인한 소득감소에 대하여는 이를 입증할 수 있는 증거자료가 없어 하수 및 분뇨처리장으로 인한 부동산 가격 하락 및 관광객 감소로 인한 재산상의 피해는 인정할 수 없다.

1-1-2. 전남 완도군 폐기물종합처리장 매연 및 악취로 인한 가축피

해(중앙환경분쟁조정위원회 분쟁조정사례)

※ 폐기물종합처리장의 매연, 악취 등의 피해를 입은 주민이 가축피해 비용과 축사이전비 등을 배상하라고 요구한 사례

1. 2001년 이후에는 간이소각로가 노후화되어 소각로를 폐쇄하고 재활용품선별후 단순매립방식으로 생활폐기물를 처리하였고, 2002년 9월부터는 현재의 소각시설을 설치하여 1차연소 후 2차연소(800도 이상 유지)를 통해 유해 가스를 제거하였으며, 종합폐기물처리장과 신청인의 돈사등이 4m의 해안도로를 사이에 두고 바다와 면해있어 해풍에 의한 확산효과가 컸을 것으로 보일뿐 아니라, 피신청인이 운영하고 있는 종합폐기물처리시설은 인근 넙도 및 노화도에서 발생하는 생활폐기물을 소각처리하는 시설이므로 당해 시설의 공공성에 비추어 볼 때 신청인에게 다소의 불편을 주었다 하더라도 이는 사회통념상 수인의 한도를 초과하지 않는 것으로 판단되므로, 신청인이 생활폐기물처리시설에서 발생하는 매연 등으로 인해 정신적 피해를 입었을 개연성이 없는 것으로 보인다.

2. 전문가의 의견 및 사실조사 결과에 의하면 신청인이 주장한 가축피해 중 간이소각로 이용 시(2001년) 6복의 유·사산피해가 인정되고, 현재 폐기물종합처리장 이용 시(2002~2004년)에는 3복의 유·사산피해가 인정된다.

3. 전문가의 의견, 현지조사 결과와 피신청인의 생활폐기물종합처리시설의 개선계획(다이옥신 저감시설설치 및 연통높이 연장) 등을 고려할 때, 향후 생활폐기물종합처리장에서 발생하는 매연 등의 발생 정도가 달라질 수 있으므로 현재로서는 향후의 피해액 산정이 곤란하며, 또한 이주배상문제는 「환경분쟁조정법」상의 재정 대상이 아니다.

1-1-3. 경기 안산시 공장 폐수처리장 악취, 유해가스로 인한 재산 및 정신적 피해(환조03-3-125)

※ 경기도 안산시○○공단에 소재하는 ○○전자 등 6개 회사가 인근 공장 폐수처리장의 악취·유해가스로 인해 신청인들이 제조·판매하는 PCB(인쇄회로기판)가 변색되고 부식되어 피해를 입었다며, 공동폐수처리장인 ○○피혁공업사업협동조합과 동 처리장에 폐수를 유입하는 (주)○○ 등 5개 회사를 상대로 요구한 피해배상을 인정한 사례

피신청인의 피해요인 이외에도 해수 중의 염분, 안산시 하수처리장, 주변의 산재한 피혁가공업체에서 배출되는 물질 또한 PCB에 영향을 미칠 수 있다고 볼 수 있으나, 국립환경연구원의 가스 상 물질 포집·분석 결과, 전문가가 실시한 분석용 시편의 변색실험 및 부식물질 분석 결과, 지역여건 등을 종합하여 볼 때 인근 조합폐수처리장에서 발생하는 황화수소 등의 가스가 신청인이 생산하는 PCB 제작에 직접적인 영향을 준 것으로 피해의 개연성이 인정된다.

비록 분쟁지역에 피신청인 조합폐수처리장이 신청인들이 입주하기 훨씬 전에 가동되고 있었고 가스 상 물질이 관계법령에 위반하지 않았다고 하더라도 피신청인 조합폐수처리장의 폐수처리과정에서 신청인이 생산하는 PCB에 영향을 주는 황화수소 등의 가스가 배출되고, 또한 그 물질이 인근 신청인들의 PCB 제작에 영향을 주었다면 이는 수인하여야 할 범위 내라고 할 수 없어 그 가스 상 물질의 발생 및 확산을 방지내지 감소시켜야 할 의무가 있다고 보아 「환경정책기본법」 제31조(무과실책임)의 규정에 따라 피신청인 조합폐수처리장과 이 처리장에 폐수를 유입하고 있는 피신청인들에게 배상 책임이 있다고 판단된다.

2. 환경소송 사례

2-1. 폐기물 처리시설 입지 선정과 관련한 분쟁

2-1-1. [행정소송] 쓰레기소각장 입지지역결정고시 무효확인(대법원 2005. 3. 11. 선고 2003두13489 판결)

※ 폐기물처리시설 설치기관이 주변영향지역으로 지정·고시하지 않은 경우, 폐기물소각시설의 부지경계선으로부터 300m 밖에 거주하는 주민들이 폐기물소각시설의 입지지역을 결정·고시한 처분의 무효 확인을 구할 원고적격을 인정받기 위한 요건

> 구 「폐기물처리시설 설치촉진 및 주변지역지원 등에 관한 법률」 (2002. 2. 4. 법률 제6656호로 개정되기 전의 것) 및 같은 법 시행령의 관계 규정의 취지는 처리능력이 1일 50t인 소각시설을 설치하는 사업으로 인하여 직접적이고 중대한 환경상의 침해를 받으리라고 예상되는 직접 영향권 내에 있는 주민들이나 폐기물소각시설의 부지경계선으로부터 300m 이내의 간접영향권 내에 있는 주민들이 사업 시행 전과 비교하여 수인한도를 넘는 환경피해를 받지 아니하고 쾌적한 환경에서 생활할 수 있는 개별적인 이익까지도 이를 보호하려는 데에 있다 할 것이므로, 위 주민들이 소각시설입지지역결정·고시와 관련하여 갖는 위와 같은 환경상의 이익은 주민 개개인에 대하여 개별적으로 보호되는 직접적·구체적 이익으로서 그들에 대하여는 특단의 사정이 없는 한 환경상의 이익에 대한 침해 또는 침해우려가 있는 것으로 사실상 추정되어 폐기물 소각시설의 입지지역을 결정·고시한 처분의 무효확인을 구할 원고적격이 인정된다고 할 것이고, 한편 폐기물소각시설의 부지경계선으로부터 300m 밖에 거주하는 주민들도 위와 같은 소각시설 설치사업으로 인하여 사업 시행 전과 비교하여 수인한도를 넘는 환경피해를 받거나 받을 우려가 있음에도 폐기물처리시설 설치기관이 주변영향지역으로 지정·고시하지 않는 경우 같은 법 제17조 제3항 제2호 단서 규정에 따라 당해 폐기물처리시설의 설치·운영으로 인하여 환경상 이익에 대한 침해 또는 침해우려가 있다는 것을 입증함으로써 그 처분의 무효확인을 구할 원고적격을 인정받을 수 있다.

2-1-2. [행정소송] 폐기물처리시설 설치승인처분 무효확인(대법원
2007.4.12. 선고 2006두20150 판결)

※ 입지선정위원회가 그 구성방법 및 절차에 관한 구「폐기물처리시설 설치촉
진 및 주변지역 지원 등에 관한 법률 시행령」의 규정에 위배하여 군수와
주민대표가 선정·추천한 전문가를 포함시키지 않은 채 임의로 구성되어 의
결을 한 경우, 그에 터잡아 이루어진 폐기물처리시설 입지결정처분의 하자는
중대한 것이고 객관적으로도 명백하므로 무효사유에 해당한다고 한 사례

구「폐기물처리시설 설치촉진 및 주변지역지원 등에 관한 법률」
(2004. 2. 9. 법률 제7169호로 개정되기 전의 것) 제9조제3항, 같은
법 시행령(2004. 8. 10. 대통령령 제18514호로 개정되기 전의 것) 제
7조 별표 1, 제11조제2항 각 규정들에 의하면, 입지선정위원회는 폐
기물처리시설의 입지를 선정하는 의결기관이고, 입지선정위원회의 구
성방법에 관하여 일정 수 이상의 주민대표 등을 참여시키도록 한 것
은 폐기물처리시설 입지선정 절차에 있어 주민의 참여를 보장함으로
써 주민들의 이익과 의사를 대변하도록 하여 주민의 권리에 대한 부
당한 침해를 방지하고 행정의 민주화와 신뢰를 확보하는 데 그 취지
가 있는 것이므로, 주민대표나 주민대표 추천에 의한 전문가의 참여
없이 의결이 이루어지는 등 입지선정위원회의 구성방법이나 절차가
위법한 경우에는 그 하자 있는 입지선정위원회의 의결에 터잡아 이루
어진 폐기물처리시설 입지결정처분도 위법하게 된다.
이 사건에서 적용법령을 그르쳐 구「폐기물처리시설 설치촉진 및 주
변지역지원 등에 관한 법률 시행령」에 의한 구성방법에 따라 입지선
정위원회를 구성하지 않은 채 임의의 입지선정위원회를 구성하면서
군수와 주민대표가 선정, 추천한 각 2인의 전문가를 포함시키지 않은
하자는 중대한 것이고 객관적으로도 명백하다고 보아야 하고, 따라서
이 사건 처분의 하자는 무효사유에 해당한다.

2-1-3. [행정소송] 폐기물처리시설 입지결정 및 고시처분 취소(대구

고법 2006.1.13. 선고 2005누1054 판결)

※ 구 「폐기물처리시설 설치촉진 및 주변지역지원 등에 관한 법률」 제9조제4
항에서 정한 입지후보지 타당성 조사를 생략할 만한 구체적이고 합리적인
사유가 없음에도 불구하고 입지후보지 타당성 조사 등을 생략한 채 이루어
진 폐기물처리시설 입지선정이 위법하다고 본 사례

구 「폐기물처리시설 설치촉진 및 주변지역지원 등에 관한 법률」
(2004. 2. 9. 법률 제7196호로 개정되기 전의 것) 제9조제4항 본문에
서 폐기물처리시설 입지선정위원회가 입지선정을 의결함에 있어 전문
연구기관에 의한 입지후보지 타당성 조사를 거치도록 한 입법 취지에
비추어 볼 때 입지후보지 타당성 조사를 생략할 만한 구체적이고 합
리적인 사유가 없음에도 불구하고 같은 법 제9조 제4항 단서의 존재
자체를 사유로 하여 입지후보지 타당성 조사를 생략한 채 입지후보지
를 추가하고 그 이후에도 지역주민에게 아무런 공람 및 의견제출의
기회를 부여한 바도 없이 입지로 선정한 것은, 입지선정절차에서 요
구되는 법령상의 절차를 결여함으로써 지역주민의 절차참여 권리를
박탈하는 결과가 되어 위법하다.

2-1-4. [민사소송] 소각장 반대주민 공사방해금지 가처분결정(부산지

법 1996. 6. 5. 자 95카합6033 결정)

※ 산업폐기물 소각처리시설이 시내 어딘가에 반드시 설치되어야 하고, 가장 최
신시설이며 이미 90%가 완공되었다는 이유로, 시설의 이전만을 요구하며
공사를 방해한 주민들에 대한 공사방해금지가처분 신청을 인용한 사례

신청인 회사가 위 산업폐기물 소각장을 건립하면서 형식적인 행정절
차는 모두 거쳤으나 기타 환경영향평가작업 등에서 요구하는 주민들
과의 충분한 대화도 없이 위 사업을 추진하여 현재 완공을 앞두고 있
고, 또한 앞서 본 바와 같이 최초의 목적인 신평·장림 공단 지역에서
배출되는 산업쓰레기의 처리를 넘어 부산 시내 전 쓰레기 및 인접 지
역의 산업폐기물의 소각처리에까지 그 영역이 확대될 가능성도 있고,
비록 환경영향평가에서 대기오염에 대한 영향이 극히 미미하다는 결
론이기는 하나 이는 위 설비의 정상 가동을 전제로 한 것이어서 피신
청인들이 오염물질로 인한 위험에서 완벽하게 벗어났다고 보기는 어

렵다 할 것이나, 한편 부산광역시로서는 시내에서 배출되는 산업쓰레기를 처리할 적당한 시설이 없어 타 시·도에 이를 위탁처리하고 있기 때문에 인근에 대단위 아파트가 밀집해 있는데다가 자연환경보전지역으로 지정고시된 을숙도에 인접한 위 설치장소가 과연 적지인지의 여부는 차치하고 부산시내 어디엔가에는 반드시 설치될 필요가 있는 시설이며, 위 소각시설이 나름대로 현재까지 발표된 것 중 가장 최신시설로서 정상가동을 전제로 한 각종 오염물질 제거 시험에서 합격하였고, 이미 신청인 회사가 금 36,000,000,000원을 들여 시설의 90%가 완공된 상태에서 위 시설을 다른 곳으로 이전하기도 어려워 피신청인들이 요구하는 대로 위 시설설치 자체의 반대 및 기존시설의 전면 이전 등은 받아들이기 어려운 실정이라 할 것이다. 이 사건에서 피신청인들은 위의 사정을 내세워 시설 자체의 이전만을 요구하면서 다중의 물리력으로 시설공사 자체를 방해하였고, 또 방해하려고 하는데, 이와 같은 행위는 법치국가에서는 허용될 수 없는 것임은 두말할 필요도 없다.

(관련판례)

산업폐기물 소각처리시설이 시내 어딘가에는 반드시 설치되어야 하고 가장 최신시설이며 이미 90%가 완공되었다는 이유로, 시설의 이전만을 요구하며 공사를 방해한 주민들에 대한 공사방해금지가처분 신청을 인용한 사례(부산지법 1996. 6. 5. 자 95카합6033 결정).

(관련판례)

구 「폐기물처리시설 설치촉진 및 주변지역지원 등에 관한 법률」(2004. 2. 9. 법률 제7169호로 개정되기 전의 것) 제9조 제3항, 같은 법 시행령(2004. 8. 10. 대통령령 제18514호로 개정되기 전의 것) 제7조 별표 1, 제11조 제2항 각 규정들에 의하면, 입지선정위원회는 폐기물처리시설의 입지를 선정하는 의결기관이고, 입지선정위원회의 구성방법에 관하여 일정 수 이상의 주민대표 등을 참여시키도록 한 것은 폐기물처리시설 입지선정 절차에 있어 주민의 참여를 보장함으로써 주민들의 이익과 의사를 대변하도록 하여 주민의 권리에 대한 부당한 침해를 방지하고 행정의 민주화와 신뢰를 확보하는 데 그 취지가 있는 것이므로, 주민대표나 주민대표 추천에 의한 전문가의 참여 없이 의결이 이루어지는 등 입지선정위원회의 구성방법이나 절차가 위법한 경우에는 그 하자 있는 입지선정위원회의 의결에 터잡아 이루어진 폐기물처리시설 입지결정처분도 위법하게 된다(대법원 2007.4.12. 선고 2006두20150 판결).

(관련판례)

구 「폐기물처리시설 설치촉진 및 주변지역 지원 등에 관한 법률」(2002. 2. 4. 법률 제6656호로 개정되기 전의 것) 및 같은법 시행령의 관계 규정의 취지는 처리능력이 1일 50t인 소각시설을 설치하는 사업으로 인하여 직접적이고 중대한 환경상의 침해를 받으리라고 예상되는 직접영향권 내에 있는 주민들이나 폐기물소각시설의 부지경계선으로부터 300m 이내의 간접영향권 내에 있는 주민들이 사업 시행 전과 비교하여 수인한도를 넘는 환경피해를 받지 아니하고 쾌적한 환경에서 생활할 수 있는 개별적인 이익까지도 이를 보호하려는 데에 있다 할 것이므로, 위 주민들이 소각시설입지지역결정·고시와 관련하여 갖는 위와 같은 환경상의 이익은 주민 개개인에 대하여 개별적으로 보호되는 직접적·구체적 이익으로서 그들에 대하여는 특단의 사정이 없는 한 환경상의 이익에 대한 침해 또는 침해우려가 있는 것으로 사실상 추정되어 폐기물 소각시설의 입지지역을 결정·고시한 처분의 무효확인을 구할 원고적격이 인정된다고 할 것이고, 한편 폐기물소각시설의 부지경계선으로부터 300m 밖에 거주하는 주민들도 위와 같은 소각시설 설치사업으로 인하여 사업 시행 전과 비교하여 수인한도를 넘는 환경피해를 받거나 받을 우려가 있음에도 폐기물처리시설 설치기관이 주변영향지역으로 지정·고시하지 않는 경우 같은 법 제17조 제3항 제2호 단서 규정에 따라 당해 폐기물처리시설의 설치·운영으로 인하여 환경상 이익에 대한 침해 또는 침해우려가 있다는 것을 입증함으로써 그 처분의 무효확인을 구할 원고적격을 인정받을 수 있다(대법원 2005. 3. 11. 선고 2003두13489 판결).

(관련판례)

구 「폐기물처리시설 설치촉진 및 주변지역지원 등에 관한 법률」(2004. 2. 9. 법률 제7196호로 개정되기 전의 것) 제9조제4항 본문에서 폐기물처리시설 입지선정위원회가 입지선정을 의결함에 있어 전문연구기관에 의한 입지후보지 타당성 조사를 거치도록 한 입법 취지에 비추어 볼 때 입지후보지 타당성 조사를 생략할 만한 구체적이고 합리적인 사유가 없음에도 불구하고 같은 법 제9조

제4항 단서의 존재 자체를 사유로 하여 입지후보지 타당성 조사를 생략한 채 입지후보지를 추가하고 그 이후에도 지역주민에게 아무런 공람 및 의견제출의 기회를 부여한 바도 없이 입지로 선정한 것은, 입지선정절차에서 요구되는 법령상의 절차를 결여함으로써 지역주민의 절차참여 권리를 박탈하는 결과가 되어 위법하다(대구고법 2006. 1. 13. 선고 2005누1054 판결).

제6절 그 밖의 환경 피해사례

1. 환경분쟁조정 사례

1-1. 악취

1-1-1. 화성시 공장 악취, 소음 피해(환조 02-3-67)

※ 아파트 인근 공장에서 발생하는 매연, 소음, 악취 피해를 입고 있는 입주민들이 소음, 악취를 발생시키는 (주) 제관과 주거환경이 열악한 지역에 아파트 건축을 허가한 시 및 공장에 근접한 곳에 아파트를 건설하여 분양하면서 입주민들의 피해를 방지하기 위한 시설을 하지 않은 (주) 개발을 상대로 요구한 피해배상을 인정한 사례

> OO아파트 주민들이 악취 피해 민원을 제기하여 관계기관에서 측정한 (주)OO제관의 악취가 3도로 측정되어 개선명령을 받은 사실만으로도 신청인들이 (주)OO제관의 악취로 인해 정신적 피해를 입었을 개연성은 충분하며, 대기오염 방지시설 중 흡착에 의한 시설은 흡착제를 적기에 교체하지 않을 경우 방지효율을 유지할 수 없는 상황이 발생할 수 있다는 전문가 의견이 제시되었는바, 대기방지시설 개선 이전에 (주)OO제관에 설치되어 있던 흡착탑 5기의 활성탄 교체주기가 8개월이었던 것에 비해 최근의 교체주기는 3~6개월인 것으로 미루어 보아도 (주)OO제관 공장에서 발생하는 악취로 인한 정신적 피해의 개연성이 인정된다.
> (주)OO제관은 허용기준을 초과하는 악취, 소음을 배출하여 관계법령을 위반하였고, OO시와 (주)OOOO개발은 아파트 건축부지가 악취, 소음 배출업소에 인접해 있음에도 불구하고 악취, 소음 피해 예방조치 없이 주택건설사업을 승인하거나 아파트를 건축하였으며 신청인들이 입주할 때까지도 악취, 소음 피해를 방지하기 위한 어떠한 조치도 하지 않고 방치하였으므로 (주)OO제관, OO시, (주)OOOO개발은 악취, 소음으로 인한 정신적 피해에 대하여 연대배상할 책임이 있다

1-1-2. 경기 화성시 비료공장 악취로 인한 정신적 피해 분쟁사건
(환조 07-3-143)

※ 경기도에 거주하는 ○○ 등 772명이 비료(음식물류폐기물 퇴비화)공장에서
발생하는 악취로 인하여 피해를 입었다며 (주)○○비료를 상대로 요구한
피해배상을 인정하지 않은 사례

악취검사기관인 ○○대학교 환경청정기술연구센터에서 피신청인의 음
식물류폐기물 퇴비화시설 부지경계에서 복합악취를 측정한 결과 10
배 이하로 기준인 15배 이하보다 낮을 뿐아니라 신청인아파트는 측
정지점으로 800m 이상 이격된 지점에 위치하고, 동 아파트 방향으로
야산이 가로막고 있는 점 등으로 볼 때 신청인아파트에서의 악취는
피신청인 사업장의 부지경계에서 측정한 측정결과보다 더욱 낮아질
것으로 판단된다.

아울러, 심사관 현지조사 시 신청인들 아파트에서 악취를 느끼지 못
하는 점 등을 종합해 볼 때 피해의 개연성을 인정하지 아니한다.

1-2. 실내공기오염

1-2-1. 경기도 용인시 아파트 실내 오염물질로 인한 물질적 및 정
신적 피해(환조04-3-29)

※ 경기도 용인시 신봉동 ○○(1세대) 등 3명이 신축한 아파트로 이사온 후
아파트 실내에서 발생하는 오염물질로 인해 7개월된 아기가 전에 없었던 피
부병이 발생하는 등 물질적, 정신적 피해를 입고 있다며, 시공사와 감독관
청을 상대로 피해배상과 개선대책을 요구한 사례

---

1. 아파트 건축주의 피해배상 책임 여부
건축주는 통상 분양계약에 따라 입주자가 최소한의 쾌적한 생활을 유
지할 수 있도록 아파트를 시공할 의무가 있음에도 불구하고 바닥,
벽, 단열재 등 건축자재를 친환경자재로 사용하지 않아 신청인이 입
주 당시 실내공간 오염물질 농도가 WHO 및 일본의 권고기준과
2004년 5월 30일부터 시행된 「실내공기질 관리법」(구「다중이용시설
등의실내공기질관리법」)의 다중이용시설의 실내공기질 유지기준을 초
과하는 등으로 인해 입주자인 생후 7개월된 아기가 피부병이 발생하
였다면, 건축주가 담보책임을 져야 하는 하자로 보아야 하므로 「민
법」 제667조(수급인의 담보책임) 및 「민법」 제671조(수급인의 담보책

임 토지, 건물 등에 대한 특칙)와 「환경정책기본법」 제31조(무과실책임)의 규정에 따라 신청인 아파트를 건축하여 분양한 건축주에게 배상 책임이 있다고 판단된다.

2. 사업승인기관인 해당 관청의 피해배상 책임 여부

아파트건설사업은 규제「주택건설촉진법」 제33조(사업계획의 승인 및 건축허가 등)에 근거하여 사업주체가 주택건설사업계획승인을 득하여 사업이 진행되며, 「주택건설촉진법」 제33조의2(사용검사 등)에 기준한 설계도서 등에 의하여 적법하게 시공되었을 경우에 아파트 사용검사가 이루어진다고 볼 때 시공된 아파트의 각종 자재들로부터 유해물질이 발생하는 지의 여부까지 확인할 의무가 있는 것은 아니라고 할 수 있으므로 감독관청에 배상책임이 있다고 하기는 곤란하다고 판단된다.

2. 환경소송 사례

2-1. 악취

2-1-1. [민사소송] 공장의 소음·악취로 인한 생활방해(서울동부지법 2004. 7. 22. 선고 2002가합371 판결)

※ 공장을 운영하는 자가 그 공장을 가동하는 과정에서 소음 · 악취를 발생시킴으로써 인접 토지의 거주자에게 신체적 · 정신적 손해를 가한 사례에서 사회통념상 수인한도를 넘는 소음 · 악취를 발생시킨 행위는 위법한 가해행위로서 「민법」 제750조에 따른 불법행위가 인정된다고 한 사례

> 피고 공장이 위치한 곳은 준공업지역이고, 원고가 피고 공장과 인접한 곳에 대지를 취득한 후 원고 주택을 신축하였으며, 원고 등의 민원에 의하여 피고가 악취방지시설 및 방음시설 등을 설치하는 등 나름대로 노력을 한 점, 소음 등의 금지를 위하여 지나치게 피고 공장 내에서의 기계의 작동을 금지시킬 경우 피고가 입게 될 피해가 작지 아니한 것으로 보이는 점 등을 종합하여 볼 때, 매일 05:00 ~ 22:00의 17시간 동안에 이루어진 피고의 위 침해행위는 상린관계에 따라 원고 등이 수인하여야 할 통상의 범위 내에 속하는 것이어서 원고 등으로서는 이를 인용할 의무가 있다고 할 것이므로, 결국 피고의 위 침해행위 중 위 시간 동안을 제외하고 원고 등이 일상생활을 영위함에 필요한 최소한의 휴식을 위한 시간인 매일 22:00 ~ 다음날 05:00의 7시간 동안 소음·악취를 발생시킨 행위만이 사회통념상 수인할 수 있는 한도를 넘는 위법한 가해행위로서 원고에 대한 불법행위가 된다고 할 것이다.

2-1-2. [민사소송] 악취와 수인한도(대법원 1974. 12. 24. 선고 68다1489 판결)

※ 병원시체실의 설치로 그 인접지 거주자가 받을 피해와 고통이 사회관념상 일반적으로 수인하여야 할 정도의 것일 때에는 거주자가 이를 수인하여야 하나 그 정도를 초과할 때에는 수인의무가 없고 오히려 방해사유의 제거 내지 예방조치를 청구할 수 있다고 한 사례

피고 경영의 한일병원과 같은 종합병원의 경우에 있어서 시체실의 설치는 필요불가결한 것이라 할 것이고, 또 그 인접지 거주자인 원고가 그로 인하여 불쾌감 등 고통을 받게 될지라도 그 정도가 사회관념상 일반적으로 수인하여야 할 정도의 것일 때에는 원고로서는 이를 수인함으로써 종합병원의 사회적인 기능과 일반시민의 보건생활에 지장이 없도록 하여야 할 것임은 당연한 사리라 할 것이다. 그러나 만일 원고가 입는 고통이 위 정도를 초과할 때에는 그 수인의무가 없고 오히려 그 방해사유의 제거 내지 예방을 청구할 수 있으며, 따라서 피고는 그 방해사유의 제거 내지 예방을 위하여 적당한 조치를 할 의무가 있음은 「민법」 제217조에 비추어 분명하다 할 것인바, 원심이 인정한 전시한 바와 같은 일련의 사정을 종합하여 보면, 피고 경영의 한일병원이 이 사건 시체실을 그곳에 안치한 시체로부터 발산하는 악취의 확산방치나 제거를 위한 조치, 유족이나 조객들의 곡성이 외곽에 전파되지 않도록 하는 조치, 시체봉구시의 시체의 일반인에의 노출방지 조치 등 적절한 조치를 취하지 않고 원심이 인정한 상태대로 계속 사용한다면, 원고와 그의 가족들은 시체에서 발산하는 악취, 유족이나 조객들의 곡성 및 일반시민이 직접 보기를 꺼려하는 시체의 운구를 빈번이 보게 됨으로 인하여 죽음에 대한 공포와 생에 대한 불안감 기타 신경의 긴장을 일으켜 정신위생상 유해한 결과를 낳고 또 생활환경상의 안정이 심히 저해받게 될 것이고, 원고가 받게 되는 위 피해와 고통은 사회관념상 일반적으로 요구되는 수인의 정도를 초과함을 인정할 수 있으므로 원고는 피고에 대하여 위 방해요인의 제거 내지 예방을 청구할 수 있다 할 것이다.

2-2. 토양오염

2-2-1. [행정소송] 광업권 설정허가처분 취소(대법원 2008. 9. 11. 선고 2006두7577 판결)

※ 광업권 설정허가처분과 그에 따른 광산 개발로 인하여 재산상·환경상 이익의 침해를 받거나 받을 우려가 있는 토지나 건축물의 소유자와 점유자 또는 이해관계인 및 주민들은 그 처분 전과 비교하여 수인한도를 넘는 재산상·환경상 이익의 침해를 받거나 받을 우려가 있다는 것을 증명함으로써 그 인가처분의 취소를 구할 원고적격을 인정받을 수 있다고 한 사례

토양환경분야 전문가들로 구성된 한국지하수토양환경학회는 이 사건 광산의 갱도를 완전히 굴착할 경우 그 지하수위가 갱도에서 가까운 지역은 약 25m, 떨어진 지역은 약 5m 정도 하강될 것으로 예측하고 있고, 실제로도 이 사건 광산에 인접한 무극광산의 개발로 인근 지역의 지하수가 고갈되고 지반이 침하하는 피해가 발생하였으며, 참가인이 일부 굴진을 하자 갱도 입구에 가까운 지역의 일부 가옥에 균열이 가는 현상이 발생하였다. 이러한 사정에 더하여 이 사건 광산에서 본격적으로 광석채굴을 시작하는 경우에는 다른 광산에서 나타난 바와 마찬가지로 1차적으로 지하수, 지표수 및 토양에 산성폐수 및 중금속으로 인한 오염이 나타나고, 2차적으로 농작물에 대한 피해 및 인근 주민들의 건강에 현저한 위험을 줄 개연성이 있는데, 이 사건 광산의 광체 품위에 비추어 채광량에 비해 훨씬 많은 폐석과 광미가 발생할 것으로 예상되는 점 등을 감안하면, 이 사건 광산의 개발로 얻어지는 사회·경제적 이익에 비하여 환경 보전 등 공익 침해의 우려가 현저하다고 보여짐에도 불구하고, 이 사건 인가처분을 한 데에는 그 재량권을 일탈·남용한 위법이 있다고 할 수 있다.

2-2-2. [국가배상] 미군기지 기름유출로 인한 토양오염에 대한 손

해배상(전주지법 군산지원 2008.12.18. 선고 2007가합3553 판결)

※ 미군기지에서 기름이 유출되어 기지 밖 토양과 지하수가 오염된 사안에서, 대한민국이 그 오염으로 인한 손해배상책임을 진다고 한 사례

> ① 이 사건 피해지역에서 토양 및 지하수를 채취·검사한 결과 이 사건 미군기지의 내·외부에서 각 유류 성분이 검출되었고, 위 미군기지 내부와 외부의 유류가 유사한 종류로 확인된 점, ② 이 사건 피해지역의 지하수는 이 사건 미군기지의 내부에서 외부로 흐르고 있는 점, ③ 이 사건 피해지역은 대부분 농지로서 이 사건 미군기지 이외에는 별다른 오염원이 존재하지 않는 것으로 보이는 점, ④ 미군측도 이 사건 미군기지에서 기름이 유출된 점을 인정하며 오염된 지역의 복원과 오염방지를 위한 대책을 논의하여 온 점 등을 종합하여 보면, 이 사건 피해지역의 토양과 지하수는 미합중국이 소유·점유하는 이 사건 미군기지의 유류저장시설 등에서 기름이 유출되어 오염되었다고 봄이 상당하므로, 피고는 소파협정 제23조 제5항 및 민사특별법 제2조에 따라 원고에게 원고가 지출한 이 사건 피해지역에서의 조사비용과 피해복구비용, 피해구제비용 등의 손해를 배상할 책임이 있다고 할 것이다.

2-2-3. [민사소송] 불법매립자에 대한 손해배상 청구(서울고법 1999.

2. 2. 선고 98나22989 판결)

※ 폐기물이 불법 매립된 사실을 모르고 토지를 취득한 자가 그 후 매립사실이 드러나 폐기물 제거명령을 받은 경우, 불법매립자는 소유권을 취득한 자가 입은 손해를 배상할 책임을 인정한 사례

> 매립지에 은밀하게 폐기물을 불법 매립한 사실이 추후 드러나는 경우 그 매립사실을 모르고 토지를 취득한 발각 당시의 토지소유자는 행정청으로부터 폐기물의 제거명령을 받거나 기타 토지 사용의 필요상 이를 반드시 제거하여야 할 것이므로, 그로 인해 손해를 입을 것은 필연적으로 예상되는 결과이나, 은밀하게 행해진 불법매립 행위의 성질에 비추어 불법매립자의 위법행위와 폐기물의 제거를 위한 현실적인 손해의 발생 사이에는 시간적인 간격이 있게 되고, 이러한 경우에는 단지 관념적이고 부동적인 상태에서 잠재적으로만 존재하던 손해가

그 후 현실화되었다고 볼 수 있는 때에 불법행위가 완성된다고 보아
야 할 것이어서, 폐기물을 불법 매립한 자는 그 후 매립지의 소유권
을 취득한 자가 그 폐기물을 제거하기 위하여 입은 손해를 배상할 책
임이 있다.

(관련판례)

광업권설정허가처분의 근거 법규 또는 관련 법규의 취지는 광업권설정허가처분
과 그에 따른 광산 개발과 관련된 후속 절차로 인하여 직접적이고 중대한 재
산상·환경상 피해가 예상되는 토지나 건축물의 소유자나 점유자 또는 이해관
계인 및 주민들이 전과 비교하여 수인한도를 넘는 재산상·환경상 침해를 받지
아니한 채 토지나 건축물 등을 보유하며 쾌적하게 생활할 수 있는 개별적 이
익까지도 보호하려는 데 있으므로, 광업권설정허가처분과 그에 따른 광산 개
발로 인하여 재산상·환경상 이익의 침해를 받거나 받을 우려가 있는 토지나
건축물의 소유자와 점유자 또는 이해관계인 및 주민들은 그 처분 전과 비교하
여 수인한도를 넘는 재산상·환경상 이익의 침해를 받거나 받을 우려가 있다는
것을 증명함으로써 그 처분의 취소를 구할 원고적격을 인정받을 수 있다(대법
원 2008. 9. 11. 선고 2006두7577 판결).

(관련판례)

미군기지에서 기름이 유출되어 기지 밖 토양과 지하수가 오염된 사안에서, '대
한민국과 아메리카합중국간의 상호방위조약 제4조에 의한 시설과 구역 및 대
한민국에서의 합중국 군대의 지위에 관한 협정'(SOFA협정) 제23조제5항 및
「대한민국과 아메리카합중국 간의 상호방위조약 제4조에 의한 시설과 구역
및 대한민국에서의 합중국군대의 지위에 관한 협정의 시행에 관한 민사특별법」
제2조에 따라 대한민국이 위 오염으로 인한 손해배상책임을 진다(전주지법 군
산지원 2008.12.18. 선고 2007가합3553 판결).

(관련판례)

매립지에 은밀하게 폐기물을 불법 매립한 사실이 추후 드러나는 경우 그 매립
사실을 모르고 토지를 취득한 발각 당시의 토지소유자는 행정청으로부터 폐기
물의 제거명령을 받거나 기타 토지 사용의 필요상 이를 반드시 제거하여야 할

것이므로, 그로 인해 손해를 입을 것은 필연적으로 예상되는 결과이나, 은밀하게 행해진 불법매립 행위의 성질에 비추어 불법매립자의 위법행위와 폐기물의 제거를 위한 현실적인 손해의 발생 사이에는 시간적인 간격이 있게 되고, 이러한 경우에는 단지 관념적이고 부동적인 상태에서 잠재적으로만 존재하던 손해가 그 후 현실화되었다고 볼 수 있는 때에 불법행위가 완성된다고 보아야 할 것이어서, 폐기물을 불법 매립한 자는 그 후 매립지의 소유권을 취득한 자가 그 폐기물을 제거하기 위하여 입은 손해를 배상할 책임이 있다(서울고법 1999. 2. 2. 선고 98나22989 판결).

(관련판례)

공장을 운영하는 자가 그 공장을 가동하는 과정에서 소음·진동·악취·분진을 발생시킴으로써 인접 토지의 거주자에게 사회통념상 수인할 수 있는 한도를 넘는 신체적·정신적 손해를 가한 경우 그 침해행위는 사법상 위법한 가해행위로서 불법행위가 되는데, 그 경우 사회통념상 수인할 수 있는 한도를 넘었는지 여부는 그 지역의 환경과 소음 등에 관한 공법적 규제기준, 피침해자의 생활상황, 침해행위의 태양과 침해의 정도, 사회적 유용성, 가해자의 침해방지대책에 관한 태도 등을 종합적으로 고려하여 결정하여야 한다(서울동부지법 2004. 7. 22. 선고 2002가합371 판결).

(관련판례)

공장의 소음·악취로 인한 생활방해로 사회통념상 수인 한도를 넘는 행위를 한 공장경영자는 장래에 있어서 그러한 행위로 인하여 인접 주택 거주자의 일상생활에 고통을 주지 아니하기 위한 적당한 조치로서 수인 한도를 넘는 시간 동안 공장 내에 설치되어 있는 기계를 작동하지 아니할 의무가 있고, 인접 주택 거주자는 공장경영자에 대하여 위 시간 동안 기계의 작동금지를 청구할 수 있다(서울동부지법 2004. 7. 22. 선고 2002가합371 판결).

(관련판례)

병원시체실의 설치로 그 인접지 거주자가 받을 피해와 고통이 사회관념상 일반적으로 수인하여야 할 정도의 것일 때에는 거주자가 이를 수인하여야 하나 그 정도를 초과할 때에는 수인의무가 없고 오히려 방해사유의 제거 내지 예방조치를 청구할 수 있다(대법원 1974. 12. 24. 선고 68다1489 판결).

부록 : 관련법령

- 환경분쟁조정법

환경분쟁 조정법

[시행 2018. 10. 16] [법률 제15846호, 2018. 10. 16, 일부개정]

제1장 총칙

제1조(목적) 이 법은 환경분쟁의 알선(斡旋)·조정(調停)·재정(裁定) 및 중재(仲裁)의 절차 등을 규정함으로써 환경분쟁을 신속·공정하고 효율적으로 해결하여 환경을 보전하고 국민의 건강과 재산상의 피해를 구제함을 목적으로 한다.

제2조(정의) 이 법에서 사용하는 용어의 뜻은 다음과 같다.

1. "환경피해"란 사업활동, 그 밖에 사람의 활동에 의하여 발생하였거나 발생이 예상되는 대기오염, 수질오염, 토양오염, 해양오염, 소음·진동, 악취, 자연생태계 파괴, 일조 방해, 통풍 방해, 조망 저해, 인공조명에 의한 빛공해, 지하수 수위 또는 이동경로의 변화, 그 밖에 대통령령으로 정하는 원인으로 인한 건강상·재산상·정신상의 피해를 말한다. 다만, 방사능오염으로 인한 피해는 제외한다.
2. "환경분쟁"이란 환경피해에 대한 다툼과 「환경기술 및 환경산업 지원법」 제2조제2호에 따른 환경시설의 설치 또는 관리와 관련된 다툼을 말한다.
3. "조정"(調整)이란 환경분쟁에 대한 알선·조정(調停)·재정 및 중재를 말한다.
4. "다수인관련분쟁"이란 같은 원인으로 인한 환경피해를 주장하는 자가 다수(多數)인 환경분쟁을 말한다.

제3조(신의성실의 원칙) 제4조에 따른 환경분쟁조정위원회(環境紛爭調整委員會)는 조정절차가 신속·공정하고 경제적으로 진행되도록 노력하여야 하며, 조정의 절차에 참여하는 분쟁 당사자들은 상호 신뢰와 이해를 바탕으로 성실하게 절차에 임하여야 한다.

제2장 환경분쟁조정위원회

제4조(환경분쟁조정위원회의 설치) 제5조에 따른 사무를 관장하기 위하여 환경부에 중앙환경분쟁조정위원회(이하 "중앙조정위원회"라 한다)를 설치하고, 특별시·광역시·특별자치시·도·특별자치도(이하 "시·도"라 한다)에 지방환경분쟁조정위원회(이하 "지방조정위원회"라 한다)를 설치한다.

제5조(환경분쟁조정위원회의 소관 사무) 중앙조정위원회 및 지방조정위원회(이하 "위원회"라 한다)의 소관 사무는 다음 각 호와 같다.
1. 환경분쟁(이하 "분쟁"이라 한다)의 조정. 다만, 다음 각 목의 어느 하나에 해당하는 분쟁의 조정은 해당 목에서 정하는 경우만 해당한다.
   가. 「건축법」 제2조제1항제8호의 건축으로 인한 일조 방해 및 조망 저해와 관련된 분쟁: 그 건축으로 인한 다른 분쟁과 복합되어 있는 경우
   나. 지하수 수위 또는 이동경로의 변화와 관련된 분쟁: 공사 또는 작업(「지하수법」에 따른 지하수의 개발·이용을 위한 공사 또는 작업은 제외한다)으로 인한 경우
2. 환경피해와 관련되는 민원의 조사, 분석 및 상담
3. 분쟁의 예방 및 해결을 위한 제도와 정책의 연구 및 건의
4. 환경피해의 예방 및 구제와 관련된 교육, 홍보 및 지원
5. 그 밖에 법령에 따라 위원회의 소관으로 규정된 사항

제6조(관할) ① 중앙조정위원회는 분쟁 조정사무 중 다음 각 호의 사항을 관할한다.
1. 분쟁의 재정(제5호에 따른 재정은 제외한다) 및 중재
2. 국가나 지방자치단체를 당사자로 하는 분쟁의 조정
3. 둘 이상의 시·도의 관할 구역에 걸친 분쟁의 조정
4. 제30조에 따른 직권조정(職權調停)
5. 제35조의3제1호에 따른 원인재정과 제42조제2항에 따라 원인재정 이후 신청된 분쟁의 조정
6. 그 밖에 대통령령으로 정하는 분쟁의 조정

② 지방조정위원회는 해당 시·도의 관할 구역에서 발생한 분쟁의 조정사무 중 제1항제2호부터 제6호까지의 사무 외의 사무를 관할한다. 다만, 제1항제1호의 경우에는 일조 방해, 통풍 방해, 조망 저해로 인한 분쟁은 제외한 것으로서 대통령령으로 정하는 분쟁의 재정 및 중재만 해당한다.

제7조(위원회의 구성 등) ① 중앙조정위원회는 위원장 1명을 포함한 30명 이내의 위원으로 구성하며, 그 중 상임위원은 3명 이내로 한다.
② 지방조정위원회는 위원장 1명을 포함한 20명 이내의 위원으로 구성하며, 그 중 상임위원은 1명을 둘 수 있다.
③ 위원회 위원의 임기는 2년으로 하며, 연임할 수 있다.

제8조(위원회 위원의 임명) ① 중앙조정위원회의 위원장을 포함한 위원은 환경에 관한 학식과 경험이 풍부한 사람으로서 다음 각 호의 어느 하나에 해당하는 사람 중 환경부장관의 제청에 의하여 대통령이 임명하거나 위촉한다. 이 경우 제2호에 해당하는 사람이 3명 이상 포함되어야 한다.
1. 1급부터 3급까지에 상당하는 공무원 또는 고위공무원단에 속하는 공무원으로 3년 이상 재직한 사람
2. 판사·검사 또는 변호사로 6년 이상 재직한 사람
3. 공인된 대학이나 연구기관에서 부교수 이상 또는 이에 상당하는 직(職)에 재직한 사람
4. 환경 관계 업무에 10년 이상 종사한 사람
② 중앙조정위원회의 위원장은 고위공무원단에 속하는 일반직공무원으로서 「국가공무원법」 제26조의5에 따른 임기제공무원으로 보한다.
③ 지방조정위원회의 위원은 제1항 각 호의 어느 하나에 해당하는 사람 중에서 특별시장·광역시장·특별자치시장·도지사·특별자치도지사(이하 "시·도지사"라 한다)가 임명하거나 위촉한다. 이 경우 제1항 제2호에 해당하는 사람이 2명 이상 포함되어야 한다.
④ 지방조정위원회의 위원장은 부시장 또는 부지사 중에서 시·도지사가 임명하는 사람으로 한다.

제9조(결격사유) 다음 각 호의 어느 하나에 해당하는 사람은 위원회의 위원이 될 수 없다.

1. 피성년후견인, 피한정후견인 또는 파산선고를 받고 복권되지 아니한 사람
2. 금고 이상의 실형을 선고받고 그 집행이 끝나거나(집행이 끝난 것으로 보는 경우를 포함한다) 집행이 면제된 날부터 2년이 지나지 아니한 사람
3. 금고 이상의 형의 집행유예를 선고받고 그 유예기간 중에 있는 사람
4. 법원의 판결이나 법률에 따라 자격이 정지된 사람

제10조(신분보장) ① 위원회의 위원은 독립하여 직무를 수행한다.

② 위원회의 위원은 다음 각 호의 어느 하나에 해당하는 경우를 제외하고는 그 의사에 반하여 해임되거나 해촉(解囑)되지 아니한다.

1. 제9조 각 호의 어느 하나에 해당하게 된 경우
2. 장기간의 심신쇠약으로 직무를 수행할 수 없게 된 경우
3. 직무와 관련된 비위사실이 있거나 위원의 직을 유지하기 적합하지 아니하다고 인정되는 비위사실이 있는 경우

제11조(위원장의 직무 등) ① 위원회의 위원장은 위원회를 대표하고 위원회의 직무를 총괄한다.

② 위원회의 위원장이 부득이한 사유로 직무를 수행할 수 없는 경우에는 해당 위원회의 위원 중 위원회의 위원장이 미리 지명한 위원이 그 직무를 대행한다.

제12조(위원의 제척 등) ① 위원회의 위원은 다음 각 호의 어느 하나에 해당하는 경우에는 그 직무의 집행에서 제척(除斥)된다.

1. 위원이나 그 배우자 또는 배우자였던 사람이 해당 분쟁사건(이하 "사건"이라 한다)의 당사자가 되거나 그 사건에 관하여 당사자와 공동권리자 또는 공동의무자의 관계에 있는 경우
2. 위원이 해당 사건의 당사자와 친족이거나 친족이었던 경우
3. 위원이 해당 사건에 관하여 진술이나 감정(鑑定)을 한 경우
4. 위원이 해당 사건에 당사자의 대리인으로서 관여하고 있거나 관여하였던 경우
5. 위원이 해당 사건의 원인이 된 처분 또는 부작위(不作爲)에 관여한 경우

② 제척의 원인이 있으면 위원회는 직권으로 또는 당사자의 신청에 의하여 제척의 결정을 한다.

③ 당사자는 위원에게 공정한 직무집행을 기대하기 어려운 사정이 있는 경우에는 위원회에 기피신청을 할 수 있으며, 위원회는 기피신청이 타당하다고 인정하면 기피의 결정을 한다.

④ 위원은 제1항 또는 제3항의 사유에 해당할 때에는 스스로 그 사건의 직무집행을 회피할 수 있다.

⑤ 위원회는 제3항에 따른 기피신청을 받으면 그 신청에 대한 결정을 할 때까지 조정절차를 중지하여야 한다.

⑥ 조정절차에 관여하는 직원 및 제13조제3항에 따른 관계전문가(이하 "관계전문가"라 한다)에 대하여는 제1항부터 제5항까지의 규정을 준용한다.

제13조(사무국) ① 위원회의 사무를 처리하기 위하여 위원회에 사무국을 둘 수 있다.

② 사무국에는 다음 각 호의 사무를 분장(分掌)할 심사관을 둔다.

1. 분쟁의 조정에 필요한 사실조사와 인과관계의 규명

2. 환경피해액의 산정 및 산정기준의 연구·개발

3. 그 밖에 위원회의 위원장이 지정하는 사항

③ 위원회의 위원장은 특정 사건에 관한 전문적인 사항을 처리하기 위하여 관계전문가를 위촉하여 제2항 각 호의 사무를 수행하게 할 수 있다.

제14조(벌칙 적용 시의 공무원 의제) 위원회의 위원 중 공무원이 아닌 위원과 관계전문가는 「형법」 제127조, 제129조부터 제132조까지의 규정을 적용할 때에는 공무원으로 본다.

제15조(규칙 제정 등) ① 중앙조정위원회는 위원회의 소관 사무 처리절차와 그 밖에 위원회의 운영에 관한 규칙과 조정(調停)·재정 및 중재위원회의 각 위원장 선임방법 등 구성에 관한 규칙을 정할 수 있다.

② 지방조정위원회의 구성 및 운영과 그 밖에 필요한 사항은 해당 시·도의 조례로 정한다.

제15조의2(의견의 통지) 위원회는 소관 업무의 수행으로 얻게 된 환

경보전 및 환경피해방지를 위한 개선대책에 관한 의견을 관계 행정기관의 장에게 통지할 수 있다.

제3장 분쟁 조정(調整)

제1절 통칙

제16조(조정의 신청 등) ① 조정을 신청하려는 자는 제6조에 따른 관할 위원회에 알선·조정(調停)·재정 또는 중재 신청서를 제출하여야 한다.

② 국가를 당사자로 하는 조정에서는 환경부장관이 국가를 대표한다. 이 경우 환경부장관은 해당 사건의 소관 행정청 소속 공무원을 조정수행자로 지정할 수 있다.

③ 위원회는 제1항에 따라 조정신청을 받았을 때에는 지체 없이 조정절차를 시작하여야 한다.

④ 위원회는 제3항에 따른 조정절차를 시작하기 전에 이해관계인이나 주무관청의 의견을 들을 수 있다.

⑤ 제1항에 따른 신청서의 기재 사항은 대통령령으로 정한다.

⑥ 위원회는 당사자의 분쟁 조정신청을 받았을 때에는 대통령령으로 정하는 기간 내에 그 절차를 완료하여야 한다.

제16조의2(합의 권고) ① 위원회의 위원장은 조정신청을 받으면 당사자에게 피해배상에 관한 합의를 권고할 수 있다.

② 제1항에 따른 권고는 조정절차의 진행에 영향을 미치지 아니한다.

제17조(신청의 각하 등) ① 위원회는 조정신청이 적법하지 아니한 경우에는 적절한 기간을 정하여 그 기간 내에 흠을 바로 잡을 것을 명할 수 있다.

② 위원회는 신청인이 제1항에 따른 명령에 따르지 아니하거나 흠을 바로잡을 수 없는 경우에는 결정으로 조정신청을 각하(却下)한다.

③ 위원회는 다른 법률에서 정하고 있는 조정절차를 이미 거쳤거나 거치고 있는 분쟁에 대한 조정신청은 결정으로 각하한다.

제18조(관계 행정기관의 협조) ① 위원회는 분쟁의 조정을 위하여 필요하다고 인정하면 관계 행정기관의 장에게 자료 또는 의견의 제

출, 기술적 지식의 제공, 환경오염물질의 측정 및 분석 등 필요한 협조를 요청할 수 있다.

② 위원회는 분쟁의 조정 시에 환경피해의 제거 또는 예방을 위하여 필요하다고 인정하면 관계 행정기관의 장에게 환경피해의 원인을 제공하는 자에 대한 개선명령, 조업정지명령 또는 공사중지명령 등 필요한 행정조치를 하도록 권고할 수 있다.

③ 제1항 및 제2항에 따른 협조를 요청받거나 권고를 받은 관계 행정기관의 장은 정당한 사유가 없으면 이에 따라야 한다.

제19조(선정대표자) ① 다수인이 공동으로 조정의 당사자가 되는 경우에는 그 중에서 3명 이하의 대표자를 선정할 수 있다.

② 위원회는 당사자가 제1항에 따라 대표자를 선정하지 아니한 경우에 필요하다고 인정할 때에는 당사자들에게 대표자를 선정할 것을 권고할 수 있다.

③ 제1항에 따라 선정된 대표자(이하 "선정대표자"라 한다)는 다른 신청인이나 피신청인을 위하여 해당 사건의 조정에 관한 모든 행위를 할 수 있다. 다만, 신청의 철회, 제33조제1항에 따른 합의 및 제33조의2제4항에 따른 이의신청에 대해서는 다른 당사자들로부터 서면으로 동의를 받아야 한다.

④ 대표자가 선정되었을 때에는 다른 당사자들은 그 선정대표자를 통하여만 해당 사건에 관한 행위를 할 수 있다.

⑤ 대표자를 선정한 당사자들은 필요하다고 인정하면 선정대표자를 해임하거나 변경할 수 있다. 이 경우 당사자들은 그 사실을 지체 없이 위원회에 통지하여야 한다.

제20조(참가) ① 분쟁이 조정절차에 계류(繫留)되어 있는 경우에 같은 원인에 의한 환경피해를 주장하는 자는 위원회의 승인을 받아 당사자로서 해당 절차에 참가할 수 있다.

② 위원회는 제1항에 따른 승인을 하려는 경우에는 당사자의 의견을 들어야 한다.

제21조(피신청인의 경정) ① 위원회의 위원장은 신청인이 피신청인을 잘못 지정한 것이 명백할 때에는 신청인의 신청을 받아 피신청인의 경정(更正)을 허가할 수 있다.

② 위원회의 위원장은 제1항에 따른 허가를 하였을 때에는 그 사실을 당사자와 새로운 피신청인에게 통보하여야 한다.

③ 제1항에 따른 허가가 있는 때에는 종전의 피신청인에 대한 조정신청은 철회되고 새로운 피신청인에 대한 조정신청이 제1항에 따른 경정신청이 있은 때에 있은 것으로 본다.

제22조(대리인) ① 당사자는 다음 각 호에 해당하는 사람을 대리인으로 선임할 수 있다.

1. 당사자의 배우자, 직계존비속 또는 형제자매
2. 당사자인 법인의 임직원
3. 변호사
4. 환경부장관 또는 지방자치단체의 장이 지명하는 소속 공무원

② 제1항제1호 또는 제2호의 사람을 대리인으로 선임하려는 당사자는 위원회 위원장의 허가를 받아야 한다.

③ 대리인의 권한은 서면으로 소명(疎明)하여야 한다.

④ 대리인은 다음 각 호의 행위에 대하여는 특별히 위임을 받아야 한다. <개정 2018. 10. 16.>

1. 신청의 철회
2. 제33조제1항에 따른 합의 및 제33조의2제4항에 따른 이의신청
3. 복대리인(復代理人)의 선임

제23조(중간결정에 대한 불복) ① 조정절차와 관련된 위원회의 중간결정에 대하여는 그 결정이 있음을 안 날부터 14일 이내에 해당 위원회에 이의를 제기할 수 있다.

② 위원회는 제1항에 따른 이의 제기가 이유 있다고 인정할 때에는 그 결정을 경정하여야 하며, 이의 제기가 이유 없다고 인정할 때에는 이를 기각(棄却)하여야 한다.

제24조(조정절차의 위임) 제31조제1항에 따른 조정위원회(調停委員會), 제36조제1항에 따른 재정위원회(裁定委員會) 또는 제45조의3 제1항에 따른 중재위원회(仲裁委員會)는 각 소속 위원에게 조정(調停)·재정(裁定) 또는 중재(仲裁) 절차의 일부를 실시하도록 위임할 수 있다.

제25조(절차의 비공개) 위원회가 수행하는 조정의 절차는 이 법에 특

별한 규정이 있는 경우를 제외하고는 공개하지 아니한다.

제26조(환경단체의 조정신청) ① 다음 각 호의 요건을 모두 갖춘 환경단체는 중대한 자연생태계 파괴로 인한 피해가 발생하였거나 발생할 위험이 현저한 경우에는 위원회의 허가를 받아 분쟁 당사자를 대리하여 위원회에 조정을 신청할 수 있다.

1. 「민법」 제32조에 따라 환경부장관의 허가를 받아 설립된 비영리법인일 것
2. 정관에 따라 환경보호 등 공익의 보호와 증진을 목적으로 하는 단체일 것
3. 그 밖에 대통령령으로 정하는 요건에 해당할 것

② 제1항에 따라 조정을 신청하는 환경단체에 대하여는 제22조제3항 및 제4항을 준용한다.

제2절 알선

제27조(알선위원의 지명) ① 위원회에 의한 알선은 3명 이내의 위원(이하 "알선위원"이라 한다)이 한다.
② 알선위원은 사건마다 위원회의 위원 중에서 위원회의 위원장이 지명한다.

제28조(알선위원의 임무) 알선위원은 당사자 양쪽이 주장하는 요점을 확인하여 사건이 공정하게 해결되도록 노력하여야 한다.

제29조(알선의 중단) ① 알선위원은 알선으로는 분쟁 해결의 가능성이 없다고 인정할 때에는 알선을 중단할 수 있다.
② 알선 절차가 진행 중인 분쟁에 대하여 조정(調停)·재정 또는 중재 신청이 있으면 그 알선은 중단된 것으로 본다.

제3절 조정(調停)

제30조(직권조정) ① 중앙조정위원회는 환경오염으로 인한 사람의 생명·신체에 대한 중대한 피해, 제2조제2호의 환경시설의 설치 또는 관리와 관련된 다툼 등 사회적으로 파급효과가 클 것으로 우려되는 분쟁에 대하여는 당사자의 신청이 없는 경우에도 직권으로 조정절

차를 시작할 수 있다.

② 시·도지사, 시장·군수·구청장(자치구의 구청장을 말한다) 또는 유역환경청장·지방환경청장은 제1항에 따른 직권조정이 필요하다고 판단되는 분쟁에 대해서는 중앙조정위원회에 직권조정을 요청할 수 있다.

③ 제1항에 따른 직권조정의 대상, 조정절차 및 직권조정을 수행하는 사람에 관한 사항은 대통령령으로 정한다.

제31조(조정위원의 지명 등) ① 조정은 3명의 위원으로 구성되는 위원회(이하 "조정위원회"라 한다)에서 한다.

② 조정위원회의 위원(이하 "조정위원"이라 한다)은 사건마다 위원회의 위원 중에서 위원회의 위원장이 지명하되, 제8조제1항제2호에 해당하는 사람 1명 이상이 포함되어야 한다.

③ 조정위원회의 회의는 조정위원회의 위원장이 소집한다.

④ 조정위원회의 회의는 구성원 전원의 출석으로 개의(開議)하고 구성원 과반수의 찬성으로 의결한다.

제32조(조정위원회의 조사권 등) ① 조정위원회는 분쟁의 조정을 위하여 필요하다고 인정할 때에는 조정위원회의 위원 또는 심사관으로 하여금 당사자가 점유하고 있는 공장, 사업장 또는 그 밖에 사건과 관련된 장소에 출입하여 관계 문서 또는 물건을 조사·열람 또는 복사하도록 하거나 참고인의 진술을 들을 수 있도록 할 수 있다.

② 조정위원회는 제1항에 따른 조사결과를 조정의 자료로 할 때에는 당사자의 의견을 들어야 한다.

③ 제1항의 경우에 조정위원회의 위원 또는 심사관은 그 권한을 나타내는 증표를 지니고 이를 관계인에게 보여주어야 한다.

제32조의2(당사자에 대한 출석요구) ① 조정위원회는 분쟁의 조정을 위하여 조정기일을 정하여 당사자에게 출석을 요구할 수 있다.

② 조정위원회가 제1항에 따라 당사자의 출석을 요구하는 경우에는 조정기일 7일 전까지 당사자에게 환경부령으로 정하는 출석요구서를 통지하여야 한다.

③ 제2항에 따른 통지를 받은 신청인이 제1항에 따라 정해진 조정기일에 2회에 걸쳐 참석하지 아니한 경우에는 해당 조정신청이 취

하된 것으로 본다. 다만, 신청인이 정당한 사유가 있어 환경부령으로 정하는 불출석 사유서를 해당 조정기일 전까지 조정위원회에 제출하여 불출석 승인을 받은 경우에는 그러하지 아니하다.

제33조(조정의 성립) ① 조정은 당사자 간에 합의된 사항을 조서에 적음으로써 성립한다.

② 조정위원회가 제1항에 따른 조서를 작성하였을 때에는 지체 없이 조서의 정본(正本)을 당사자나 대리인에게 송달하여야 한다.

제33조의2(조정결정) ① 조정위원회는 당사자 간에 합의가 이루어지지 아니한 경우로서 신청인의 주장이 이유 있다고 판단되는 경우에는 당사자들의 이익과 그 밖의 모든 사정을 고려하여 신청 취지에 반하지 아니하는 한도에서 조정을 갈음하는 결정(이하 "조정결정"이라 한다)을 할 수 있다.

② 조정결정은 문서로써 하여야 한다. 이 경우 조정결정 문서에는 다음 각 호의 사항을 적고 조정위원이 기명날인하여야 한다.

1. 사건번호와 사건명
2. 당사자, 선정대표자, 대표당사자 및 대리인의 주소와 성명(법인의 경우에는 명칭을 말한다)
3. 조정 내용
4. 신청의 취지
5. 이유
6. 조정결정한 날짜

③ 조정위원회가 조정결정을 하였을 때에는 지체 없이 조정결정문서의 정본을 당사자나 대리인에게 송달하여야 한다.

④ 당사자는 제3항에 따른 조정결정문서 정본을 송달받은 날부터 14일 이내에 불복 사유를 명시하여 서면으로 이의신청을 할 수 있다.

제34조(조정을 하지 아니하는 경우) ① 조정위원회는 해당 분쟁이 그 성질상 조정을 하기에 적당하지 아니하다고 인정하거나 당사자가 부당한 목적으로 조정을 신청한 것으로 인정할 때에는 조정을 하지 아니할 수 있다.

② 조정위원회는 제1항에 따라 조정을 하지 아니하기로 결정하였을 때에는 그 사실을 당사자에게 통지하여야 한다.

제35조(조정의 종결) ① 조정위원회는 해당 조정사건에 관하여 당사자 간에 합의가 이루어질 가능성이 없다고 인정할 때에는 조정을 하지 아니한다는 결정으로 조정을 종결시킬 수 있다.

② 조정결정에 대하여 제33조의2제4항에 따른 이의신청이 있는 경우에는 당사자 간의 조정은 종결된다.

③ 조정절차가 진행 중인 분쟁에 대하여 재정 또는 중재 신청이 있으면 그 조정은 종결된다.

④ 조정위원회는 제1항 또는 제2항에 따라 조정이 종결되었을 때에는 그 사실을 당사자에게 통지하여야 한다.

⑤ 제4항에 따라 통지를 받은 당사자가 통지를 받은 날부터 30일 이내에 소송을 제기한 경우 시효의 중단 및 제소기간의 계산에 있어서는 조정의 신청을 재판상의 청구로 본다.

제35조의2(조정의 효력) 제33조제1항에 따라 성립된 조정과 제33조의2제4항에 따른 이의신청이 없는 조정결정은 재판상 화해와 동일한 효력이 있다. 다만, 당사자가 임의로 처분할 수 없는 사항에 대해서는 그러하지 아니하다.

제35조의3(재정의 종류) 이 법에 따른 재정의 종류는 다음 각 호와 같다.

1. 원인재정: 환경피해를 발생시키는 행위와 환경피해 사이의 인과관계 존재 여부를 결정하는 재정

2. 책임재정: 환경피해에 대한 분쟁 당사자 간의 손해배상 등의 책임의 존재와 그 범위 등을 결정하는 재정

제4절 재정

제36조(재정위원의 지명 등) ① 재정은 5명의 위원으로 구성되는 위원회(이하 "재정위원회"라 한다)에서 한다. 다만, 다음 각 호에 해당하는 사건의 재정은 해당 호에서 정한 재정위원회에서 할 수 있다.

1. 다수인의 생명·신체에 중대한 피해가 발생한 분쟁이나 제2조제2호에 따른 환경시설의 설치 또는 관리와 관련된 다툼 등 사회적으로 파급효과가 클 것으로 우려되는 사건으로서 대통령령으로

정하는 사건: 10명 이상의 위원으로 구성되는 재정위원회

2. 대통령령으로 정하는 경미한 사건: 3명의 위원으로 구성되는 재정위원회

② 재정위원회의 위원(이하 "재정위원"이라 한다)은 사건마다 위원회의 위원 중에서 위원회의 위원장이 지명하되, 제8조제1항제2호에 해당하는 사람 1명 이상이 포함되어야 한다.

③ 재정위원회의 회의는 재정위원회의 위원장이 소집한다.

④ 재정위원회의 회의는 구성원 전원의 출석으로 개의하고 구성원 과반수의 찬성으로 의결한다.

제37조(심문) ① 재정위원회는 심문(審問)의 기일을 정하여 당사자에게 의견을 진술하게 하여야 한다.

② 재정위원회는 제1항에 따른 심문기일을 심문기일 7일 전까지 당사자에게 통지하여야 한다.

③ 심문은 공개하여야 한다. 다만, 재정위원회가 당사자의 사생활 또는 사업상의 비밀을 유지할 필요가 있다고 인정하거나 절차의 공정을 해칠 염려가 있다고 인정할 때, 그 밖에 공익을 위하여 필요하다고 인정할 때에는 그러하지 아니하다.

제38조(재정위원회의 조사권 등) ① 재정위원회는 분쟁의 재정을 위하여 필요하다고 인정할 때에는 당사자의 신청에 의하여 또는 직권으로 다음 각 호의 행위를 할 수 있다.

1. 당사자 또는 참고인에 대한 출석 요구, 질문 및 진술 청취

2. 감정인의 출석 및 감정 요구

3. 사건과 관계있는 문서 또는 물건의 열람·복사·제출 요구 및 유치(留置)

4. 사건과 관계있는 장소의 출입·조사

② 당사자는 제1항에 따른 조사 등에 참여할 수 있다.

③ 재정위원회가 직권으로 제1항에 따른 조사 등을 하였을 때에는 그 결과에 대하여 당사자의 의견을 들어야 한다.

④ 재정위원회는 제1항에 따라 당사자 또는 참고인에게 진술하게 하거나 감정인에게 감정하게 할 때에는 당사자, 참고인 또는 감정인에게 선서를 하도록 하여야 한다.

⑤ 제1항제4호의 경우에 재정위원회의 위원 또는 심사관은 그 권한을 나타내는 증표를 지니고 이를 관계인에게 보여주어야 한다.

제39조(증거보전) ① 위원회는 재정신청 전에 미리 증거조사를 하지 아니하면 그 증거를 확보하기 곤란하다고 인정하는 경우에는 재정을 신청하려는 자의 신청을 받아 제38조제1항 각 호의 행위를 할 수 있다.

② 위원회의 위원장은 제1항에 따른 신청을 받으면 위원회의 위원 중에서 증거보전에 관여할 사람을 지명하여야 한다.

제40조(재정) ① 재정은 문서로써 하여야 하며, 재정문서에는 다음 각 호의 사항을 적고 재정위원이 기명날인하여야 한다.

1. 사건번호와 사건명
2. 당사자, 선정대표자, 대표당사자 및 대리인의 주소 및 성명(법인의 경우에는 명칭을 말한다)
3. 주문(主文)
4. 신청의 취지
5. 이유
6. 재정한 날짜

② 제1항제5호에 따른 이유를 적을 때에는 주문의 내용이 정당함을 인정할 수 있는 한도에서 당사자의 주장 등에 대한 판단을 표시하여야 한다.

③ 재정위원회는 재정을 하였을 때에는 지체 없이 재정문서의 정본을 당사자나 대리인에게 송달하여야 한다.

제41조(원상회복) 재정위원회는 환경피해의 복구를 위하여 원상회복이 필요하다고 인정하면 손해배상을 갈음하여 당사자에게 원상회복을 명하는 제35조의3제2호에 따른 책임재정(이하 "책임재정"이라 한다)을 하여야 한다. 다만, 원상회복에 과다한 비용이 들거나 그 밖의 사유로 그 이행이 현저히 곤란하다고 인정하는 경우에는 그러하지 아니하다.

제42조(재정의 효력 등) ① 지방조정위원회의 재정위원회가 한 책임재정에 불복하는 당사자는 재정문서의 정본이 당사자에게 송달된

날부터 60일 이내에 중앙조정위원회에 책임재정을 신청할 수 있다.
② 재정위원회가 제35조의3제1호에 따른 원인재정(이하 "원인재정"
이라 한다)을 하여 재정문서의 정본을 송달받은 당사자는 이 법에
따른 알선, 조정, 책임재정 및 중재를 신청할 수 있다.
③ 재정위원회가 책임재정을 한 경우에 재정문서의 정본이 당사자
에게 송달된 날부터 60일 이내에 당사자 양쪽 또는 어느 한쪽으로
부터 그 재정의 대상인 환경피해를 원인으로 하는 소송이 제기되지
아니하거나 그 소송이 철회된 경우 또는 제1항에 따른 신청이 되지
아니한 경우에는 그 재정문서는 재판상 화해와 동일한 효력이 있
다. 다만, 당사자가 임의로 처분할 수 없는 사항에 관한 것은 그러
하지 아니하다. <개정 2018. 10. 16.>

제43조(조정에의 회부) ① 재정위원회는 재정신청된 사건을 조정(調
停)에 회부하는 것이 적합하다고 인정할 때에는 직권으로 직접 조
정하거나 관할 위원회에 송부하여 조정하게 할 수 있다.
② 제1항에 따라 조정에 회부된 사건에 관하여 당사자 간에 합의가
이루어지지 아니하였을 때에는 재정절차를 계속 진행하고, 합의가
이루어졌을 때에는 재정의 신청은 철회된 것으로 본다.

제43조의2(재정신청의 철회) 재정절차가 진행 중인 분쟁에 대하여 중
재신청이 있으면 그 재정신청은 철회된 것으로 본다.

제44조(시효의 중단 등) 당사자가 책임재정에 불복하여 소송을 제기
한 경우 시효의 중단 및 제소기간의 계산에 있어서는 책임재정의
신청을 재판상의 청구로 본다. <개정 2018. 10. 16.>

제45조(소송과의 관계) ① 재정이 신청된 사건에 대한 소송이 진행
중일 때에는 수소법원(受訴法院)은 재정이 있을 때까지 소송절차를
중지할 수 있다.
② 재정위원회는 제1항에 따른 소송절차의 중지가 없는 경우에는
해당 사건의 재정절차를 중지하여야 한다. 다만, 제4항에 따라 원인
재정을 하는 경우는 제외한다. <개정 2018. 10. 16.>
③ 재정위원회는 재정이 신청된 사건과 같은 원인으로 다수인이 관
련되는 같은 종류의 사건 또는 유사한 사건에 대한 소송이 진행 중
인 경우에는 결정으로 재정절차를 중지할 수 있다.

④ 환경분쟁에 대한 소송과 관련하여 수소법원은 분쟁의 인과관계 여부를 판단하기 위하여 필요한 경우에는 중앙조정위원회에 원인재정을 촉탁할 수 있다. 이 경우 제16조제1항에 따른 당사자의 신청이 있는 것으로 본다. <신설 2018. 10. 16.>

⑤ 제4항에 따라 진행되는 원인재정 절차에 필요한 비용 중 제63조제1항에 따라 각 당사자가 부담하여야 하는 비용은 「민사소송비용법」에 따른 소송비용으로 본다. <신설 2018. 10. 16.>

제5절 중재

제45조의2(중재위원의 지명 등) ① 중재는 3명의 위원으로 구성되는 위원회(이하 "중재위원회"라 한다)에서 한다.

② 중재위원회의 위원(이하 "중재위원"이라 한다)은 사건마다 위원회 위원 중에서 위원회의 위원장이 지명하되, 당사자가 합의하여 위원을 선정한 경우에는 그 위원을 지명한다.

③ 제15조제1항에 따른 위원회의 규칙에서 정하는 위원이 중재위원회의 위원장이 된다. 다만, 제2항에 따라 당사자가 합의하여 위원을 선정한 경우에는 그 위원 중에서 위원회의 위원장이 지명한 위원이 중재위원회의 위원장이 된다.

④ 중재위원회의 회의는 중재위원회의 위원장이 소집한다.

⑤ 중재위원회의 회의는 구성원 전원의 출석으로 개의하고, 구성원 과반수의 찬성으로 의결한다.

제45조의3(중재위원회의 심문 등) 중재위원회의 심문, 조사권, 증거보전, 중재의 방식 및 원상회복 등에 관하여는 제37조부터 제41조까지의 규정을 준용한다.

제45조의4(중재의 효력) 중재는 양쪽 당사자 간에 법원의 확정판결과 동일한 효력이 있다.

제45조의5(「중재법」의 준용) ① 중재에 대한 불복과 중재의 취소에 관하여는 「중재법」 제36조를 준용한다.

② 중재와 관련된 절차에 관하여는 이 법에 특별한 규정이 있는 경우를 제외하고는 「중재법」을 준용한다.

제4장 다수인관련분쟁의 조정(調整)

제46조(다수인관련분쟁의 조정신청) ① 다수인에게 같은 원인으로 환경피해가 발생하거나 발생할 우려가 있는 경우에는 그 중 1명 또는 수인(數人)이 대표당사자로서 조정을 신청할 수 있다.

② 제1항에 따라 조정을 신청하려는 자는 위원회의 허가를 받아야 한다.

③ 제2항에 따른 허가의 신청은 서면으로 하여야 한다.

④ 제3항에 따른 허가신청서에는 다음 각 호의 사항을 적어야 한다.

1. 신청인의 주소 및 성명
2. 대리인이 신청하는 경우에는 대리인의 주소 및 성명
3. 피신청인이 될 자의 주소 및 성명
4. 신청인이 대표하려는 다수인의 범위
5. 손해배상을 청구하는 경우에는 1명당 배상청구액의 상한
6. 분쟁 조정신청의 취지 및 원인

제47조(허가요건) 위원회는 제46조에 따른 허가신청이 다음 각 호의 요건을 모두 충족할 때에는 이를 허가할 수 있다.

1. 같은 원인으로 발생하였거나 발생할 우려가 있는 환경피해를 청구원인으로 할 것
2. 공동의 이해관계를 가진 자가 100명 이상이며, 선정대표자에 의한 조정이 현저하게 곤란할 것
3. 피해배상을 신청하는 경우에는 1명당 피해배상요구액이 500만원 이하일 것
4. 신청인이 대표하려는 다수인 중 30명 이상이 동의할 것
5. 신청인이 구성원의 이익을 공정하고 적절하게 대표할 수 있을 것

제48조(신청의 경합) ① 위원회는 다수인관련분쟁 조정의 허가신청이 경합(競合)하는 경우에는 사건을 분리하거나 병합하는 등의 방법을 각 신청인에게 권고할 수 있다.

② 위원회는 제1항에 따른 권고가 수락되지 아니하는 경우에는 해당 신청에 대하여 불허가 결정을 할 수 있다.

제49조(허가 결정) ① 위원회는 다수인관련분쟁 조정의 허가 결정을 할 때에는 그 결정서에 제46조제4항 각 호의 사항을 적어야 한다.

② 위원회는 제1항에 따른 허가 결정을 하였을 때에는 즉시 신청인과 피신청인에게 그 사실을 통지하여야 한다.

③ 위원회가 다수인관련분쟁 조정의 허가 결정을 한 경우에는 제46조에 따라 허가를 신청한 때에 조정이 신청된 것으로 본다.

제50조(대표당사자의 감독 등) ① 위원회는 필요하다고 인정할 때에는 대표당사자에게 필요한 보고를 할 것을 요구할 수 있다.

② 위원회는 대표당사자가 구성원을 공정하고 적절하게 대표하지 아니한다고 인정할 때에는 구성원의 신청에 의하여 또는 직권으로 그 대표당사자를 변경하거나 허가를 취소할 수 있다.

제51조(공고 등) ① 위원회는 다수인관련분쟁의 조정신청을 받았을 때에는 다음 각 호의 사항을 신청 후 15일 이내에 공고하고, 그 공고안을 그 분쟁이 발생한 지방자치단체의 사무소에서 공람할 수 있도록 하여야 한다.

1. 신청인과 피신청인의 주소 및 성명
2. 대리인의 주소 및 성명
3. 구성원의 범위 및 구성원 1명당 배상청구액의 상한
4. 신청의 취지 및 원인의 요지
5. 사건번호 및 사건명
6. 참가신청의 방법 및 기간과 참가신청을 하지 아니한 자에게는 조정의 효력이 미치지 아니한다는 사항
7. 그 밖에 위원회가 필요하다고 인정하는 사항

② 제1항에 따른 공고는 관보 또는 일간신문에 게재하거나 그 밖에 위원회가 적절하다고 인정하는 방법으로 할 수 있다.

③ 위원회는 제1항에 따른 공고에 드는 비용을 대표당사자로 하여금 부담하게 할 수 있다.

제52조(참가의 신청) ① 대표당사자가 아닌 자로서 해당 분쟁의 조정 결과와 이해관계가 있는 자는 제51조제1항에 따른 공고가 있은 날부터 60일 이내에 조정절차에의 참가를 신청할 수 있다.

② 제47조제4호에 따라 동의를 한 자는 조정절차에 참가한 것으로 본다.

제53조(효력) 조정의 효력은 대표당사자와 제52조에 따라 참가를 신청한 자에게만 미친다.

제54조(동일한 분쟁에 대한 조정신청의 금지) 제52조에 따라 참가의 신청을 하지 아니한 자는 그 신청원인 및 신청취지상 동일한 분쟁으로 인정되는 사건에 대하여는 다시 조정을 신청할 수 없다.

제55조(조정절차의 준용) 다수인관련분쟁의 조정절차에 관하여 이 장에서 규정하지 아니한 사항에 관하여는 그 성질에 반하지 아니하는 범위에서 제3장을 준용한다.

제56조(배분) 대표당사자가 조정에 의하여 손해배상금을 받은 경우에는 위원회가 정하는 기간 내에 배분계획을 작성하여 위원회의 인가를 받은 후 그 배분계획에 따라 손해배상금을 배분하여야 한다.

제57조(배분계획의 기재 사항) 손해배상금의 배분계획에는 다음 각 호의 사항이 포함되어야 한다.
1. 손해배상금을 받을 자 및 1명당 채권액의 상한
2. 피신청인이 지급하는 금전의 총액
3. 제59조에 따른 공제항목 및 그 금액
4. 배분에 충당하는 금액
5. 배분기준
6. 지급 신청기간, 신청장소 및 신청방법에 관한 사항
7. 채권의 확인방법에 관한 사항
8. 배분금을 받는 기간, 받을 장소 및 방법에 관한 사항
9. 그 밖에 위원회가 정하는 사항

제58조(배분기준) ① 손해배상금은 재정의 이유 또는 조정조서(調停調書)의 기재내용을 기준으로 배분하여야 한다.
② 확인된 채권의 총액이 배분에 충당하는 금액을 초과하는 경우에는 각 채권의 가액(價額)에 비례하여 배분하여야 한다.

제59조(공제) 대표당사자는 피신청인이 지급하는 금액 중에서 다음 각 호의 비용을 공제할 수 있다.

1. 조정절차의 수행에 든 비용
2. 배분에 드는 비용

제60조(배분계획의 공고) ① 위원회는 제56조에 따라 배분계획을 인가한 경우에는 다음 각 호의 사항을 공고하여야 한다.
1. 재정 또는 조정조서(調停調書)의 요지
2. 제57조 각 호의 사항
3. 대표당사자의 주소 및 성명
② 제1항에 따른 공고에 관하여는 제51조제2항 및 제3항을 준용한다.
③ 제56조에 따른 배분계획의 인가에 대한 불복에 관하여는 제23조를 준용한다.

제61조(배분계획의 변경 등) ① 제60조제1항에 따라 공고된 배분계획에 이의가 있는 당사자는 공고 후 7일 이내에 위원회에 의견을 제출할 수 있다.
② 위원회는 제56조에 따라 배분계획을 인가한 후 이를 변경할 필요가 있다고 인정하면 결정으로 배분계획을 변경할 수 있다. 다만, 직권으로 변경하는 경우에는 대표당사자의 의견을 들어야 한다.
③ 위원회는 제2항에 따라 변경된 내용을 공고하여야 한다.
④ 제3항에 따른 공고에 관하여는 제51조제2항 및 제3항을 준용한다.

제5장 보칙

제62조(「국가배상법」과의 관계) 「국가배상법」을 적용받는 분쟁으로서 이 법에 따른 조정절차(調整節次)를 거친 경우(제34조 및 제35조를 포함한다)에는 「국가배상법」에 따른 배상심의회의 심의·의결을 거친 것으로 본다.

제63조(조정비용 등) ① 위원회가 진행하는 조정절차(調整節次)에 필요한 비용은 대통령령으로 정하는 사항을 제외하고는 각 당사자가 부담한다.
② 위원회에 조정(調整) 등의 신청을 하는 자는 대통령령(지방조정위원회의 경우에는 해당 시·도의 조례)으로 정하는 바에 따라 수수료를 내야 한다.

제64조(준용규정) 문서의 송달 및 법정이율에 관하여는 「민사소송법」 중 송달에 관한 규정과 「소송촉진 등에 관한 특례법」 제3조를 각각 준용한다.

제6장 벌칙

제65조(벌칙) 제32조제1항, 제38조(제45조의3에 따라 준용되는 경우를 포함한다)제1항제3호 및 제4호에 따른 위원회의 위원 또는 심사관의 출입·조사·열람 또는 복사를 정당한 이유없이 거부 또는 기피하거나 방해하는 행위를 한 자는 200만원 이하의 벌금에 처한다.

제66조(과태료) ① 다음 각 호의 어느 하나에 해당하는 자에게는 100만원 이하의 과태료를 부과한다.
1. 제38조(제45조의3에 따라 준용되는 경우를 포함한다. 이하 이 조에서 같다)제1항제1호에 따라 재정위원회로부터 계속하여 2회의 출석 요구를 받고 정당한 사유 없이 출석하지 아니한 자
2. 제38조제1항제3호에 따른 문서 또는 물건을 제출하지 아니한 자 또는 거짓 문서·물건을 제출한 자
② 제38조제4항에 따라 선서한 당사자, 참고인 또는 감정인이 거짓으로 진술 또는 감정을 하였을 때에는 50만원 이하의 과태료를 부과한다.
③ 제1항 및 제2항에 따른 과태료는 대통령령으로 정하는 바에 따라 환경부장관 또는 시·도지사가 부과·징수한다.

부칙 <제15846호, 2018. 10. 16.>
제1조(시행일) 이 법은 공포 후 1년이 경과한 날부터 시행한다. 다만, 제4조, 제8조제3항 전단 및 제10조제2항의 개정규정은 공포한 날부터 시행한다.
제2조(조정위원회의 출석요구 등에 관한 적용례) 제32조의2, 제33조의2, 제35조제2항 및 제35조의2의 개정규정은 이 법 시행 후 제16조에 따라 위원회에 신청된 조정부터 적용한다.
제3조(위원회 위원의 신분보장에 관한 경과조치) 제10조제2항제3호의

개정규정 시행 당시 위원회 위원에 대하여는 같은 개정규정에도 불구하고 해당 위원의 임기가 만료될 때까지 종전의 규정에 따른다.

제4조(조정안의 수락 등에 관한 경과조치) 이 법 시행 당시 절차가 진행 중인 조정을 위한 조정안의 수락, 해당 조정의 성립·효력 및 종결에 관하여는 종전의 제19조제3항 단서, 제22조제4항제2호, 제33조 및 제35조제2항을 적용한다.

■ 대한실무법률편찬연구회

▮ 저서
　　소법전
　　산업재해 이렇게 해결하라
　　환경 공해 법규 정보지식총람

（공해·오염·층간·교통·공사）
소음·진동 환경분쟁 해결하기

초판 1쇄 인쇄 2020년 3월 1일
초판 1쇄 발행 2020년 3월 5일

편 저 대한실무법률편찬연구회
발행인 김현호
발행처 법문북스
공급처 법률미디어

주소 서울 구로구 경인로 54길4(구로동 636-62)
전화 02)2636-2911~2, **팩스** 02)2636-3012
홈페이지 www.lawb.co.kr

등록일자 1979년 8월 27일
등록번호 제5-22호

ISBN 978-89-7535-817-3 (13360)

정가 18,000원

법문북스 & 법률미디어 <법률전문서적>

홈페이지 http://www.lawb.co.kr
전화 02-2636-2911 / 팩스 02-2636-3012

도 서 명	저 자	정 가
스마트한 공탁신청절차와 방법	이창범	70,000
환경 공해 법규 정보지식총람	대한실무법률편찬연구회	70,000
친족 상속 라이브러리	이기옥	48,000
정석 법인등기실무	김만길	180,000
판례사례 형사소송 실제	김창범	180,000
사이버범죄 수사총람	이창복	160,000
계약법 서식 사례 대전	김만기	120,000
범죄수사규칙	신현덕	160,000
병의원 약국 법규총람	대한의료법령편찬연구회	90,000
법정증언의 이해	박병종 외	120,000
(증보판)수사·형사 서류작성 실무	이창범	150,000
여성 청소년 범죄 수사실무총서	박태곤	160,000
형사특별법 수사실무총서	박태곤	160,000
형법 수사실무총서	박태곤	160,000
수사서류 작성과 요령 실무총서	박태곤	160,000
신부동산등기실무	최돈호	180,000
(사례별)종합법률 서식대전	김만기	180,000
민사소송 집행 실무총람	김만기	180,000
민법백과사전(3권)	대한민사법실무연구회	90,000
민법백과사전(2권)	대한민사법실무연구회	90,000
민법백과사전(1권)	대한민사법실무연구회	90,000
민법백과사전(전3권세트)	대한민사법실무연구회	270,000
부동산등기소송정해	최돈호	60,000
여성 청소년 범죄 수사실무총서	박태곤	160,000
정석 형벌법 실무정해(형사특별법)	김창범	160,000
정석 형벌법 실무정해(형법)	김창범	160,000
정석 형벌법 실무정해(전2권)	김창범	320,000
나홀로 가압류 가처분 개시부터 종결까지	김만기	70,000
종합 건설 대법전	대한건축건설법령연구회	80,000
나홀로 민사소송 개시에서 종결까지	김만기	70,000
수사 형사 서류작성 실무	이창범 /감수 신현덕	150,000
의료분쟁 사고소송총람	이창범 외	180,000
정통형사소송법실무	대한법률실무연구회	180,000
정통상업등기실무	김만기	180,000
정통부동산등기 실무	김만기	180,000